元華文創

民國名人張璧將軍別傳

歷史的真相究竟如何？
本書在真實的第一手史料的基礎上，力求完整、客觀且公正，
揭示民國名人張璧將軍一生真實經歷及其不為人知的生平史事，
對他的功過是非給出我們的答案。

劉正——著

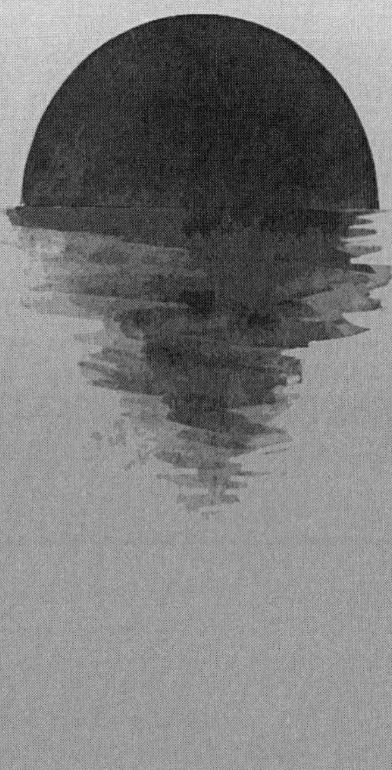

作者介紹

劉正，漢族。籍貫北京市。清代學術世家直系後裔，高祖係著名歷史學家和經學家、同治三年進士劉鍾麟。日本大阪市立大學文學博士、日本京都大學博士後。曾任日本愛知學院大學、日本京都大學、武漢大學、中國人民大學、華東師範大學教授、研究員等。是中外多所大學的兼職教授和客座教授。是國際易經學會、國際中國哲學學會、國際東方學會、歐美同學會、日本中國學會、日本中國出土資料研究學會、京都大學洛友會、日本同學會、北京作家協會會員等。是中國殷商文化學會理事、中國文字博物館學術委員、中國國際易學研究中心理事、美國漢納國際作家協會理事、國際考古學暨歷史語言學學會常務理事等。迄今為止在國內外發表學術論文一百六十餘篇。另有有關商周歷史和古文字研究、金文學術研究、國際漢學研究、傳統經學研究、近代歷史和人物研究等方面學術專著三十餘部、總篇幅達到一千餘萬字在海峽兩岸出版。其中，所撰《中國易學》、《閒話陳寅恪》、《陳寅恪史事索隱》、《京都學派》、《圖說漢學史》、兩卷本《漢學史演講錄》等專著，也是名傳一時的暢銷書。論文《從觀象繫辭說到乾卦之取象》獲中國中青年哲學工作者最新成果交流會優秀論文獎，《筮短龜長說的成立史研究》獲馬來西亞主辦第12屆國際易學大會優秀論文獎，博士學位論文《東西方漢學發展史の研究（日文）》獲得日本國大阪市立大學優秀博士畢業生「總代」稱號（等同於中國的優秀博士畢業生）等。多篇學術論文被譯為英、日等文字在海外發表。二〇一五年夏移民美國，當選為美國中華書院學術委員會副主任。二〇一六年夏當選為美國漢納國際作家協會副會長。二〇一七年六月至今，就任美國國際考古學暨歷史語言學學會（聯合國教科文組織備案認可）會長及學刊發行人。

書前題記

民國名人張璧（又名張玉衡）先生，這位早期華興會和同盟會的元老，這位在辛亥革命、光復軍、二次革命和護國運動等大小運動中衝鋒陷陣的陸軍中將，這位曾經親身參與將末代皇帝請出紫禁城的京師警察總監，這位中華武林瑰寶「大成拳」命名人，這位「四存學會」和電車公司董事長，這位在七・七事變時保衛古都北平免受日軍炮火摧毀的中國人，這位在舊北平有名望的青幫老大，這位傳說中的天津事件首要分子，這位舊軍官拒絕出任偽滿洲國陸軍總長，這位以漢奸嫌疑被批捕的前公用總局局長……他的縱橫跌宕、褒貶不一的一生，一直被糾纏在民間傳聞和報刊影視戲說的誤讀和辱罵之中，晚年猝死在國民黨的監獄中。

歷史的真相究竟如何？本書作者在充分地利用真實的第一手史料的基礎上，辨析諸多史料和傳聞的異同，力求完整、客觀而公正地向學術界揭示出民國名人張璧將軍一生真實經歷及其不為人知的生平史事，在此基礎上對他的功過是非給出我們的答案。

本書是大陸出版的《民國名人張璧評傳》一書的最新增補、修訂版。也是我在本出版社的「民國人物別傳系列」第二部。與此同時，我可以宣佈徹底告別大陸中央編譯出版社所出拙著《民國名人張璧評傳》（二〇一四）一書，一切結論和史料、觀點及證據請以此書為準。

張璧像

山東獨立時代的張璧（前右一）與商震等和宋教仁（前右二）合影

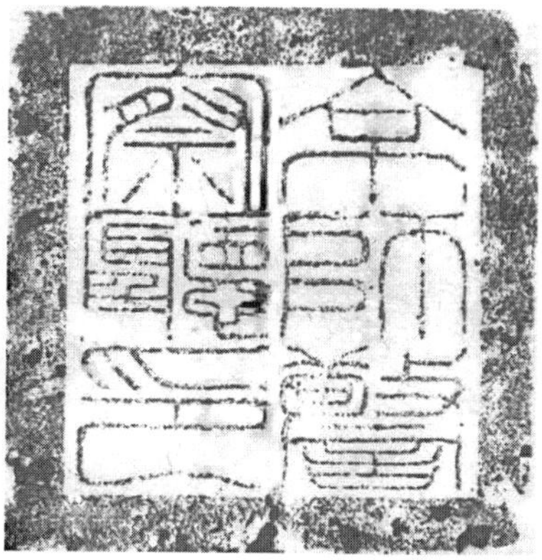

京師警察廳所在地和警察廳長印

身穿京師警察廳總監禮服的張壁中將像

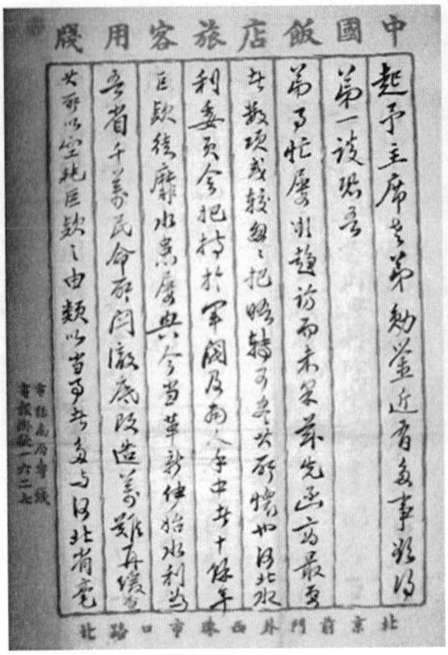

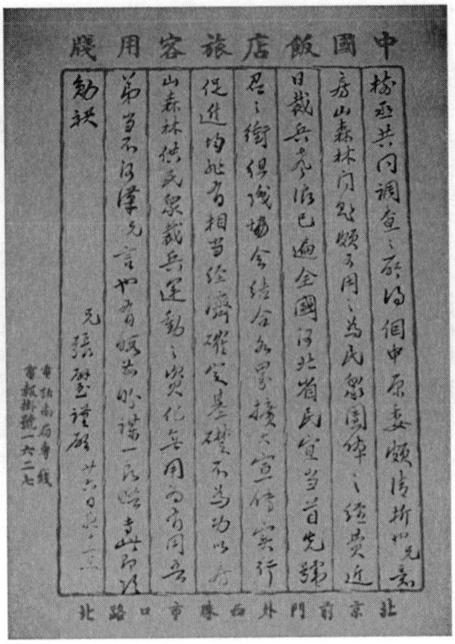

張璧將軍致老同學商震將軍親筆信（第一頁和第四頁）

婁維周　龔春圃　王鳳樹　陳仙洲　馬耀三　宮梅峰　張蔭梧　上官雲相　魏大可　張樹聲　靳雲鶚　馬秋圃　向海潛　王懋沂　張璽之　顧發麐　姜般若　李爾侯　李英奇　張執中

李子昔　魯欽承　鐘愚如　尚經珊　張長清　韓湶遠　白怡亭　杜茂森　楊資樓　瞿流持　張壯五　宋華卿　張伯陶　李子材　章蘿一　沈公俠　魏子文　閻筱亭　郝　濯　王金標

祁文明　薛蔭棠　李堯臣　吳清源　張紹仲　趙世欽　常漢三　王進才　程濟洲　趙守勛　郝卓然　李水利　王敬文　劉翰文　李兆坤　劉鳳岐　韓恩興　王占魁　劉晶華　郭稼軒

郭存今　李品一　張席珍　金子周　白文光　畢峻峯　許耀宗　尤靜軒　王振亭　申芝塘　王少陶　孫鴻亮　諸子岩　蔣治棠　白　瑾　王成恩　宋光烈　王子強　武英璽　于伯海

王字澄　傅席民　劉春江　金仁甫　李有光　張養恬　遜純齋　金符衡　楊慶堂　耿仙洲　王曉周　王劍華　牛壽鮮　姚宗勳　馬駿良　劉紹臣　魏紀休　張逸塵　王秀峰　董傑斌

《張玉衡先生治喪處》委員會名單

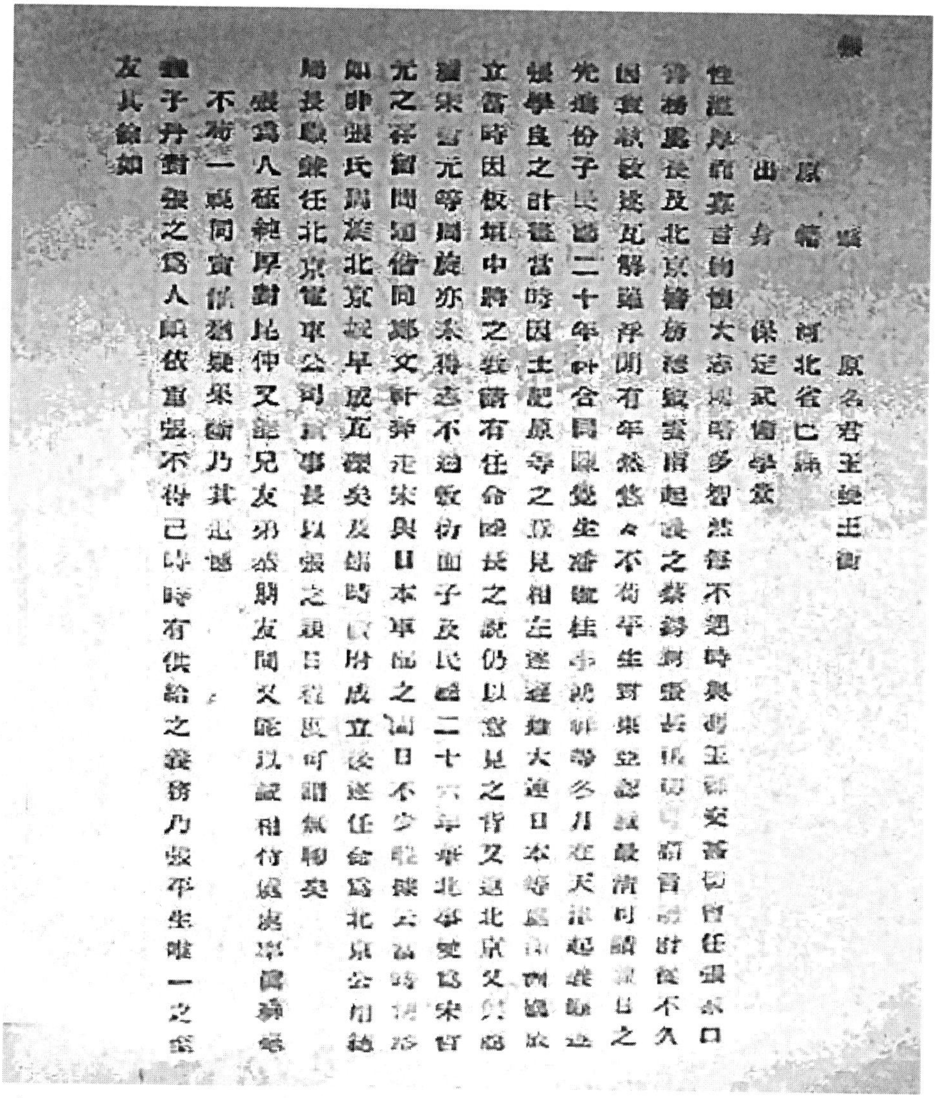

舊北平特別市公署警察局保存的張壁檔案

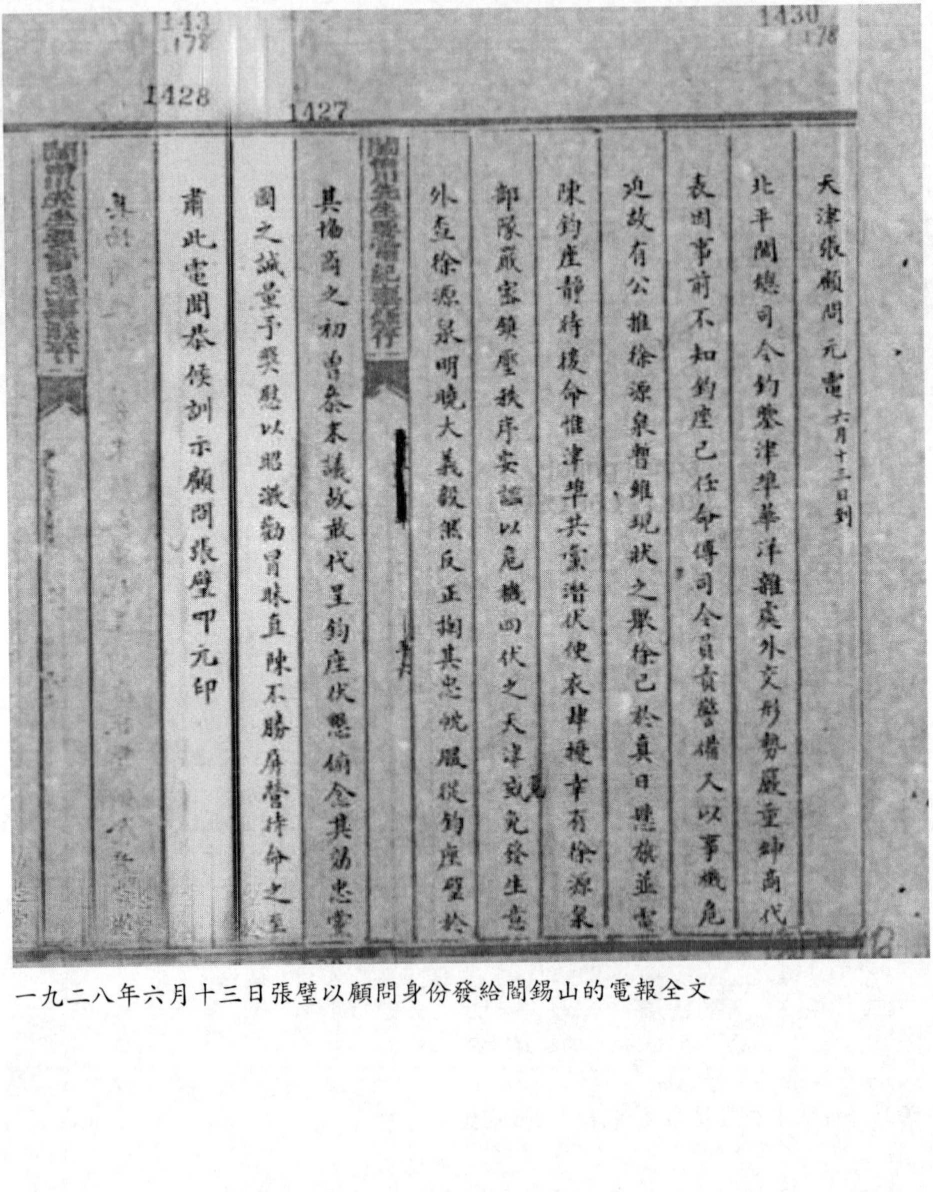
天津張顧問元電 六月十三日到
北平閻總司令鈞鑒津埠華洋雜處外交形勢嚴重師商代
表因事前不知鈞座已任命傅司令負責警備又以事機危
迫故有公推徐源泉暫維現狀之舉徐已於真日照旅並電
陳鈞座靜待後命惟津埠共黨潛伏便衣肆擾幸有徐源泉
部隊嚴密鎮壓秩序安謐以危機四伏之天津竟免發生意
外查徐源泉明曉大義毅然反正掬其忠忱服從鈞座璧於
其協商之初曾參末議故敢代呈鈞座伏懇俯念其効忠黨
國之誠並予獎慰以昭激勸冒昧直陳不勝屏營待命之至
肅此電聞恭候訓示顧問張璧叩元印

一九二八年六月十三日張璧以顧問身份發給閻錫山的電報全文

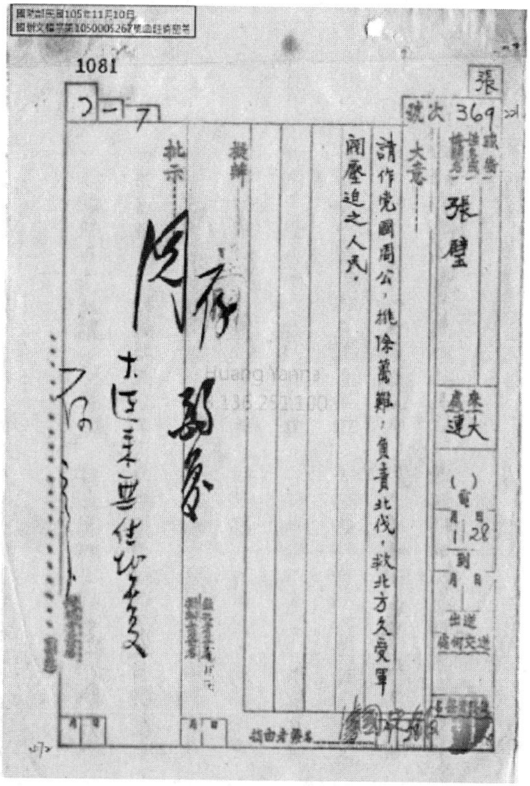

1081

張

號次 369

張璧

大意 請作黨國周公，掃除叛孽，負責北伐，救北方久受軍閥壓迫之人民。

擬辦

批示

來處 大連

一九二八年一月二十八日張璧致電蔣介石祝賀蔣復職

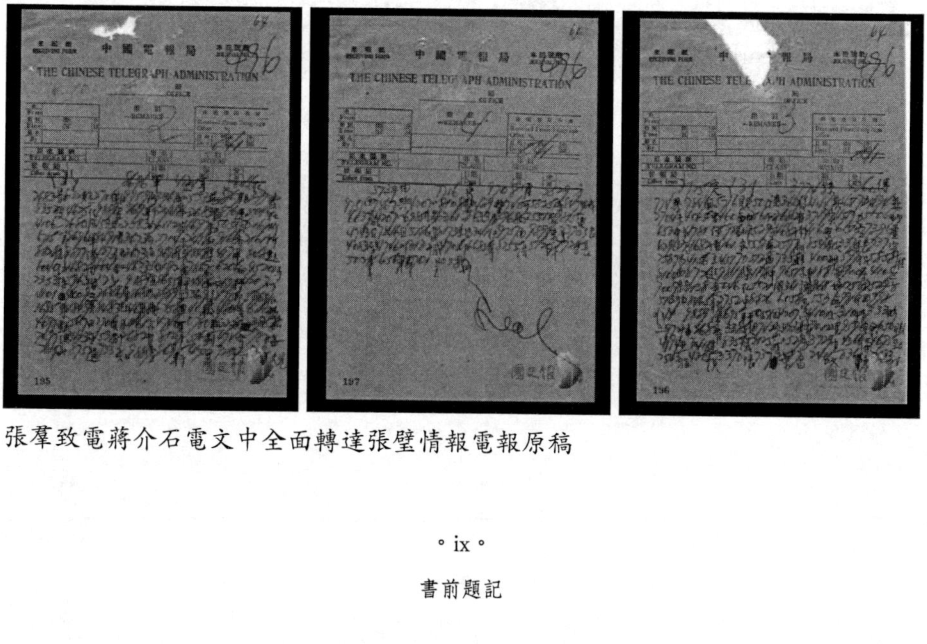

中國電報局

THE CHINESE TELEGRAPH ADMINISTRATION

張羣致電蔣介石電文中全面轉達張璧情報電報原稿

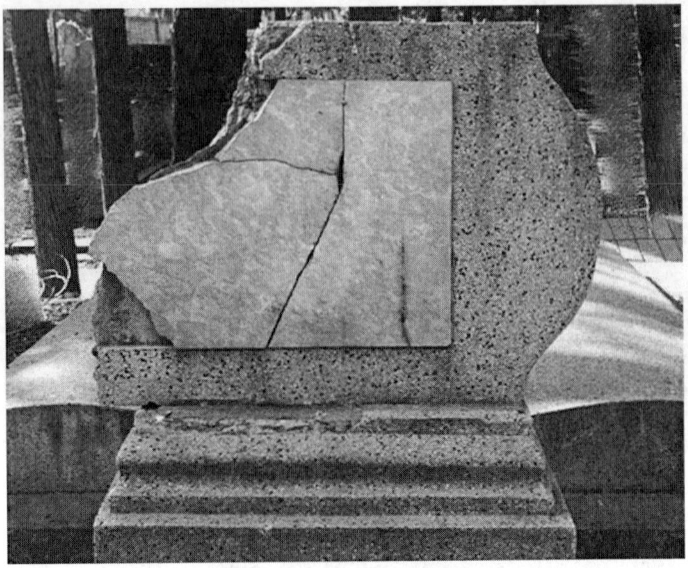

文革中被打斷殘缺而保留至今的張璧墓碑

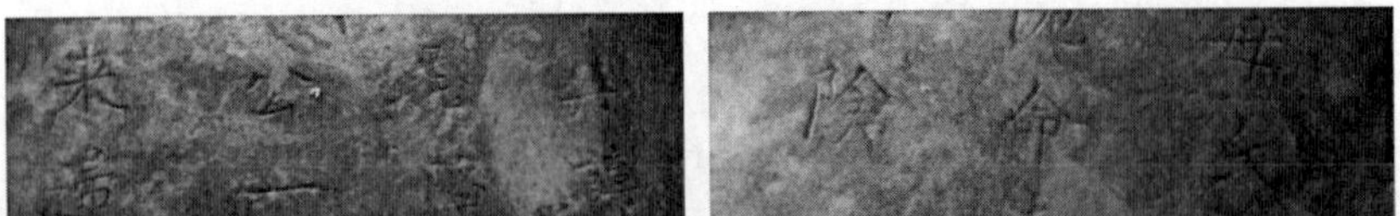

部分碑銘照片

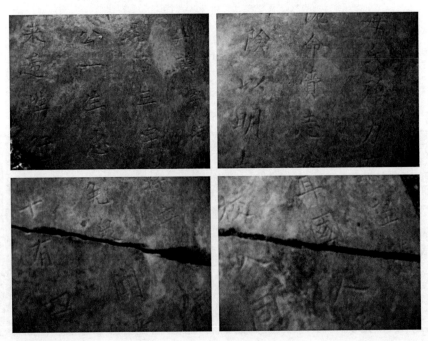

張壁夫婦墓地

訪張壁墓地有感・劉正

靜靜地
你躺在那裡
默默無聞地
一直是那麼的
不聲
不響
你帶走了昨日的輝煌
任世人對著你的墳墓
痛貶
罵娘
今天我來了
帶著史海的滄桑
拂走罩在你頭上的
塵土和寒霜

復原歷史上你那真實的功過是非模樣

靜靜地
你躺在那裡
那殘缺的墓碑彷彿正述說著
你曾遭受的冰冷和淒涼
是真實的歷史
怎會懼怕
正午的陽光

原諒我驚擾了你那
已經沉睡了六十六年的
夢鄉

目次

前言　本書撰寫時遵守的若干規則　i
第一章、張璧家世源流考　001
第二章、早年的軍旅生涯　017
第三章、投身革命的青年張璧　041
第四章、北京政變中的先鋒官　061
第五章、保護故宮文物　079
第六章、短暫的山西政治生涯　089
第七章、反蔣失敗後的青幫老大　105
第八章、張璧和天津事件關係考　137
第九章、反蔣反張又反偽滿洲國　159

第十章、七・七事變後保護古都 171
第十一章、策劃通州起義 187
第十二章、四存學會和張璧局長 197
第十三章、張璧和他的父老鄉親 215
第十四章、張璧和他的義子 229
第十五章、張璧和大成拳的誕生 241
第十六章、張璧幫助過的革命者 261
第十七章、查無實證的漢奸嫌疑 273
第十八章、悲壯而盛大的治喪活動 283
第十九章、張璧研究啟示錄 299

前言
本書撰寫時遵守的若干規則

一、嚴格尊重原始檔案和文獻的準確記錄，本著以下五不原則，即：不拔高，不曲解，不猜測，不武斷，不戲說。本書主要是利用原始檔案文獻和史料如實地勾畫出一幅真實的張璧歷史。

二、以事實為依據，參考相關研究論著和報刊文章的觀點。如果出現「原始文獻和檔案」與已經出版的「研究論著和報刊文章的觀點」發生抵牾，筆者可以判斷取捨時自然使用筆者的觀點。而筆者又無法加以判斷和選擇取捨時，一般將兩種觀點並列推出，留待以後的研究中增補、甄別、解釋、取捨。

三、由於學術界長期缺乏對張璧的客觀而真實的研究，作為國內外學術界第一部張璧傳記研究專著，本書中出現的一些記載張璧活動的準確日期和史實，如，張璧在光復軍、拜訪日本大使、首都革命、建議馮玉祥下野、天津事件等一系列重大歷史活動中的準確日期和表現，完全出自筆者在查找和利用中、日兩國保存的原始文獻和檔案而來，而非個人杜撰和戲說。因此，本書對張璧生平的介紹和研究，全有真實可信的史料基礎，敬請讀者和研究者在使用本書觀點時說明這些觀點和史料來自本書首先公佈。

四、由於歷史原因，張璧檔案和相關文獻記錄保存下來的屈指可數，並且在筆者的長期關注和資料收集過程中，幾乎囊括了保存至今的有關張璧的中、日文全部檔案和文獻。但是依然感到有些問題和有些史實無法給予詳細的記述和說明，本著寧缺勿濫不戲說的原則，只好付諸闕如了，留待他人再有資料發現時進行增補。

五、本書作者和張璧本人及其家族後代之間非親非故，基於以上原則撰寫和研究而出現的這部《民國名人張璧將軍別傳》，主要是利用原始檔案和文獻，力求客觀而真實的揭示出一名辛亥革命的元老和著名軍事將領在軍閥混戰和相互排擠、日寇強權壓境和動盪不安的社會發展過程中出現的一幅獨特的悲情人生。拋棄傳統觀點和既有的成見，在面對原始檔案和文獻的基礎上，重新認識民國史上的客觀而真實的張璧及其歷史功過，還歷史的本來面目！

第一章

張璧家世源流考

張璧，名璧，族名張炳衡，字玉衡。曾用名張君玉。生於一八八五年四月二十三日，卒於一九四八年二月二十九日。河北霸縣（今屬霸州市煎茶鋪鎮）煎茶鋪鎮大高各莊村人。

這個煎茶鋪鎮，位於霸縣城東十八里。根據嘉靖版《霸州志》的記載，在明代，這裡還是個只有「東、西兩條大街」的小村莊而已。到了清代中期，根據民國版《霸縣新志》的記載，這裡則已經發展成了下面有十幾個大小村莊構成的大集鎮了。

案：一九四〇年四月二日星期二，張璧在《實報》發表了的題為《大成拳的命名：四存學會演述》一文中，首次公開稱自己「自十七開始從軍，參加革命」之說，又根據《玉衡張璧先生之墓》碑文記載，他生於「光緒乙酉四月廿三」，這個時間「乙酉四月廿三」應是使用傳統的農曆，陽曆應當是一八八五年六月三日。可知張璧生年當為一八八五年。

關於他的卒年，目前有三說並存：網路上多有人主張死於一九四六年一月二十二日。而在大成拳界，一直還流傳著一九四九年一月他在國民黨監獄中因聞聽蔣介石敗北而大笑引起心肌梗塞卒死的傳聞。如，楊鴻晨在《並非裝聾作啞——再次〈問疑大成拳〉之試答》一文中曾主張：「張璧早年追隨孫中山參加辛亥革命，一九四九年一月因大笑引起心梗猝死於北（現健在的浙江杭州竇以騫為證）。」[1]

案：根據北京萬安公墓保存的《玉衡張璧先生之墓》碑文記載，他卒於「民國戊子二月廿九日」，這個時間應該是陽曆，即一九四八年二月二十九日。

---

1 楊鴻晨文章首先在網路上發表，可參http://blog.sina.com.cn/s/blog_89fd42e70100xcea.html。

按照《霸縣新志》的記載：張璧的家族先祖是明朝初年從山西洪洞縣移民而來此地，開宗立派，從此脫離了和山西原籍的血脈聯繫和族譜傳承。也就是所謂的「問我祖先在何處，山西洪洞大槐樹」之說。

案：《洪洞縣誌》卷七記載：

大槐樹在城北廣濟寺左。按《文獻通考》載：「明洪武、永樂間，屢徙山西民於滁、和、北平、山東、河北等處，樹下為薈萃之所，傳聞廣濟寺設局駐員，發給憑照川資」。而曾廣欽《增廣山西洪洞大槐樹志》序文中又說：「蓋必遷徙之時，驅各屬之民，聚洪洞大槐樹下，由此點齊，由此分遷，臨別紀念，永久弗止。」

但是，真正使張家發跡的郤始自遷霸後第十五代祖先張震。張震可謂文武雙全。見《霸縣新志·張震傳》中如下記載：

張震，字省旃，號雷門。先世由山西洪洞徙霸州。震自幼穎悟，角藝輒冠其儕。十七歲入州庠。丁酉舉於鄉。大挑二等。以教職用。歷屬阜城、隆平等縣教諭。選授天津教諭。從徒之士，多所造就。如，華金壽、王恩溎、盧蔭棠，皆門下士也。同治七年，撚匪犯津境，官紳守城。震獨任要扼，城賴以安。

這裡出現的「丁酉舉於鄉」，該志《進士錄》中又記載：「張震，道光丁酉，天津縣教諭。」道光丁酉，即一八三七年道光時代舉行的一次科舉考試。在這次科考中，張震中舉。

案：這裡所謂的「大挑二等」，是清代從乾隆十七年（一七五二）開始施行的一項選拔基層官吏制度。凡是四科不中的舉人，由吏部據其形貌應對挑選，一等可任知縣，二等可任教諭或訓導。這一選拔制度每六年舉行一次，名曰「大挑」。而「大挑二等」則是專任教諭或訓導（相當於縣教育局下屬的專業教師）的未中舉之人。張震參與了二十卷的同治九年版《天津縣續志》（一八七〇年刊印）的編寫工作。

這裡出現的張震的弟子王恩湝，字晉仙，號景賢，又號靜閑，晚號耐園。生於一八四二年，卒於一九〇二年。同治丁卯年（一八六七）舉人，光緒丁丑年（一八七七）進士。他就是著名甲骨學家、民國時代天津地區的大學者、解放後就任天津市文史研究館首

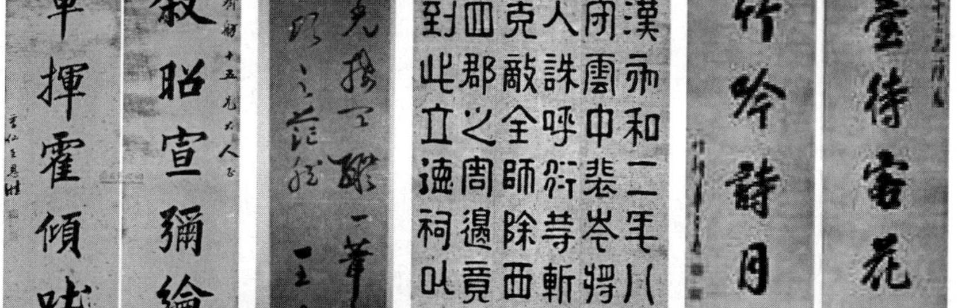

張震弟子王恩湝、華金壽書法

任館長王襄的伯父。[1]

王恩溎自幼聰慧過人，深得官學老師張震的喜愛，張震就經常對別人講：「王氏將以讀書顯矣！」王襄在《先伯御史公事狀》一文中曾對王恩溎如下記載：

吾家本微薄，世經商業，先伯御史公以讀書名列甲科顯，後吾父及先叔中式乙科，仰慰先王父母所期，至襄兄弟猶承余訓，知讀書焉。

王恩溎的兩個弟弟王恩瀚（一八四九—一九二一）、王恩淞（一八五二—一九〇〇）也師從張震，並相繼考中舉人。而晚清著名書法家華金壽，則是民國時代天津著名畫家、書法大師、晚清進士華世奎的祖先。可見張震門下真的是無浪得虛名之士！

王襄之父就是王恩瀚。而王襄家族出書法家。這已經是盡人皆知的歷史事實。見章用秀《王襄家族多書家》一文介紹：

王襄的先人王恩瀚、王恩淞、王恩溎均以書法著稱。王恩翰是王襄的父親，字叔誠，號桂生，乙酉科舉人，曾執教於遊氏家塾。陸辛農《天津書畫家小記》裏說他「善書畫，喜寫蘭。隨意掃筆，

1 參見劉立士《王襄與甲骨文的發現、收藏與研究》，《書法》，二〇一八年，第一期，第三七—四一頁。

不拘繩墨」。王恩溎是王襄的叔父，字筠生，乙丑舉人，曾執教於樊氏家塾。《津門紀略》裏說他善行楷。王恩淮是王襄的伯父，字晉賢，丁丑進士，翰林院檢討，記名御史。恩淮書法頗有名氣。有人將他與王仁堪並列，時稱「南北王」。王仁堪，福建福州人，光緒時狀元，善設色花卉，工書法，宗歐陽詢、褚遂良。王襄兄弟三人，王襄居長，王贇居次，王釗居幼。三人皆善書，多有文才。王襄是文字學家、甲骨學家，其書法以篆、隸名世。王贇早年畢業於中華大學法律別科，就職於銀行業。王釗好古精鑒賞，為印壇高手，首以甲骨文入印，篆刻獨領風騷。[1]

因此，張璧日後從軍習武，是有祖上遺風的。張震既是張家第一個舉人，也是張家第一個武將。而對於他的文治，該傳記載為：

同治十三年，署府教授。三月，因勞致疾辭職。邑人送「經師人師」匾額。並撰楹聯以表品德。

該聯如下：

不營私不計利不屑干求，一點清心、品卓教孚師長；
能重道能愛賢能獎節義，十年勤職、德純譽洽紳衿。

1 《今晚報》，二〇一八年五月九日第十二版。

張震和其堂兄弟張鼎，名字的由來出自《周易》中的《震卦》和《鼎卦》兩者。名「震」則取義於《周易》中的「帝出乎震，震者，東方之卦也」，是家族振興開始的象徵。而名「鼎」則取義於《周易》中的「君子以正位凝命」，是家族發展進入正常軌道的象徵。而利用儒家經典《周易》來給自己的子女取名，這說明了當時的張家，已經具有了良好的書香門第傳統和素養。

因此，我們完全有理由說：張璧的祖先是書香門第和地方著名鄉紳。

根據《張氏家譜》，張震是張璧的曾祖叔、他的曾祖父張鼎的堂弟。從第十五代張鼎到第十八代張璧之間的傳承表，我們整理如下：

張鼎（十五）
張震（十五）

張毓珊（十六）
張毓珂（十六）
張毓琨（十六）

張岳藩（十七）
張岳宗（十七）
張岳霖（十七）
張岳彬（十七）
張岳森（十七）

張炳宸（十八）
張炳衡（十八）
張炳暹（十八）
張炳綸（十八）
張炳榮（十八）
張炳賡（十八）
張炳晟（十八）
張炳雯（十八）
張炳珣（十八）
張炳經（十八）

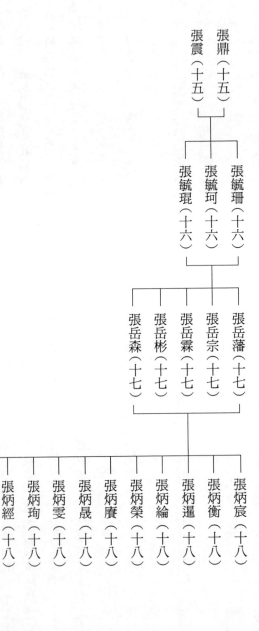

- 張炳曦（十八）
- 張炳庠（十八）
- 張炳紱（十八）
- 張炳昕（十八）

上述族譜中的「張炳衡（十八）」，即張璧。

他的祖伯父、祖父張毓珂的兄長張毓珊，也是當地一位著名的鄉紳。《霸縣新志．張毓珊傳》中如下記載：

張毓珊，字樾樵。清增生。世居霸縣東高各莊村。性寬和。治家勤儉，事親以孝聞。好讀書。早歲入庠。丙辰歲試，補增廣生。因家事繁瑣，遂不習舉子業。專心理家政。暇則為諸子侄講經史。

這樣一位「性寬和。治家勤儉，事親以孝聞」的人物，卻有著治理水患的才能。見該傳如下記載：

光緒二十年，境內大水，糾合鄰村修堤堵口。嘗撥夫數千，不分晝夜，親自督催。竟得秋有收穫。公舉管理三十五村堤。……光緒二十九年，在村南中亭河堤修築永豐閘，環村開溝，旱則引水灌田，澇則泄水注海。[1]

不僅如此，張毓珊也通曉治軍之術。見如下記載：

> 光緒庚子義和拳事起，聯軍過境。招集村人力為開導，曉以逃避之害。遂迎接洋人，設筵款待，村賴以安。聯軍既退，辦理團練保甲，善後事宜。蒙大憲獎給五品銜。[2]

張家還有一位世代行醫的後人張鳳齡。《霸縣新志．張鳳齡傳》中如下記載：

> 先世自高、曾皆擅岐黃，尤長於眼科。得異人傳，至今已五世相繼。鳳齡仰承家學，益求精進。立方每多奇效。求診者日盈其門。遇貧賤者恒假以藥餌。

因此之故，一九一八年，張鳳齡曾被村民贈送「五世良醫」的牌匾。我雖然看到了民國時代三種不同年份和不同抄本的《張氏族譜》和《張氏家譜》，但是還沒有發現明、清時期的早期張氏線裝本刊印的老譜，所以目前還無法斷定張鳳齡和張璧之間的親族稱謂關係。但是，由於張鳳齡後來

1 參見《霸縣新志．張毓珊傳》。

2 參見《霸縣新志．張毓珊傳》。

也加入了青幫組織，成為「通」字輩，則他至少在青幫裡要比張璧小一輩。

一九四〇年四月二日星期二，《實報》發表了張璧的題為《大成拳的命名：四存學會演述》一文，在該文中，他主張：

及與王薌齋相識，感到他的拳術，……合乎衛生條件，合乎技擊原理，四存學會體育班，曾由醫學家何紹文先生發表專論，留意體育消息的，想都已看過了。我就我的體認及何君的證明，王薌齋的拳術武工可謂得武工的精神，合於衛生，合於技擊，更合於科學及現代，以精神統一，訓練神經系統，使身體各部官能作平衡的發展，神經健全，各器官的官能增加，不但可使身體健康，人格亦可隨之而完善，作事能力，亦必增強，西諺有云：「有健全的身體方有健全的事業」。[1]

如此強調衛生和醫學的科學訓練，可見正是因為張家有中醫學傳統，我們就理解了當時張璧為何反覆強調衛生和養生、並寄希望開展全民的體育和武術鍛煉。

到了張璧的生父張岳宗時代，雖空有祖上老宅和部分田地財產，但是已經開始家道中落，早已經沒有了往日的輝煌。又據《霸州歷史文化之旅系列叢書．名人卷．民國名人張璧》一文中介紹他：[2]

1 參見《實報》，一九四〇年四月二日。

2 參見《霸州歷史文化之旅系列叢書．名人卷》，河北省霸州市政府內部出版物，二〇一三年，第二三七頁。

常年在外當師爺，教家館，愛好書法篆刻，不善管家理財，漸漸的家道中落，一年不如一年。地畝越來越少，人口越來越多，困難越來越大……

上述之說比較屬實。

張璧的原配是王汝珍。王氏為張璧母親給他操辦的包辦婚姻。張璧的父親早逝，母親辛苦持家，張璧是孝子，為聽從母命娶妻，而一生未與王氏同居，但王氏一直是以正室的身份，長期住在張家。張璧待她彬彬有禮，負責她的一切開銷和生活。直到文革時，王氏被從北京居住地西城區櫻桃斜街三十九號遣送回霸州大高各莊村的原籍。

一九一八年，張璧到北京後，將母親和王汝珍等人接到北京居住。隨即他大哥張律生（張炳宸）偕夫人等一同也搬到北京。張律生畢業於保定師範學校，在當時的農村是少有的洋秀才，曾任霸縣小學校長。張律生無論是在經濟上或是謀求生活道路上都給少年的張璧以資助和啟發，所以張璧特別敬重大哥。張律生來北京安家落戶，他和他的兩任夫人生兒育女，育有子女十二人。

關於張律生的生平，見張岱霞《毛澤東說：「你

張璧原配王汝珍（左一）和孩子們在中南海合影

改造了一個家庭」》一文可供參考，該文介紹說：

張律生（一八八〇—一九四四），清朝最末一科的秀才。考中秀才後，還沒來得及考舉人，就趕上了廢除科舉制度。後來，他考取保定師範學校，畢業後在霸縣高等小學教書，還當過校長。由於父親去世得早，張律生挑起了照顧一家人的重擔。在張氏大家庭中，張律生是從老家農村最早走出去的。他年輕時接觸過一些新思想，不保守，屬新派人物。其後，他又設法將弟妹帶出來讀書。張律生曾經當過三任縣知事（縣長），前兩任在河北赤城、安平，最後一任在山西石樓。[1]

張律生來京後先攜帶妻小全家同住在西城區櫻桃斜街三十九號一個小四合院。後張律生於一九三七年四月一日開始就任舊「北平市園藝試驗場」場長，有了固定薪酬後，他曾租住在中南海流水音。

「流水音」為明代所建的一座方亭，位於中南海南岸，因清乾隆帝手書「流水音」匾額而得名。

張律生和妻王麗珠及部分子女在「北平市園藝試驗場」合影

1 參見http://www.scicat.cn/news/gov/20190910/2864418.html

民國期間，在其周圍的韻古堂等幾套住房曾經對外出租。因臨近並圍繞著這個流水音亭而得名「流水音別墅區」，簡稱「流水音」。見照片：

這裡所謂的「北平市園藝試驗場」，全稱曾是「中央農事試驗場」，即今天的「北京動物園」最早的名稱。成立於光緒三十四年（一九〇八）的六月十六日。進入民國後，更名為「中央農事試驗場」、「北平市園藝試驗場」等。上述照片中出現的小老虎，就是當時北京動物園內的動物，並非張律生家私人所養寵物。張璧老家那裡一直流傳的「張律生是北京動物園園長」之說，其真實的職位當為如此。當時的張律生除了管理動物之外，還負責那裡的農業試驗田和農業科研機構的管理，並非只是狹隘意義上的所謂「動物園園長」而已。

三弟張旭昇（張炳暹）在家務農。三十年代末他攜家人也來到北京，一直住在西城區櫻桃斜街三十九號，直至文革時被遣送回霸州大高各莊村原籍。

張璧的妹妹張秀岩是早期中共黨員，在兄妹中年齡最小。張秀岩從小就對封建社會重男輕女非常不滿，堅決反對

流水音亭（當時張家就租住在照片右側房子）

並身體力行拒絕女子纏足這種殘害女性的陋習。十幾歲時隨其大哥到縣城裡讀書。一九一九年初，二哥張璧將其接到北京並考入了北京國立女子高等師範（即後來的女子師範大學）。當時，李大釗和魯迅等進步教授都在女高師任教。張秀岩積極參與了「五四」運動，並擔任了京、津兩地學生聯合會的聯絡員。一九二六年，她經中共黨員郭隆真介紹加入了中國共產黨。在張秀岩的影響下，張家十幾位子侄們都走上了革命道路。

張璧自由戀愛娶的夫人是劉鴻英。劉氏自幼學京戲，曾以唱戲為生，遇到已是著名的青年軍官張璧後，二人相互為對方所吸引。於是，張璧出錢給劉鴻英的父母，為其贖身，停止了她賣唱生涯，然後二人正式結婚。婚後的劉鴻英，再也沒有登臺唱過戲，他們一生相伴。

劉鴻英身高約一六六釐米，屬於高挑身材的美女。自從張璧在一九四八年逝世後，未再嫁。長期無工作的她，解放後一直得到了張家的後代子侄們無私地照顧和接濟，每月定期給她人民幣三十元作為生活費，一直持續到「文革」運動前夕。

大陸地區的「文革」運動開始後，張家先後有八位親屬被捕入獄，餘者亦被關入牛棚或下放勞動，自然也就無法繼續接濟劉氏的生活了。於是，張璧的夫人劉鴻英，在斷絕了經濟援助，加之也因為受到張璧的問題牽連被抄家，這位一直被鄰居們稱為「張姨」、為張璧守節近二十年的孤單而性情和善的老人，在租住的北京德勝門內大街羊房胡同五十四號的家中服「滴滴喂」自殺身亡。[1]筆者一直在查找劉鴻英的家人、她的弟弟及養女所在，但是至今一無所獲。只好付諸厥如。

1 這一具體細節為我大學時代的同學向我提供，他正巧也住在那個四合院中，並且向我提供了劉氏晚年的不少生活情況。在此向我的同學表示感謝。

第二章

早年的軍旅生涯

張壁少年時開始，先是在家接受私塾教育，而後正式就讀並畢業於霸縣高等小學。在他大哥張律生的幫助下，張壁到天津就讀中學。

張壁的堂弟張炳綸之子張占一，[1]在《張壁經歷概要》一文中陳述：

青年時期的張壁受到了在霸州當教員的大哥的接濟，得以與人結伴東下天津尋找生活出路。在天津目睹了義和團反帝鬥爭，張壁深受影響。一次他遇上八國聯軍軍官欺負一群中國人，他挺身與洋人交涉辯論，使得洋人啞口無言。這一舉動一時傳為佳話。[2]

一九〇二年，直隸總督、北洋大臣袁世凱在保定東關外創辦北洋陸軍將弁學堂，並設督練公所，下設兵備、參謀、教練三處。以鄒玉春為總辦，王振畿為提調，李士銳為總教習。修學期限，中級以上為半年，初級為一年。

同時，袁世凱又在北京設立練兵處以訓練新軍。並派人分赴正定、大名、廣平、趙州、冀州各地，會同地方官精選壯丁六千名，分別訓練。當時，袁世凱對新軍的要求是「兵必合格，人必土著」的總原則。按名註冊，由地方官員協助操練新軍。

見《清史稿》記載：

1 張占一：高級政工師。曾任新疆澤普縣委常委委員、副縣長，喀什師範學院中文系黨總支書記，陝西中石油企業廠長助理、紀委副書記、機關黨委書記等。陝西省作協會員。陝西省政府參事室（文史研究館）研究員。

2 見張占一的《張壁經歷概要》，原「中亭河博客」，現該博客網址被遮罩，原因不明。

二十五年……二月甲申，申諭各省辦積穀、清訟、團練、保甲。丁亥，命武勝新隊名曰虎神營。舉行京師保甲。戊戌，膠州灣德兵藉詞護教，入沂州境。命呂海寰告德國外部，止其進兵。以新建陸軍訓練有效，予袁世凱優敘。

又見《清光緒朝實錄》卷五百三十四：

光緒三十年八月初三，練兵處奏籌擬陸軍學堂辦法。上諭：「依議行」。

那一年，張璧十七歲。一九〇二年，張璧中學畢業後，他為了減輕他大哥的生活負擔，就報名參加了北洋新軍。從此開始了他的軍旅生涯。當時，張璧的軍餉是每月二兩五錢銀子。這些錢足夠可以保證當時一家幾口人購買一個月的基本口糧。幼年喪父的張璧，幾乎是在他大哥的照料下完成了學業的。因此，當了兵有了軍餉的他，

正在進行訓練的張璧等北洋新軍士兵

極大地幫助他大哥改善了家裡的生活壓力。

在新軍中，張璧和同為軍人的劉夢庚（北洋時代陸軍上將，湖北潛江人、北洋軍醫學堂畢業）等人成為好友。[1]

張璧在新軍中，和其他軍人一樣，訓練十分艱苦。由於當時的新軍中已經有了德國和日本的軍事教練，當時稱之為「洋教習」。因此，畢業於中學的他，開始了德、日語學習。正是這些軍事訓練基礎和外語學習基礎，兩年後，他順利地進入了北洋陸軍武備學堂學習。[2]

當時的北洋陸軍武備學堂，成立於光緒十一年（一八八五）正月。最初，學堂校舍在天津水師公所，後搬到大直沽附近舊「柳墅行宮」，它是直隸總督李鴻章奏請清廷批准，由津海關道周馥及楊宗濂二人聯合創辦的。設立的目的見津海關道周馥光緒十一年（一八八五）五月初五日《奏報創設武備學堂折》所言：

> 臣查泰西各國講究軍事，精益求精，其兵船將弁，必由水師學堂；陸軍將弁，必由武備書院造就而出，故韜略皆所素裕，性習使然。

---

1 劉夢庚檔案材料已被人上傳網路，十分難得。見http://www.whcbs.com/Upload/BookReadFile/202002/1451bae1ec81441d8cd4bfd41f247038/ops/chapter194.html
再可參見《醫科一期（M1）劉夢庚學長事蹟考》一文，《源壇季刊》，二〇一一年，總第三十八期，第七二—七三頁。

2 參見《光緒朝各省設立武備學堂檔案》一文，《歷史檔案》，二〇一三年第二期。

當時，該學堂的錄取工作很簡單，基本上是面試決定，沒有文化課和軍事課的考試。而面試合格與否的原則依然是袁世凱的那句「兵必合格，人必土著」的要求。比如，當和尚的孫岳（後來的直隸督辦兼省長），穿著袈裟來參加報名考試，只因會武術，就被當場錄取。

一九〇三年，北洋陸軍將弁學堂改名為北洋陸軍武備學堂。先後由劉永慶（一九〇二—一九〇三）、馮國璋（一九〇四—一九〇五）、段祺瑞（一九〇六—）任總辦（即校長）。

這時學堂的建築來自過去的「柳墅行宮」，《天津縣新志》記載：「道光二十六年（一八四六），奉裁變沽。」從此，「柳墅行宮」被拆分出售。

這裡也曾有一座和大的關帝廟，一九〇〇年時曾遭八國聯軍焚毀。新建軍校時，就利用原來的廟產並徵用了鄰近土地，改擴建而成；也完全模仿了日本士官學校，也是一片氣象森嚴的磚瓦結構建築群。四面有高大的圍牆，牆外有護城河環繞。整個學校建成後占地達一百八十多畝。全校分：校本部、分校、大操場和靶場四個部分。

北洋陸軍武備學堂大門

本部居學校的中心，由南、北兩院組成。北院是生活區，南院是教學區。南院的東、西兩側是教室和學生宿舍。當時的學制是兩年。

一九〇五年，二十歲的張璧，由於他具有一定的外文基礎，所以他被分配在武備學堂的「洋文班」學習。

劉永慶、段祺瑞等晚清官員和北洋陸軍武備學堂學生們合影

關於張璧哪年進入北洋陸軍武備學堂的問題，目前為止，各類文字記錄和相關文章均語焉不詳。根據他和商震是同期同學、而商震是一九〇五年十七歲時考入的北洋陸軍武備學堂，因此之故，筆者曾主張：張璧考入北洋陸軍武備學堂也是在一九〇五年，即他參加新軍兩年之後。我曾根據張璧一九二四年四月十三日被授予陸軍中將軍銜，而商震卻是在晚他一年以後的一九二五年九月二十四日才獲得這一軍銜，考慮到當時授予軍銜時特別注重的入學或畢業於陸軍學堂的時間先後這一論資排輩習慣，顯然張璧的入學時間或許應早於商震的一九〇五年。但是，由於在一九〇六年九月發生了十分重大的開除加入「同盟會」師生事件，正是在這一事件中，張璧和商震等人同時被除名——如果他是一九〇四年入學的話，那麼到了一九〇六年的九月，他該已經畢業了而不存在被開除的問題。既然是被學校除名，可見他也應該是一九〇五年入學。至於為何他早於商震一年被晉昇為陸軍中將，可能只有一個原因：當時他的察哈爾省全區警務處處長兼警察廳廳長這一職位是較重要的。

在北洋陸軍武備學堂，「洋文班」是當時特別設立的以德、日模式培養軍事人才的專業。當時的任課教師中就有日本人和德國人。據說他和商震上課時曾是同桌好友。

案：商震，生於一八八八年，卒於一九七八年。字啟予，又作起予。河北保定人。一九〇五年，商震考入北洋陸軍武備學堂。但是，很不幸的是，一九〇六年八月，張璧和商震等人因為積極參與革命活動、加入同盟會而被學校開除。

從下面這張照片來看，當時黑板上使用的語言可能是德文，但肯定不是日文。

在不到兩年的學堂生活中，張璧有了幾個很好的朋友孫岳、商震、張席珍等人。而和尚出身的孫岳當時則比他高一屆，並且在一九〇六年順利畢業。

一九〇一年，剛從日本陸軍士官學校畢業的吳祿貞回國後，出任武昌將弁學堂軍事教習。

案：吳祿貞，生於一八八〇年，卒於一九一一年。湖北雲夢人。一八九八年，他被保送日本陸軍士官學校學習。正是在此期間，他認識了孫中山，加入了興中會。一九〇一年，他回國後，意外地認識了湖廣總督張之洞，並且被張視為奇才，加以保護和推薦，於是，吳祿貞成了武昌武備學堂的教習。張之洞死後，吳祿貞特地在宣統二年十一月二十四日向朝廷呈奏了《為已故大學士張之洞

洋教習和洋文班學生上課留影

官鄂最久，功德在民，請建專祠事折》[1]。師生之情，盡情表露出來。一九〇三年十一月四日，他和黃興、劉揆一、宋教仁、章士釗、周震鱗、翁鞏、秦毓鎏、柳聘農、柳繼忠、胡瑛、徐佛蘇等十二人，在長沙保甲巷彭淵洵家舉行秘密會議。開始創建秘密的反清革命組織「華興會」。[2]

關於具體創始人數，劉揆一在《創立華興會》一文中記載為：

> 公乃邀合吳祿貞、陳天華、楊守仁、龍璋、張繼、宋教仁、秦毓鎏、周震鱗、葉瀾、徐佛蘇、翁鞏、章士釗、胡瑛、柳大任、張通典、譚人鳳、王延祉、彭淵恂、蕭翼鯤、柳繼貞、彭邦棟、陳方度、何陶、蕭堃、朱子陶、任震、陳其殷、吳超澄及予弟道一等，創立華興會於省垣連昇街機關部。[3]

一九〇四年二月十五日，「華興會」在長沙明德學堂正式成立，黃興任會長。[4]五月，吳祿貞北上，調任北洋練兵處軍學司訓練科馬隊監督（即騎兵專業訓練負責人）。正是

---

1 該奏摺中盛讚稱張之洞：「該故大學士最所置重，自視學湖北，即建經心書院，講明經術。及在總督任內，首建兩湖書院及武備自強各學堂，規模宏遠，成就甚眾。值興學命下，複廣建師範、實業、方言諸學。省垣之內，廣廈如林。猶恐地方教育未能普及，力籌賠款而以各州縣認捐款項撥還，就地辦學。於是鄂省境內立校始遍，歲選茂異，分赴東西洋就傳，費貲頗巨，造士之多亦甲於天下。京內外舉行新政，率皆借財為用，此其辦學之明效也。」

2 關於對吳祿貞的研究，專著請參見趙宗頗、夏菊芳《吳祿貞》，上海人民出版社，一九八二年；胡玉衡《九邊處處蹄痕——吳祿貞傳》，近代中國出版社，一九八二年。論文很多，最近發表的請參見王鵬輝《吳祿貞的社會交遊與清末革命》一文，《清史論叢》，二〇一五年第二輯。

3 《中華民國建國文獻．革命開國文獻》，第一輯，臺灣國史館，一九九六年。

4 關於華興會創建歷史，還可以參考劉元珠《華興會：一九〇三—一九一一》一書，臺灣大學歷史研究所出版，一九七一年。

他引領張璧、商震等青年軍人走上了革命道路。

一九〇五年，剛剛考入北洋陸軍武備學堂的張璧，遇到了改變他一生的導師、當時的教官、訓練科馬隊監督吳祿貞。正是在他的影響下，張璧和商震等青年軍人先後加入了秘密革命組織華興會、同盟會。七月，在黑龍會領袖內田良平的牽線下，孫中山返回日本東京，住在當時著名的日本浪人頭山滿的家中，宣傳、籌備成立中國同盟會。八月二十日，在黑龍會的斡旋下，各派旨在推翻滿清王朝的中國革命組織在東京黑龍會總部聚會，協商組建中國同盟會。同盟會由興中會、華興會、復興會合並而成，正式宣告成立。孫中山被推舉為總理。

吳祿貞、張璧、商震等華興會全體成員自動成為同盟會創始會員。

「華興會」骨幹在日本合影

案：至今保存下來的最早的同盟會《乙巳、丙午兩年會員名冊》[1]中，雖然沒有記載張璧、商震的名字，但是有張繼的名字。因為當時，加入同盟會必須有個人簽署誓言的《盟書》，並將此《盟

1 參見中國國民黨中央委員會黨史委員會《革命文獻》，第二輯。臺北中華印刷廠。

書》交到總會才算正式入會。而吳祿貞、張璧、商震等華興會屬於集體入會，所以沒有保存下來他們各自簽署的《盟書》。

一九〇六年十一月十八日，朝鮮參政大臣朴齊純致函朝鮮統監伊藤博文，意圖侵佔我國東北延邊地區，要求日本政府派員前往中國延邊地區保護實際上已經非法越境來華的所謂「朝鮮墾民」。針對於此，清政府在一九〇七年七月任命徐世昌為東三省總督、吳祿貞隨行任軍事參議，處理東北事務。到達東北後，徐世昌調集了四千多名士兵，在重要地點設立「派辦所」。深刻瞭解日本的軍事野心的吳祿貞首先提出「籌邊之道，貴在知邊」的建議。這一建議為徐世昌所接納。於是，徐世昌派遣他到延吉調查邊務，任命他擔任延吉邊務幫辦。

由於缺乏人手協助開展調查工作。於是，吳祿貞很自然地想到了他在北洋陸軍武備學堂的幾個懂日語的學生、同盟會會員張璧、商震等革命青年軍人。一九〇七年七月中旬，已被學堂除名的張璧、商震等人，被吳祿貞招攬到東北，參加北洋陸軍，任

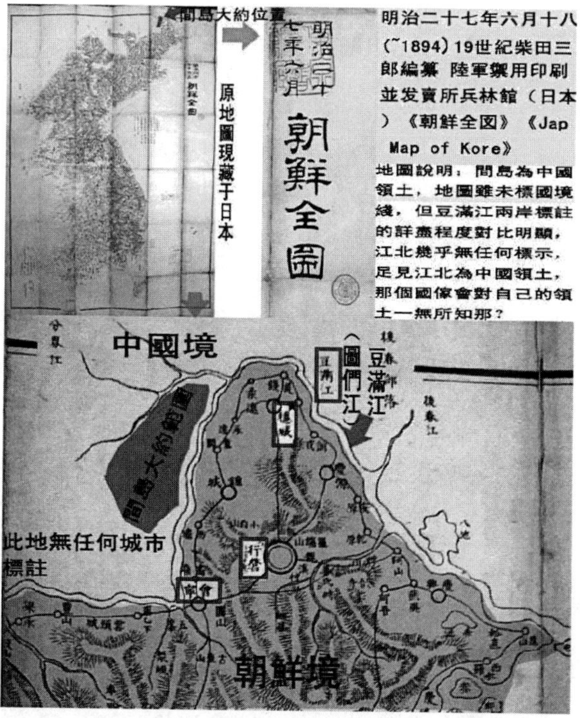

一八九四年日本出版的地圖已確認間島為中國領土

初級軍官。張璧從此開始了當軍官的歷史。吳祿貞既是他的軍事導師，更是他的人生導師，是他引導張璧走上了革命道路。

這裡的間島，原名墾島，因有大批朝鮮移民長期非法越界墾荒而得名。該地區位於圖們江北岸，最初是指中國吉林省延邊朝鮮族自治州和龍市光霽峪前的一處灘地，自古屬中國領土。韓國一些團體卻認為「間島」是指圖們江以北、海蘭江以南的中國延邊朝鮮族聚居地區，包括延吉、汪清、和龍、琿春四縣市。至今，朝、韓兩國部分政客意圖對中國提出所謂領土主權的要求。可以參見中方張玉芝《間島日本總領事館對延邊的侵略》[1]、中華民國張楨育《間島：中韓兩國領土之爭》[2]和韓國洪相杓《間島獨立運動小史》[3]等書，一九九〇年，韓國出版文化院特別編輯出版了《間島領土에關한韓．清兩國紛爭關係秘密文書》一書。當然，中方也出版了回應的史料彙編，見臺灣中央研究院近代史研究所編輯出版了十一卷本的《清季中日韓關係史料（一八六四—一九一一）》一書，一九七二年。

實際上，從一八九四年日本出版的地圖的左下方，可以明顯地發現當時的日本已經確認間島為中國領土。

一九〇七年七月十一日，日本駐華使節臨時代辦阿部守太郎[4]照會清政府外務部，居然聲稱：

---

1 參見《偽皇宮陳列館文集》，一九九〇年。
2 網路可見http://ir.lib.nchu.edu.tw/handle/11455/80153
3 該書為韓光中學校出版，一九六六年。
4 二〇〇三年，日本大分合同新聞社出版了芳治原清撰寫的研究專著《外務省政務局長阿部守太郎》一書，可供參考。

「間島究為清國領土，抑為韓國領土，此事懸案已久，迄未解決」。與此同時，日本派遣大批間諜人員到那裡進行勘察和刺探軍事情況等活動，並不斷地挑起事端。日本外務省甚至派遣齋藤季治郎任間島派出所的所長，意圖形成對那裡的實際管轄局面。

案：這個齋藤季治郎，是當時日軍中的所謂中國通。他生於一八六七年，卒於一九二一年。在一八九九年至一九〇四年曾任杭州武備學堂洋文班的教師。後來晉昇為日軍第十一師團中將師團長。相關研究可見日本九州大學金珽實撰寫的《日本人と間島：斎藤季治郎を中心に》[1]一文。

一九〇七年八月，吳祿貞得到日本軍隊在間島附近集結的消息，立即讓張璧、商震等人帶領軍隊與當地民團，做好防禦準備。然後，

1 見《韓國言語文化研究》，二〇一六年，第二十二期，第三十九—五十三頁。網路閱讀可見：http://id.ndl.go.jp/bib/027470734

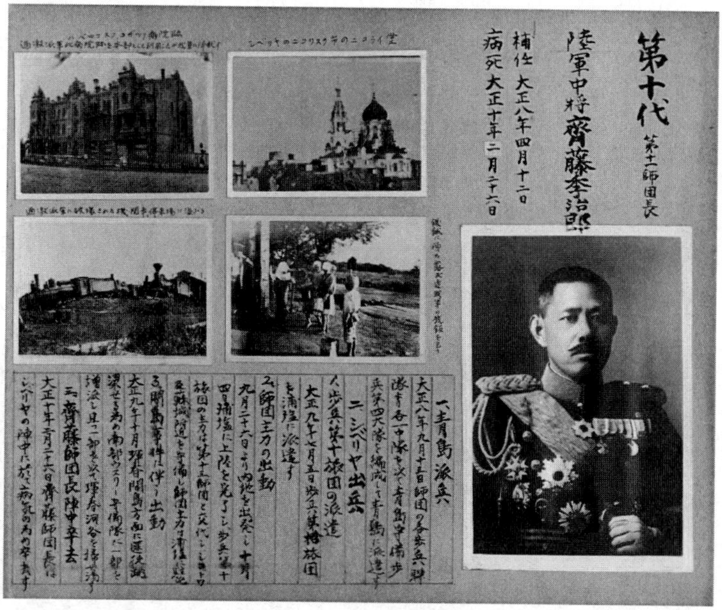

杭州武備學堂教師、日軍第十一師團長官齋藤季治郎中將

吳祿貞向日本軍官齋藤季治郎致信，表達守衛領土的決定，要求對方立刻無條件地退出邊界。吳祿貞在信中嚴正聲明說；「延吉廳所轄之地是中國領土，我國早已設置官衙，軍隊在此管轄，已為萬國所公認」。並且要求日本憲警「立即撤走」。[1]這是軍人的張璧第一次親身參與的保衛祖國領土的行動，這對他今後的軍事生涯產生了重大的影響。

齋藤季治郎見清軍已經有了防備，不得不下令日軍撤出中國邊境。然後，齋藤季治郎向日本外務省撰寫了詳細的報告和建議。見電報原始文獻：

而吳祿貞也親自主持撰寫了《延吉邊務報告書》，並繪有《延吉邊務圖》。後來，清政府以此為中日談判的重要依據，終於讓日軍徹底退出了間島地區。

一九〇九年五月，吳祿貞昇任延吉邊務督辦，並任北洋陸軍協都統（即該軍最高負責人的助理）。九月四日中日雙方代表在北京簽訂《圖們江清韓界務條款》，又稱「間島協約」。該條約完全確立了間島為大清國領土，以圖們江為國境，在江源

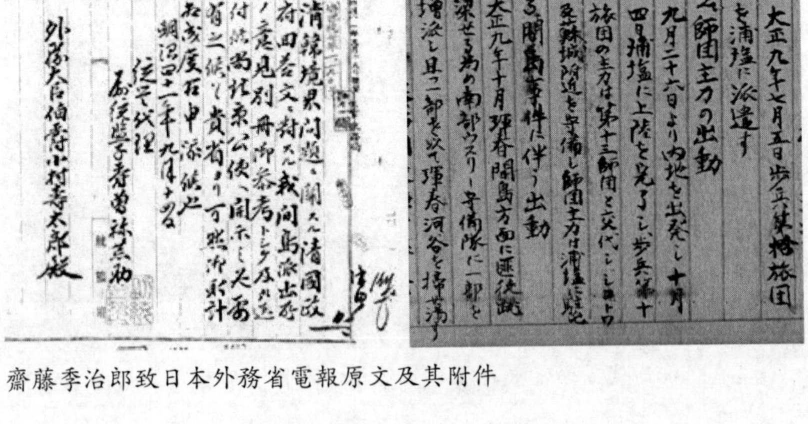

齋藤季治郎致日本外務省電報原文及其附件

1 引見《外務省警察史》。東京不二出版社，二〇〇一年。

地方以界碑為基點，以石乙水為分界線的總原則。全文如下：

一九〇九年九月四日，宣統元年七月二十日，明治四十二年九月四日，北京。

大清國政府及大日本政府，顧念善鄰交誼，彼此認明圖們江為中、韓兩國交界，並妥協商定一切辦法，俾中、韓兩國邊民永遠相安，共享幸福，所訂各條款並列於左：

第一款　中、日兩國政府彼此聲明，以圖們江為中、韓兩國國界，其江源地方自定界碑起至石乙水為界。

第二款　中國政府俟本協約簽定後，從速開放左開各處，准各國人居住、貿易。日本國政府同於各該埠設立領事館或領事館分館，其開埠日期應行另定：龍井村、局子街、頭道溝、百草溝。

第三款　中國政府仍准韓民在圖江北墾地居住，其地界四址另附圖說。

第四款　圖們江北地方雜居區域內之墾地居住之韓民，服從中國法權，歸中國地方官管轄裁判。所有應納稅項及一切行政上處分，亦與中國民同。至於關係該韓民之民事、刑事一切訴訟案件，應由中國官員，按照中國法律秉公審判。日本國領事官，或由領事官委派官史，可任便到堂聽審，惟人命重案，則須先行知照日本國領事官，到堂聽審。如日本國領事官能指出法律判斷之處，可請中國另派員複審，以昭信讞。

第五款　所有圖們江北雜居區域內韓民之地產、房屋等，由中國政府與華民產業一律切實保護，並在沿江擇地設船。彼此人民任便來往，惟無護照公文，不得持械過境。雜居區域內所產米穀，准韓民販運，如遇歉收仍得禁止，柴草援引照辦。

第六款　中國政府將來將吉長鐵路接展造至延吉南邊界，在韓國會寧地方與韓國鐵路連絡，其一切辦法，與吉長鐵路一律辦理。至應何時開辦，由中國政府酌量情形，再與日本國政府商定。

第七款　本協約簽定後，本約各條即當實行。其日本統監府派出所及文武人員，亦即從速撤退，限於兩月內退清。日本國政府在第二款所開商埠，亦於兩月內設立領事館。

為此，兩國大臣各奉本國政府合宜委任，繕備漢文、日本文各二本，即於此約內簽名蓋印，以昭信守。

宣統元年七月二十日

明治四十二年九月四日

大清國欽命外務部尚書、會辦大臣　梁敦彥

大日本國特命全權公使　伊集院彥吉

一九一〇年，處理完間島問題後，吳祿貞在慶親王的推薦下，調任北洋陸軍第六鎮統制（即該軍最高負責人）。於是，張璧、商震等人也追隨吳祿貞回到關內，隨後張璧擔任了北洋陸軍第六鎮的三等參謀官。第六鎮是袁世凱的嫡系部隊，總部駐地在北京南苑。原統制為段祺瑞，現在改由吳祿貞統領，段、吳二人曾在北洋陸軍武備學堂時代是上下級關係。當時北洋陸軍主力一共編制六個「鎮」，一鎮有一萬兩千余名官兵，「統制」是鎮最高長官。經歷這次間島問題，追隨吳祿貞的張璧徹底明白了日本軍事力量的強大，也使得他意識到外交周旋和軍事準備兩者缺一不可。

一九一一年十月十日武昌起義爆發。但是北方卻依然在清政府和北洋陸軍的控制下。這時，駐守山西的清軍發動起義，八十六標標統（即該軍最高負責人）閻錫山被推舉為山西革命軍都督。清政府立刻命袁世凱派兵鎮壓。於是，袁世凱派遣自己的精銳部隊的第六鎮前往鎮壓。然而吳祿貞帶領張璧和全體軍兵卻前往了石家莊。在石家莊營地，此時的吳祿貞認為革命的時期已到。於是，他在娘子關，帶領張璧等貼身參謀，和閻錫山單獨會面商談，決定組建「燕晉聯軍」，定於十一月七日一起回師北京，討伐清政府，發動「中央革命」。據說，當時的吳祿貞曾激動地對張璧、商震等全體軍官演講說：「蔭昌傾北京精銳之師南征武昌，諸位如果要和我一起倒戈，進攻兵備空虛的北京，可以兵不血刃而定天下，然後綏靖士民，易置帝政，而傳檄東南，釋甲寢兵，天下事可大定。」[1]

張璧、商震等人積極地回應吳祿貞的主張。他們先是謊稱已經招安閻錫山的軍隊，而後張璧、商震帶兵又在石家莊扣壓了運往湖北進行鎮壓的餉銀二十萬兩和大炮十門及糧食等重要軍事物資。此時，吳祿貞的言行被軍中的密探密報給了袁世凱。袁世凱在得到了軍中密報後，才明白自己的愛將吳祿貞這時也已經成了逆黨。於

張璧的同窗好友商震

張璧的革命導師吳祿貞

1《霸州歷史文化之旅系列叢書．名人卷》，河北省霸州市政府內部出版物，二〇一三年，第二九七頁。

是，袁世凱下令段祺瑞刺殺吳祿貞。段祺瑞則以重金買通了吳祿貞手下的騎兵營長馬步周，將第六鎮統制吳祿貞、參謀官張世膺，副官周維楨等第六鎮上層軍官刺殺於石家莊軍營中，北洋陸軍第六鎮的起義遂宣告失敗。

閻錫山特別撰寫了《故燕晉聯軍大將軍吳公之碑》一文刊刻公佈於世。[1]

如果吳祿貞不死，他很可能在進入民國初期時代成為一名大軍閥，張璧和商震都將成為他手下的重要將領，也許中國民主革命的歷史和民國的格局將徹底改寫了，可惜一切還只是「假設」和「如果」而已。個人在歷史發展過程中的決定性作用的大小和價值，往往很難準確地說清楚。

吳祿貞被殺後，袁世凱立刻在第六鎮展開肅清逆黨的行動。張璧、商震等青年軍官自然在被肅清之例。於是，張璧在軍中同盟會份子的安排下，逃往當時東北的奉天省。

為了躲避追捕，他開始使用了「張君玉」這一名字。這一名字後來也被舊北平特別市公署警察局張璧檔案中所記錄和保存下來，足以證明其真實性。[2]

正是在一九一一年十月底前後，張璧在奉天加入了影響他一生的一個傳統組織青幫。引導他進入青幫的師傅是當時青幫「理」字輩的王約瑟。當時按照青幫的輩份，張璧在青幫屬於「大」字輩。在不到兩個月的時間內，張璧在奉天，充分地利用了青幫組織和他的畢業於軍事學校的特長，他和商震發起組織了陸軍小學，招集學生學習。並計畫建立東北地區的「光復軍」，積極地策應武昌革

1 參見鄭裕孚編《郭允叔（象升）文鈔》、沈雲龍主編《近代中國史料叢刊續編》第四輯，臺北文海出版社影印文蔚閣版，一九七四年，第一四七頁。

2 見本書扉頁上的張璧檔案照片。

命。他和同屬於「大」字輩的青幫成員、同盟會成員顧人宜、楊子厚、楊大實、藍天蔚、朱霽青、劉大同、徐於、劉幹一、陳幹、祁星宸、石磊等青年，包括辛亥革命成功後的陸軍中將厲大森等人、成為了革命戰友，他們一起參與組織了著名的高力門起義、鳳城起義和開原起義三次起義，為辛亥革命在東北地區的發展和推廣做出了輝煌的戰績。頻繁的起義證明了當時奉天的革命活動的積極和張璧等軍事學校畢業生的領導能力和軍事指揮能力。

一九一一年十一月十三日，山東省脫離清政府的統治，宣佈獨立。

十一月中下旬，張璧等人帶領數十名革命青年學生，到達遼陽西南劉二堡村，在那裡建立了「光復軍」革命基地。十一月二十四日，在袁世凱第五鎮軍隊的打擊下，山東又被迫取消獨立。當時，主張繼續獨立的革命黨人建議加入中華民國政權。十一月二十五日，張璧和商震等人在遼陽西南劉二堡村再次打出了發動起義、召集「光復軍」人馬的白旗標誌。此舉迅速引來了當時的遼陽地方官員和巡警、軍隊的鎮壓。十一月二十九日，張璧等人組織敢死隊，準備起義。當天夜晚，商

孫中山就任中華民國中央臨時政府大總統合影

震因為臨時有事外出，離開這裡得以倖免於難。前來鎮壓的趙爾巽的軍隊將張璧等「光復軍」起義者們團團圍住。經過激烈地交火，槍少彈絕的起義者們，犧牲了數十人，而張璧等部分有過軍事訓練經驗的起義者成功突圍逃生。張璧、顧人宜、藍天蔚等人帶領突圍成功的「光復軍」部分成員渡海到達山東煙臺，繼續開展他們的革命起義活動。[1]

山東都督府都督、靖國軍第三軍軍長胡瑛

一九一二年一月一日，孫中山由海外回到南京，就任中華民國中央臨時政府大總統。一月二十日，中華民國中央臨時政府應山東地區同盟會和革命黨人的要求，委派胡瑛出任山東都督府都督。

案：胡瑛，生於一八八四年三月二十八日，卒於一九三三年。原名胡祖懋，字敬吾。後改名瑛，字經武，號宗琬。湖南桃源縣人。一九〇三年，他在就讀長沙經正學堂期間，協助黃興，參與創建了華興會。一九〇五年六月，他留學日本。八月，他在日本參與創建了同盟會。一九〇六年二月，短期回國領導革命活動。一九〇七年，他在漢口被捕並被判死刑。後經直接找到張之洞說情營救，他被改判無期徒刑。一九一一年一月，與蔣翊武、詹大悲等人在武昌組織革命團體文學社，胡瑛為該組織領導人之一。

1 參見煙臺市博物館館藏、徐鏡心一九一二年撰寫《光復登黃戰事紀實（手稿）》。徐鏡心為當時山東同盟會負責人。

武昌起義後，胡瑛任湖北軍政府外交部長。於是，胡瑛親自到漢口各個租界，宣傳中國革命宗旨和軍政府的對外政策，贏得在漢口各個駐外使館的理解與支持。

胡瑛帶領著黃興手下的三千名革命軍人到了山東後，二月二十一日，立刻聯繫上了正在煙臺組織革命活動的華興會的老友、「光復軍」起義的領導者之一的張璧，讓他帶領東北「光復軍」，全體整編加入到他的革命軍隊中。於是，在胡瑛領導下，張璧帶領的東北「光復軍」成員在煙臺芝罘島建立了革命基地，建立了一支新的軍隊——「關外民軍」。時為軍人的張璧，成了山東都督府都督胡瑛最信任的革命武裝領導人。

按照當時日本外務省的情報記載：

在誰來當這一軍隊的最高領導人的問題上，張璧和商震、楊大實三人之間展開了競爭。競爭的結果是軍事學校畢業的張璧、商震任「關外民軍」正、副總司令。而楊大實則落選退出，並離開了「關外民軍」。

自此，張璧第一次成了一支軍隊的領導人，為他進入民國時代積累了革命資本。特別是張璧親自出馬，

山東獨立時代的張璧（前右一）與商震等和宋教仁（前右二）合影

並利用他在青幫的地位和關係，策動煙臺、青島、威海等地的北洋海軍中的青幫份子先後易幟，歸向革命，更使他威名遠揚。史稱這次革命行動為「芝罘獨立」。

如果說吳祿貞引導張璧走向了革命，那麼胡瑛則是將張璧領導的東北光復軍推向了北方革命的前臺。正是在這一特殊歷史階段的積極的革命活動，山東省的同盟會「武」先鋒張璧和河北省的同盟會「文」先鋒張繼，一時間贏得了「北二張」的名聲。和「北二張」並立的「南胡汪」，就是時任廣東軍政府大都督的「武」先鋒胡漢民和時任南方議和參贊「文」先鋒汪精衛。故時人稱之謂：「南胡汪，北二張」。

一九一二年一月二十二日，胡瑛在山東煙臺宣佈獨立。二月初，清政府派遣軍隊進攻山東。胡瑛向南京政府告急，要求增兵。於是，一直在南方領導「光復軍」的李燮和帶兵前來支援。[1] 李燮和立刻派遣手下、「光復軍」第二混成旅旅長李炯和團長周朝霖，帶領三個營，日夜兼程趕赴煙臺。張璧則立刻和李、周率領的部隊會合，他們帶領各自的軍隊，聯手協助胡瑛，最終導致了山東再次脫離清朝統治。二月十二日，末代皇帝溥儀宣佈退位，清朝徹底結束。三月十九日，袁世凱下令解除胡瑛山東都督府都督之職，改任新疆屯墾使。他辭而不就。可惜革命成功以後的胡瑛，在袁世凱的陰謀打擊下，他喪失了所有軍事指揮權之後回到日本，一度與李燮和等人一起又轉而支持袁世凱稱帝，從革命蛻化成了反革命。這反映了資產階級民主革命家的人性中最為軟弱的妥協性的一面。《蔣介石日記》一九一五年八月十四日中就明確記錄：「楊度、孫毓筠、嚴復、劉師培、李燮和、

1 參見饒懷民《湘籍辛亥風雲人物傳記叢書：光復軍總司令李燮和傳》，嶽麓書社，二〇一五年。

胡瑛等，發起籌安會，鼓吹帝制。」

應該說，辛亥革命時期的張璧在吳祿貞、胡瑛等幾位民主革命導師的正確引導下，他的人生價值觀和理想是非常積極和進取的。

第三章

投身革命的青年張璧

一九一二年二月十二日，袁世凱逼清宣統皇帝溥儀下詔退位。清隆裕太后接受優待條件，下詔袁世凱組建中華民國。

三月，袁世凱成為中華民國臨時大總統，並組建第一屆內閣政府。同盟會會員唐紹儀出任內閣總理，趙秉鈞任內務總長，陸征祥任外交總長。內閣部長們中半數以上也是同盟會會員。與此同時，袁世凱正式邀請孫中山、黃興赴京，共商國計。

這時候的張璧，依然領兵駐紮在山東軍中。

六月初，直隸省議會選舉王芝祥為直隸都督。但是袁世凱對選舉結果不予承認，並另行任命他人。唐紹儀見《臨時約法》已遭到破壞，徹悟袁世凱之獨裁行為後，於六月十五日憤而辭職。而繼任的陸徵祥，很快又遭到議院彈劾而辭職。於是，趙秉鈞在當年八月當上了袁世凱政府的第三任國務總理。八月五日至十一日，同盟會改組成為國民黨。八月二十四日，孫中山到達北京，袁世凱以國家元首的規格隆重接待。

袁世凱

孫中山

在歡迎孫中山舉行的盛大宴會上，袁世凱盛讚孫中山說：

……今見孫先生來京，與我談者極其誠懇，可見前此謠傳盡屬誤會，民國由此益加鞏固，此最可歡迎之事。[1]

當時，袁世凱任命孫中山為全國鐵路督辦、授予黃興陸軍上將軍銜。八月二十五日，孫中山當選為國民黨理事長。宋教仁任國民黨代理理事長。

一九一三年三月二十日，國民黨領導人宋教仁在上海滬寧車站被武士英開槍暗殺。兩天後身亡[2]。究竟誰是謀殺宋教仁的幕後元兇？應夔丞、洪述祖、趙秉鈞、袁世凱、孫中山、黃興，還是陳其美？眾說紛紜。孫中山、黃興率先發佈宋教仁暗殺事件的幕後黑手是袁世凱，意在讓民眾對袁世凱政權產生不滿，阻止袁世凱在四月八日召開的第一屆國會上當選。袁世凱當然予以否認。當時的證據顯示國務總理趙秉鈞涉嫌教唆殺人。

但是，這時京師警察廳總監王士馨在報紙上卻公開發表言論說：「趙、宋因政黨內閣問題，頗有密切關係。自宋被刺後，獲犯應桂馨，搜出證據，牽涉內務部秘書洪述祖，應、洪又有密切關係。因此，袁總統不免疑趙，而趙以洪時往袁府，亦疑袁授意。及前日趙與袁面談，彼此始坦然無疑。惟袁謂：宋被刺前，洪曾有一次說及總統行政諸多掣肘，皆由反對黨政見不同，何不收拾一二人，以警其餘？袁答謂：反對者既為政黨，則非一二人，故如此辦法，實屬不合云。現宋果被刺死，難保非洪借此為迎合意旨之媒。唯有極力拿治，以對死者。……殺宋決非總理，總理不能負責，此責

1 《民立報》一九一二年八月三十日。
2 參見金滿樓《退潮的革命：宋教仁的一九一三》，山西人民出版社，二〇一三年。

自有人負。」[1]袁世凱因為不滿意自己的屬下、京師警察廳總監王士馨在報紙的如此言論，他憤怒地質問趙秉鈞：「措辭太不檢點，王士馨可惡！趙總理何以任其亂說？說後若無事然，並不聲明更正。」然後他立刻下令調查王士馨的貪污受賄問題，並以此罪名處決了王士馨。[2]

於是，宋教仁被殺案至今依然是歷史之謎。但是有一點卻很明確，那就是此事件卻將袁世凱和孫中山二人敵對予以公開化。其中，有兩部專著值得特別關注：其一是張耀傑撰寫了《誰殺了宋教士——政壇懸案背後的黨派之爭》[3]一書，專門探討這個問題。他主張在殺手武士英的背後，具體執行暗殺行動的是國民黨方面的吳乃文、陳玉生、馮玉山、張漢彪等人，而幕後操縱一切並嫁禍於人的真正兇手卻是前護軍都督、革命黨人陳其美。其二是尚小明《宋案重審》[4]一書。他主張宋教仁遇刺案的幕後主使其實是時任國務總理兼內務總長趙秉鈞的秘書洪述祖。

一九一三年七月十二日，李烈鈞在孫中山指示下，在江西湖口召集舊部成立討袁軍總司令部，正式宣佈江西獨立。在江蘇，孫中山推黃興為江蘇討袁軍總司令。隨後安徽柏文蔚、上海陳其美、湖南譚延闓、福建許崇智和孫道仁、四川熊克武，也先後宣佈獨立。七月十八日，陳炯明在廣州回應孫中山號召，宣佈「廣東獨立」，此為史稱的「二次革命」。七月二十二日，黃興派兵攻打徐州時，張璧接到黃興的命令，帶領部下從山東親自趕到徐州，前來接應。袁世凱派大將馮國璋、張勳率北

---

1 參見《民初政爭與二次革命》上編，上海人民出版社，一九八三年，第二三六——二三七頁。

2 參見《政府公報·命令》，一九一四年十月二十三日。

3 張耀傑《誰殺了宋教士——政壇懸案背後的黨派之爭》，團結出版社，二〇一二年。

4 尚小明《宋案重審》，社會科學文獻出版社，二〇一八年。

洋陸軍前去鎮壓。很快，他們打敗了黃興、張璧等人的討袁軍。七月二十八日，黃興臨陣出走，討袁軍全軍動搖。

八月十三日，北洋陸軍攻佔廣州。

九月一日，北洋陸軍攻克南京。致使各地宣佈取消獨立。孫中山、黃興、陳其美等被通緝，他們相繼逃入停在上海和廣州等地的日軍軍艦上，然後在日軍保護下亡命日本，二次革命宣告失敗。張璧等人在黃興建議下，率部南下，逃往遠離政治中心、相對比較安全的雲南，投靠於雲南督軍唐繼堯麾下，並任第一梯團參謀長。十月六日，國會選出袁世凱為中華民國第一任正式大總統，黎元洪為副總統。

十一四日，袁世凱宣佈解散國民黨。十一月二十六日袁世凱發佈《嚴懲倡言二次革命黨徒》的通令，對國民黨員進行追殺：

臨時大總統令：

自政府成立，五族一家，薄海人心，傾向共和，實為千載一時之會，乃有不軌之徒，籍端煽惑，意在搖動民國，擾亂治安，以重生靈之禍，幸人心厭亂，迭經先事，破壞不致危及地方，本大總統深維國勢之艱難，不忍見五族人民罹於塗炭，所望共為良善，鞏我邦基，若任少數宄徒隱謀蠢動，養癰成患，本大總統何以對我人民？近據廣東都督胡漢民電稱，各省立心不正之徒每以二次革命為口實，若不嚴誅一二，將何以遏止亂萌？請諭知各省，現在國本已定，如有倡言革命者，政府定予嚴辦，俾奸人知所斂跡等語，指陳剴切洵為弭亂要圖治。各省都督民政長官嚴飭所屬，凡有倡言革命敢為國民公敵者，查有實據，即行按法嚴懲，以寒匪膽，而順民情斷不能狃，煦煦之仁以貽民國前途之隱患也。

一九一五年十二月十一日，中華民國參政院給袁世凱上《推戴書》。該《推戴書》說：

奏為國體已定，天命攸歸，全國國民籲登大位，以定國基，合詞仰乞聖鑒事。竊據京兆各直省，各特別行政區域，內外蒙古、西藏、青海、回部、滿蒙、漢八旗，全國商會，駐華僑有勳勞於國家、碩學通儒各代表等，投票決定國體，全數主張君主立憲。業經代行立法院咨陳政府在案，各具推戴書，均據稱國民公意恭戴今大總統袁公世凱為中華帝國皇帝。

第二天，袁世凱開始自稱皇帝。十二月二十五日，原雲南督軍蔡鍔從北京潛回雲南後，他推唐繼堯為都督，公開地通電討袁。蔡鍔任護國軍第一軍總司令，率部向四川進攻。

討袁通電《致各省請聯電勸告取消帝制擁護共和電》全文如下：

蔡鍔及其簽署的委任狀

各省將軍、巡按使、護軍使、都統、鎮守使、師長、團長、各道尹公鑒，並轉各報館鑒：

天禍中國，元首謀逆，蔑棄約法，背食誓言，拂逆輿情，自為帝制，卒召外侮，警告迭來，干涉之形既成，保護之局將定。堯等忝列司存，與國休戚，不忍艱難締造之邦，從此淪胥；更懼繩繼神明之胄，夷為皂圉。連日致電袁氏，勸戢野心；更要求懲治罪魁，以謝天下。所有原電，迭經通告，想承鑒察。何圖彼昏，曾不悔禍，狡拒忠告，益煽逆謀。

夫總統者，民國之總統也；凡百官守，皆民國之官守也。既為背叛民國之罪人，當然喪失總統之資格。堯等深受國恩，義不從賊，今已嚴拒偽命，奠定滇黔諸地，即日宣佈獨立，為國嬰守，並檄四方，聲罪致討。露布之文，別電塵鑒。更有數言，涕泣以陳諸麾下者。

閱牆之禍，在家庭為大變；革命之舉，在國家為不祥。堯等夙愛和平，豈有樂於茲役？徒以袁氏內罔吾民，外欺列國，召茲干涉，既瀕危亡。苟非自今永除帝制，確保共和，則內安外攘，兩窮於術。

堯等今與軍民守此信仰，捨命不渝，所望凡食民國之祿，事民國之事者，咸激發天良，申茲大義。若猶觀望，或持異同，則事勢所趨，亦略可預測。

堯等志同填海，力等戴山，力征經營，固非始願所在；以一敵八，抑亦智者不為。麾下若忍於旁觀，堯等亦何能相強？然量麾下之力，亦未必能摧此士之堅；即原麾下之心，又豈必欲奪匹夫之志苟長此相持，稍亙歲月，則鷸蚌之利，真歸於漁人；而萁豆之煎，空悲於鑠釜。

言念及此，痛哭何云！而堯等則與民國共死生，麾下則猶為獨夫作鷹犬，坐此執持，至於亡國，科其罪責，必有所歸矣。今若同申義憤，相應鼓桴，所擁護者，為固有之民國；所驅除者，為叛國之一夫。匕鬯不驚，天人共慶。造福作孽，在此一念之危微；保國覆宗，待舉足之輕重。

敢布腹心，惟麾下實圖利之！

唐繼堯、任可澄、劉顯世、蔡鍔、戴戡及軍民全體同叩。[1]

當時任左路第一梯團參謀長的張璧，立刻積極回應，帶領士兵參加了護國戰爭。護國軍第一軍下設左、中、右三個梯團六個支隊（即師），每個梯團下設兩個支隊。其中左路第一梯團為其精銳部隊。武器多為德國製造，即有當時著名的「退山炮」（與後來的「過山炮」不同），也有重機槍。而另外兩個梯團的裝備則較差。

第一梯團團長為劉雲峰、參謀長是張璧。第一梯團下設兩個支隊。第二梯團的支隊長就是日後著名的朱德元帥。

第一梯團從雲南昭通出師，一舉打到了四川敘州府前

1 一九一五年十二月二十八日《時事新報》。

護國軍將領們合影

（即宜賓），準備拿下敘州府。一九一六年一月十九日，劉雲峰、張璧帶領第一梯團的兩千多名精銳官兵來到金沙江邊。當時，袁世凱派來迎戰的部隊是其中華帝國名下的第十六混成旅，旅長是馮玉祥。

面對敵我軍事對比，張璧建議兵分兩路，一支以迂回戰術攻擊臨近的柏溪，另一支則渡過橫江到金沙江上游，攻打安邊。然後再直取敘州府。果然，一月二十日，護國軍第一梯團先是佔領了安邊。當天夜裡就拿下了敘州府。一九一六年一月二十一日的《民國日報》報導：「滇軍在敘州大捷」。

當時派來鎮壓護國軍的馮玉祥，內心也對袁世凱的復辟行為非常不滿。

案：馮玉祥，生於一八八二年，卒於一九四八年。原籍安徽。北洋陸軍著名將領，後成為民國時代著名西北軍領袖人物。因在保定出生長大，所以自認為是直隸河北人。當馮玉祥得知護國軍第一梯團團長劉雲峰、參謀長張璧，都是他的直隸老鄉時，就希望雙方和解。結果卻遭到了張璧等的一口回絕。張璧告訴馮玉祥：他認為眼下不是和談，而是立刻無條件地繳械投降。

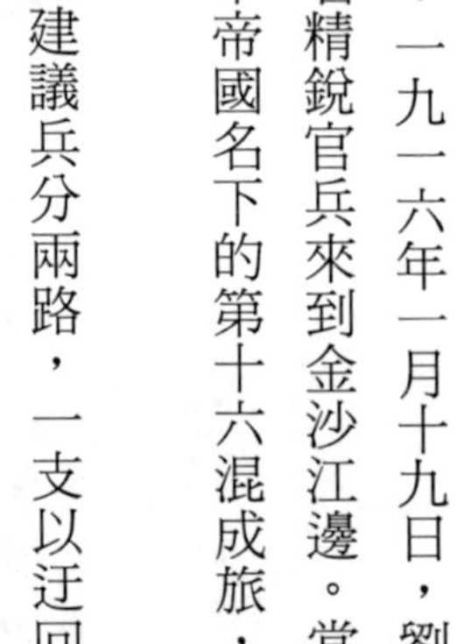
劉雲峰

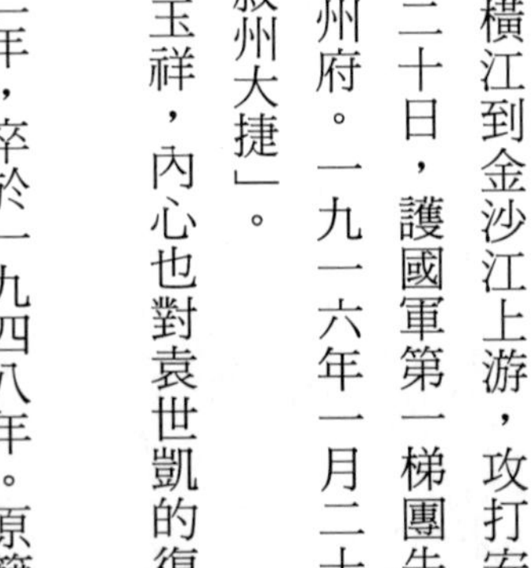
馮玉祥

關於這一歷史經過，韓復榘之孫韓宗喆在《韓復榘與西北軍》一書中如下陳述：

馮回師至南溪，因參謀蔣鴻遇與護國軍梯團長劉雲峰即是直隸同鄉，又是北洋速成武備學堂同學，遂命蔣與劉部電話聯繫，希望雙方罷兵言和，劉部接電話的是劉的參謀長張壁，張新勝氣壯，態度強硬，竟以馮旅繳械為談判先決條件。[1]

面對如此態度的張壁及其答覆，馮玉祥也只好堅持攻打了。於是，一個敘州府，雙方幾次易手。一直到三月二日，馮玉祥才徹底拿下並守住了敘州城。過了很多年以後，張壁雖然已經是馮部的將領之一了，可是馮玉祥卻一直沒有忘記這段經歷，他總是要對自己的手下愛將們談起和張壁相識的這段往事。馮玉祥的心裡是讚歎欣賞還是有些耿耿於懷，我們還真難以分辨。

這時，為了打擊袁世凱的中華帝國的陸軍，蔡鍔派張壁去武漢，勸說馮國璋加入反袁陣營。時任中華帝國參謀總長的馮國璋，也是張壁的直隸老鄉和北洋陸軍武備學堂時代的老師。馮國璋非常欣賞這個學生老鄉的口才，當時他也開始了勸袁下野的行動，於是，馮國璋強留張壁在自己軍中任參謀長。

張壁有很好的口才，根據《張玉衡先生治喪處》中的記載，張壁曾經：

又為友人排解紛事，委屈陳說，淚隨聲下，雙方感動，意見冰釋。[2]

1 《韓復榘與西北軍》，團結出版社，二〇一一年，第五十八頁。

2 參見北京市檔案館，檔案編號為J003-001-00263。

在《民國軍人志》中也簡短描述了此時期的張璧：

武昌起義爆發時，參加胡瑛芝罡獨立，響應辛亥革命。一九一三年孫中山二次革命失敗後，逃往雲南。護國軍反袁起義時，協助唐繼堯組織起義，任第三軍第一梯團參謀長。作唐之代表赴南京與馮國璋聯繫。[1]

這一不知道是福是禍的決定，卻使張璧從此脫離了護國軍和蔡鍔的直接領導，使他成了那個軍閥時代的獨行俠，而不是任何一個大軍閥的下屬，他只是一名具有民國意識的民國軍人。

案：馮國璋，生於一八五九年，卒於一九一九年。字華甫，漢族，河北直隸河間縣西詩經村人。他一八八五年開始考入北洋陸軍武備學堂，成了該學堂第一期步兵學員。因獲得袁世凱對他軍事才能的特別賞識而快速晉昇。先被任命為督操營務處總辦，新軍兵法操典多出自為他一人之手。他與段祺瑞、王士珍被稱為「北洋陸軍三傑」。一九〇一年，袁世凱創建軍政司，下設兵備、參謀和教練三處，馮國璋任教練處總辦，負責創辦將弁學堂。一九〇三年，馮國璋任清朝練兵處軍學司長。一九一二年九月，馮國璋出任中華民國直隸都督兼民政廳長。一九一三年十二月十六日，馮國璋任江蘇都督、並晉昇為陸軍上將。

一九一六年一月一日，袁世凱「登基」成為「中華帝國大皇帝」，改元「洪憲」。面對袁世凱

---

1 王俯民《民國軍人志》，中國廣播電視出版社，一九九二年，第三五九頁。

背叛民國的行為，孫中山發出了「絕不使危害民國如袁氏者生息於國內」的號召，要求各地反袁力量「撲殺此獠，以絕亂種」。[1]

二月，馮國璋聯絡江西李純、浙江朱瑞、湖南湯薌銘、山東靳雲鵬等四位將軍聯名發出密電，要求取消帝制。時稱「五將軍密電」。

馮國璋

三月一日和十六日，馮國璋公開致電北京政府，勸袁及早退位。各省軍閥紛紛效仿。很快，江西、浙江、山東、四川等袁系督軍聯名致電袁世凱，逼其取消帝制，並先後宣佈脫離袁世凱的中華帝國而獨立。三月二十二日，袁世凱迫於無奈，只得宣佈取消帝制。

六月六日，袁世凱病死。黎元洪繼任中華民國大總統，馮國璋被國會選為副總統。一九一七年七月，張勳復辟期間，馮國璋以副總統代理大總統。八月，馮國璋繼任中華民國大總統。從此開始，張璧作為中華民國大總統馮國璋的部下，正式定居北京。

一九一九年，馮國璋沒有忘記他的這位能幹的直隸老鄉，張璧被封為「北方招討使」[2]，這是個可以掌握軍政大權的地方長官。根據《臨時政府公報》第七號第一三七頁記載，就任北方招討使

1 參見上海《民國日報》，一九一六年五月九日《孫文宣言》。

2 招討使這個官銜，始設於唐，是一級軍事主官，宋將岳飛曾為「河南招討使」。

這個職位過去是譚人鳳。因為譚病重去職，張璧成了繼任者。[1]辦公地點在察哈爾省的張家口特別行政區。在這期間，張璧往來於北京和張家口兩地之間，與直系軍閥中的河北老鄉多有交往，特別是和馮玉祥、宋哲元、馮志安、孫岳等人意氣相投，成為好友。

在《霸州歷史文化之旅系列叢書．名人卷．民國名人張璧》一文中主張：「其後張璧又出任『河東鹽運使』、『山西鹽運使』，主管山東、蘇北、山西鹽場及其專賣權」。[2]此說明顯欠妥，因「河東鹽運使」的管轄地在陝西，不在山東，更和蘇北無關。也沒有「山西鹽運使」一官。或有人主張「河東鹽運使」是「山東鹽運使」之誤，此說也不當。晚清和民國初期共設鹽運使七人，即直隸、山東、兩淮、兩浙、廣東、四川（宣統二年由鹽茶道改設）、奉天（宣統二年增設）各一人。筆者尚未發現張璧任職山東鹽運使的記錄。這段時間他應該一直在張家口任職。張璧是否擔任過「鹽運使」一職，目前還缺乏力證。[3]

一九二一年十二月三十日，當時已經任「稅務處會辦」的張璧，代表他的老朋友孫岳將軍前去拜訪日本大使館。稅務處，成立於一九〇六年，「會辦」即相當於稅務處的副大臣。當時是部下直屬的廳局級機構，副大臣即相當於副廳局長。日本外務省外交公文史料館保存的原始電報記載了這次張璧代表孫岳將軍前去拜訪日本大使館的來往，該電文見如下原始照片：

1 參見鄧江祁《譚人鳳年譜簡編》，《邵陽學院學報（社會科學版）》，二〇一八年第一期，第六—十五頁。及《湘籍辛亥風雲人物傳記叢書：革命鉅子譚人鳳傳》，嶽麓書社，二〇一七年。

2 見《霸州歷史文化之旅系列叢書．名人卷》，河北省霸州市政府出版物，二〇一三年，第二三一頁。

3 「鹽運使」一職始置於元代，設於產鹽各省區。明清相沿，其全稱為「都轉鹽運使司鹽運使」，簡稱「運司」。其下設有運同、運副、運判、提舉等官。

該電報全文如下：

機密第十三號
大正十三年一月六日
在支那
特命全權公使芳澤謙吉
外務大臣男爵幣原喜重郎　殿
大正十五年一月六日　附　有田總領事宛
機密第三號　信寫送附
孫岳、張壁ノ件

機密第三號
大正十五年一月六日
在支那
特命全權公使　芳澤謙吉
在天津
總領事　有田八朗　殿
孫岳代表來訪ノ件

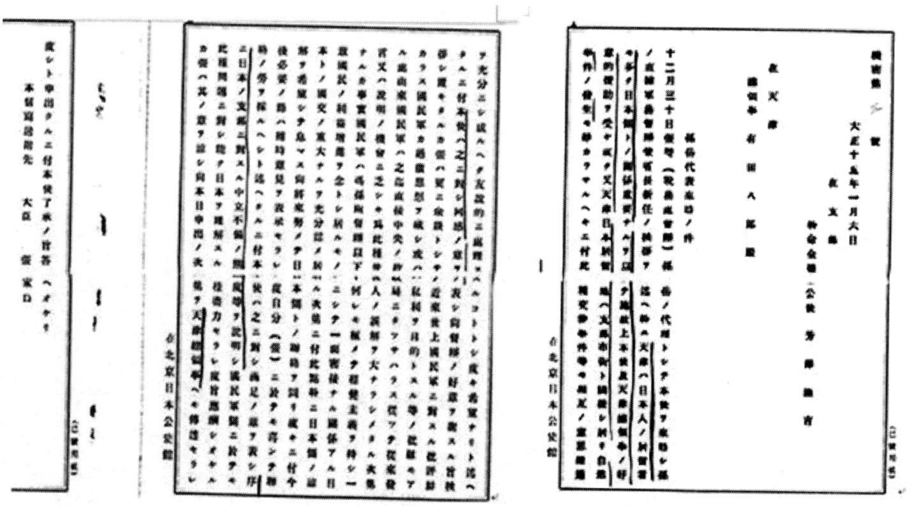
大正十五年一月六日
在支那
特命全權公使　芳澤謙吉
在天津
總領事　有田八郎　殿
孫岳代表來訪ノ件
在北京日本公使館

原始電報編號為「機密第三號」。內容如下：

該電文是當時的天津總領事有田八郎向日本駐華特命全權公使芳澤謙吉彙報此事的電報。[1]保密程度屬於「絕密」。根據該電文記載，張璧代表孫岳要轉達的內容大致如下：

1、代表剛昇官的孫岳向日本大使館問候。

2、注意到天津日本人很多，孫岳將努力發展和日本的關係。

3、如果中日兩國軍民之間在京、津地區發生任何意外事件，希望事先保持相互溝通。

案：孫岳，生於一八七八年，卒於一九二八年。本名孫耀，字禹行，直隸高陽人。一九〇四年，孫岳考入北洋陸軍武備學堂。一九〇六年畢業後，先後任北洋陸軍第三鎮任炮兵排長、三等參謀等。一九一一年，孫岳與王金銘、施從雲、馮玉祥等策劃灤州起義。由於事泄，在起義前夕，孫岳被開除軍籍。於是，孫岳南下投奔孫中山和黃興。他被委任為蘇、淞、甯、楊、鎮五路軍總司令。民國成立後，他被曹錕任命為北洋第三師軍官教導團團長。後晉昇為京畿警備副司令。他是馮玉祥

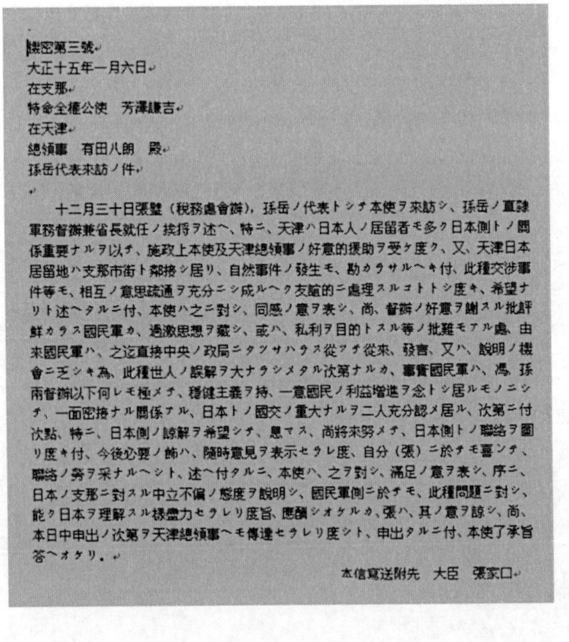

機密第三號
大正十五年一月六日
在支那
特命全權公使　芳澤謙吉
在天津
總領事　有田八朗　殿
孫岳代表來訪ノ件

十二月三十日張璧（稅務處會辦），孫岳ノ代表トシテ本使ヲ來訪シ、孫岳ノ直隸軍務督辦兼省長就任ノ挨拶ヲ述ヘ、特ニ、天津ハ日本人ノ居留者モ多ク日本側トノ關係重要ナルヲ以テ、施政上本使及天津總領事ノ好意的援助ヲ受ケ度ク、又、天津日本居留地ハ支那市街ト鄰接シ居リ、自然事件ノ發生モ、尠カラサルヘキ付、此種交涉事件等モ、相互ノ意思疏通ヲ充分ニシ成ルヘク友誼的ニ處理スルコトトシ度キ、希望ナリト述ヘタルニ付、本使ハ之ニ對シ、同感ノ意ヲ表シ、尚、督辦ノ好意ヲ謝スル批評鮮カラス國民軍カ、過激思想ヲ藏シ、或ハ、私利ヲ目的トスル等ノ批難モアル處、由來國民軍ハ、之迄直接中央ノ政局ニタツサハラス從ツテ從來、發言、又ハ、說明ノ機會ニ乏シキ為、此種世人ノ誤解ヲ大ナラシメタル次第ナルカ、事實國民軍ハ、馮、孫兩督辦以下何レモ極メテ、穩健主義ヲ持、一意國民ノ利益增進ヲ念トシ居ルモノニシテ、一面密接ナル關係アル、日本トノ國交ノ重大ナルヲ二人充分認メ居ル、次第ニ付次點、特ニ、日本側ノ諒解ヲ希望シテ、息マス、尚將來努メテ、日本側トノ聯絡ヲ圖リ度キ付、今後必要ノ飾ハ、隨時意見ヲ表示セラレ度、自分（張）ニ於テモ喜ンテ、聯絡ノ勞ヲ采ナルヘシト、述ヘ付タルニ、本使ハ、之ヲ對シ、滿足ノ意ヲ表シ、序ニ、日本ノ支那ニ對スル中立不偏ノ態度ヲ說明シ、國民軍側ニ於テモ、此種問題ニ對シ、能ク日本ヲ理解スル樣盡力セラレリ度旨、應酬シオケルカ、張ハ、其ノ意ヲ諒シ、尚、本日中申出ノ次第ヲ天津總領事ヘモ傳達セラレリ度シト、申出タルニ付、本使了承旨答ヘオケリ。

本信寫送附先　大臣　張家口

1 關於芳澤謙吉，日本學術界出版了樋口正士撰寫的研究專著《日本の命運を擔って活躍した外交官——芳澤謙吉波亂の生涯》一書。グッドタイム出版，二〇一三年。芳澤謙吉自己也曾出版自傳《外交六十年》。自由アジア社，一九五八年。

的結拜兄弟，因為年長於馮，故馮玉祥一直稱他為「二哥」。

一九二三年十一月十三日，孫岳秘密地拜訪了馮玉祥，也許那時他們二人就已經開始商量了裡應外合發動北京政變的問題。而孫岳又是張璧多年好友。當天，馮玉祥日記中留下的記載是「與孫鎮守使密談」而已，具體內容則沒作任何交代。一九二四年十月二十三日，孫岳參與馮玉祥的北京政變，打開城門，和鹿鍾麟內外配合，放馮軍入城，囚禁曹錕。一九二五年，孫岳任河南省長。十一月，轉任直隸督辦兼省長。他因為和張璧是同學又是老鄉的關係，他十分信任張璧，所以才委託張璧親自去日本大使館進行溝通。

這裡出現的日本駐華特命全權大使芳澤謙吉，曾在一九二三年八月二十九日下午拜訪過西北軍領袖馮玉祥。二人交談的是「日俄庫倫交涉事及各國風俗人情」等話題。馮還帶他到西北軍的學兵團去參觀。

從晚清變法到蔣馮中原大戰，全有日本勢力介入其中。利用日本勢力以達到自己的目的是當時的一個趨勢和習慣。（對於這個問題的全面論述，可以參考陳進金《地方實力派與中原大戰》一書。國史館，二〇〇二年。）

一九二二年九月十三日，馮國璋推薦張璧出任察哈爾特別行

孫岳

芳澤謙吉（日本大使）

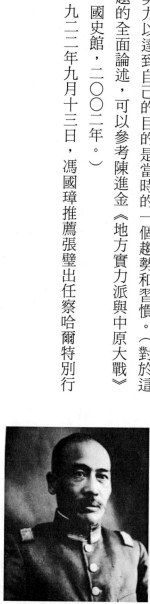

政區第四任全區警務處處長兼警察廳廳長。[1]這為張璧兩年後出任京師警察廳總監打下了警務工作基礎。張璧的這一職位也是筆者首次發現並予以公佈出來。

此時張璧的月薪是大洋三百元。

案：所謂察哈爾特別行政區，以直隸省口北道和綏遠都統、察哈爾部、錫林郭勒盟設置。治張北縣（今河北張家口市）。轄境相當今河北省西北部及內蒙古自治區錫林郭勒盟。一九二八年撤銷，改置察哈爾省。因而過往有人在文章說的張璧曾「任張家口警備司令」。其實，他真正的職務是那裡的全區警務處處長兼警察廳廳長，負責全區的警備工作。

根據郭卿友主編《中華民國時期軍政職官志》，我們列表如下：

全區警務處長兼警察廳長

張錫元	一九一六年十二月三十一日		
王固磐	一九二〇年四月一日		代理
何果忠	一九二二年二月九日		一九二〇年十二月八日代理
張璧	一九二二年九月十三日		
胡錦華	一九二四年四月二十四日		署理
夏綺卿	一九二四年九月二十九日		署理
宋式顏	一九二五年一月四日		
王冠軍	一九二五年六月八日		署理
黃中漢	一九二六年三月十四日		
張貴良	一九二七年九月八日		

1 網路可以參見https://zh.wikipedia.org/wiki/中華民國北京政府時期察哈爾特別行政區職官列表

一九二三年四月二十二日，中華民國政府鑒於張璧在推翻晚清政權和辛亥革命先後的英勇表現，決定授予張璧「陸軍少將」軍銜。一九二四年四月十三日，時任察哈爾特別行政區全區警務處處長兼警察廳廳長的張璧，又被晉昇為「陸軍中將」。陸軍中將張璧——這一稱號是對他推翻滿清政權、投身辛亥革命的前半生的一個最高、最好的總結！

一九二四年四月，一心準備要找機會和奉系軍閥決一雌雄的馮玉祥，在連續兩年的時間內買飛機和大炮，嚴肅整治軍隊，並操練新兵。覺得準備差不多時，馮玉祥想到了得力幹將張璧，他給張璧發電報，讓他立刻回到西北軍司令部待命，對他「另有要事承擔」。這裡的所謂「要事」，應該就是一九二三年十一月十三日孫岳秘密地拜訪馮玉祥時二人密談的發動北京政變的內容之一。[1]很顯然，這時的馮玉祥已經開始把張璧列入自己的直系心腹將領了。

四月二十三日，張璧主動結束了在察哈爾特別行政區的工作，來到馮玉祥身邊。[2]張璧的這一辭職行為，使他又脫離了馮國璋系統，而走進了馮玉祥系統。這是他第二次脫離了自己的上司，上一次是脫離了蔡鍔系統而加入了馮國璋系統。

一周以後的五月一日上午九點，張璧出現在北京旃檀寺馮玉祥的住地正式報到。[3]

這一天，張璧向老上級主動彙報了他在察哈爾任職期間所見所聞的種種公府紊亂現狀，當時的

---

1 以上敘述日期皆根據《馮玉祥日記》而來，故此真實而準確。《馮玉祥日記》，江蘇古籍出版社，一九九二年。

2 以上敘述日期皆根據《馮玉祥日記》而來，故此真實而準確。《馮玉祥日記》，江蘇古籍出版社，一九九二年。

3 旃檀寺原名弘仁寺，康熙五年在明朝清馥殿舊基改建。供養旃檀佛像於寺之正殿，寺也由此得名。光緒二十六年因八國聯軍進攻北京時，該寺建築大部分被毀。民國時期，這裏修修複成北洋陸軍模範團駐地，後被馮玉祥佔用。

察哈爾省的腐敗問題十分嚴重。宋哲元曾出任那裡的省主席，並在上任之初，就主張：

首以澄清吏治，建設廉潔政府為己任，迭次通令所屬尊行。[1]

這個時候，宋哲元也曾發表過關於警察工作的指示：

公安局與軍隊性質相近。故以軍隊為比，務須十分留意警察之行為，不使有違法擾民情事。[2]

張璧的彙報自然是表達了他想要變革社會的雄心。可以看出，此時的張璧是具有辛亥革命精神的軍人。

這時，馮玉祥並沒有給他立刻安排具體的職務，但是卻讓他以高參的身份，參加司令部所有高層軍事會議。八月二十六日，張璧參加了馮玉祥主持召開的高層軍事會議，參與擬定了下一步的軍事作戰計畫。[3]

1 見《抗日名將宋哲元家族史料研究》，一九九二年，第三五九頁，國內印刷本，印刷批准號：津東文圖字（92）第00074號。
2 見《抗日名將宋哲元家族史料研究》，一九九二年，第三六〇頁，國內印刷本，印刷批准號：津東文圖字（92）第00074號。
3 以上敘述日期皆根據《馮玉祥日記》而來，故此真實而準確。《馮玉祥日記》，江蘇古籍出版社，一九九二年。

第四章

北京政變中的先鋒官

一九二二年五月，張璧的直隸老鄉、和他同在北洋陸軍當過兵的陸軍上將劉夢庚任京兆尹（即當時的舊北平市市長）。京兆，就是京畿。指國都和國都周圍的地方。而尹則是職官。

一九二三年十月五日，曹錕通過賄賂選舉人，在吳佩孚的武力支持下，當選為中華民國第五任大總統。此舉立刻引起了全國各地的反對和聲討。[1]

一九二四年九月十五日，張作霖以十五萬大軍，分兩路向駐守山海關、赤峰、承德的直系軍隊發起進攻。整個戰爭期間，日軍向張作霖提供了大量的彈藥和武器。九月十七日，大總統曹錕發佈了討伐張作霖的命令，並任命吳佩孚為總司令，帶領二十五萬人馬迎戰。十八日，直、奉雙方在山海關、熱河一帶發生激戰。第二次直、奉軍閥大戰正式爆發。就在九月十五日的當天，張璧出席了馮玉祥主持召開的西北軍全體將士大會。馮玉祥在會上作了第二次直奉大戰的動員講話。

一九二四年十月十一日，吳佩孚親赴山海關督戰。時任直系軍隊第三軍總司令、陸軍上將的馮玉祥，領兵出古北口作戰。由於馮玉祥和吳佩孚長期不和，吳佩孚斷絕了給他軍隊的給養。於是，在古北口徘徊不前的馮玉祥，暗中與張作霖、段祺瑞締結密約，然後決定回師北京。十月二十一日上午十點，馮玉祥召集張璧、王乃模等六人，商討進攻北京後的工作安排。[2]當時，因為張璧的察哈爾警察廳廳長職務經歷，就已經預定了北京政變成功後會由張璧全權負責京師警務工作。這應該

1 至今，美籍華人、曹錕孫女一直為其祖父鳴不平，多次發聲。可見相關報導：《孫女控訴「曹錕賄選」辱及先人》，見《自由時報》二〇一八年六月十四日報導：「曹錕之孫女曹繼方多次來台奔走控訴這種說法辱及先人。國史館表示，撰寫歷史不免對歷史人物有所評斷，但類似『賄選』這種罪名，必須要經過司法機關的判決認定。」

2 以上敘述日期皆根據《馮玉祥日記》而來，故此真實而準確。《馮玉祥日記》，江蘇古籍出版社，一九九二年。

也是一九二三年十一月十三日馮玉祥和孫岳密談的具體計畫之一。十月二十四日上午八點，張璧向馮玉祥報告李虎臣部已到豐台。[1]這是指負責拱衛京師以南防線的李虎臣，已經率部到達，並在豐台、通州一線展開佈防，阻擊直系軍閥吳佩孚派來的軍隊。十月二十五日下午兩點半，馮玉祥主持召開西北軍高層將領們參加的「軍事政治會議」。[2]在這次會議上，馮玉祥初步說明了準備發動北京政變的軍事計畫。十月二十八日，馮玉祥帶領軍隊進入北京，包圍了總統府，將當時的中華民國總統曹錕監禁在中南海，勒令其解除了吳佩孚的全部職務，然後宣佈成立「國民軍」，自任總司令。[3]

一九二四年十一月二日，馮玉祥任命陸軍中將黃郛為代理內閣總理、任命具有陸軍中將軍銜的張璧，為京師警察廳第六任總監，接替了陸軍中將薛之珩擔任的京師警察廳第五任總監的職位。

此時張璧的月薪高達大洋一千元。

筆者曾委託一友人在北京公安局舊檔案中查找民國時代北平特別市公署警察局檔案材料。照片中《身穿京師警察廳總監禮服的張璧》和舊北平特別市公署警察局保存的張璧原始檔案，就是出自他的幫助。[4]

近代警察制度是從晚清開始的。一九〇一年九月，袁世凱在天津廢除了傳統的「綠營」，開

---

1 以上敘述日期皆根據《馮玉祥日記》而來，故此真實而準確。《馮玉祥日記》，江蘇古籍出版社，一九九二年。

2 以上敘述日期皆根據《馮玉祥日記》而來，故此真實而準確。《馮玉祥日記》，江蘇古籍出版社，一九九二年。

3 以上敘述日期皆根據《馮玉祥日記》而來，故此真實而準確。《馮玉祥日記》，江蘇古籍出版社，一九九二年。

4 對我的這位不願透露姓名而無私支持我的友人，表示衷心地感謝！

始創辦「巡警」。這是近代中國警察的起源。[1]光緒二十七年（一九〇一）七月二十五日，八國聯軍攻佔天津、北京之後，清政府簽定了喪權辱國的《辛丑合約》，該條約第七款特別規定：

大清國國家允定，各使館境界，以為專與住用之處，並獨由使館管理，中國民人，概不准在界內居住，亦可自行防守。

身穿京師警察廳總監禮服的張壁

於是，袁世凱在接管天津後，立刻從自己的軍隊中選拔三千名士兵，換上警察制服，組成天津巡警總局，任命趙秉鈞為天津南段巡警局總辦、日本人伊藤次郎為幫辦、原田俊三為顧問。直接進入天津各租界。此舉引來慈禧太后特別的讚賞。於是，同年在北京設立了京師警務學堂，聘請日本人川島浪速擔任總監督（即校長）。[2]

一九〇五年十月八日，慈禧太后批准了袁世凱的建議，在朝廷中正式設立了巡警部，由徐世昌擔任巡警部尚書。巡警部下設有警政、警法、警保、警務及警學等五個部門，統領全國警察事務。

1 參見張綠薇《袁世凱與中國警察制度的建立》，《第一屆通識教育與警察學術研討會》，第二一五—二二四頁。
2 參見韓延龍《中國近代警察制度》，中國人民公安大學出版社，一九九三年。

一九〇六年，清政府將巡警部改屬民政部，並於其下設立警政司，主管全國警察事宜。一九〇七年，清政府在全國各省增設巡警道，負責各省的警政。

一九一二年一月一日，中華民國成立後，中央政府在內務部下設「警政司」。一九一三年一月，內務部改革警制，將晚清的「巡警總廳」改為「京師警察廳」，直屬內務部管轄。「京師警察廳」負責人為總監。相應的，在各省也設立了「省警務處」。當時規定：京師警察廳由總監、督察長、處長、隊長、警正、署長、警佐、分隊長、巡官、巡長、巡警十一級構成。一九一三年二月至六月，王士馨擔任新成立的京師警察廳第一任總監。

從此以後，京師警察廳快速發展，到張璧任職期間的一九二四年十月為止，首都警察人員已經達到一三一九二人，設立派出所四六八處。

一九二四年十一月二日的當天下午五點二十分，馮玉祥單獨會見新任京師警察廳第六任總監張璧，聽他談前方具體的戰情。[1]顯然，這時的張璧在馮玉祥的心中佔有越來越重要的位置。

此時的張璧，因為和馮玉祥已經是交情很深的好友了，所以擔任他的京師警察廳總監的職務，他自然知道他擔當的猶如清朝九門提督的這一角色眼下有多麼地沉重和艱難！我們可以看出，在馮玉祥發動北京政變前

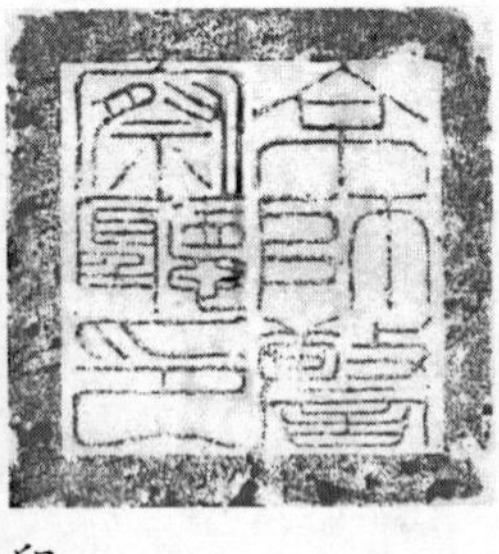

張璧的辦公廳所在地和警察廳長印

1 以上敘述日期皆根據《馮玉祥日記》而來，故此真實而準確。《馮玉祥日記》，江蘇古籍出版社，一九九二年。

後，張璧的作用和價值是不可忽視的！

在張璧任職京師警察廳總監期間，他幹的兩件大事就足以使他青史留名了。

第一件大事是將晚清時期由步軍統領的四郊地區管轄，改由京師警察廳直接管轄。這在京師警察廳的管理方面實現了全面收緊許可權的策略。這件事情已經被游伯麓寫入一九四四年出版的警察史研究著作《北京警察沿革紀要》一書中。[1]

第二件就是驚天動地的執行馮玉祥的將溥儀驅逐出紫禁城的命令。

十一月四日下午一點半，張璧來見馮玉祥。馮玉祥神情嚴肅地告訴他：「即日請宣統出宮，以免段芝荃來後重生枝節。」這是馮玉祥第一次公開表示要驅逐清朝末代皇帝溥儀出宮，目的是為了對付段祺瑞。[2]

當晚，馮玉祥同黃郛攝政內閣開會，他們首先修訂了《清室優待條件》，決定將清朝末代皇帝溥儀趕出紫禁城，這就是轟動一時的「首都革命」。馮玉祥的理由是：

在中華民國的領土內，甚至在中華民國的首都所在地，竟然還存在著一個廢清皇帝的小朝廷，這不僅是中華民國的恥辱（稍明事理的人，此時無不以留著辮子為可恥。如今留著溥儀，即不啻為

1 在現今出版的各類記載民國時代的職官工具書中，對於張璧的記載不是缺失（沒有說明他就任過北平公用局局長不久就辭職），就是錯誤（搞不清楚他擔任警察總監的任期）。十分遺憾！這是學術界長期缺乏對他研究的一個證明。

2 關於這晚馮玉祥和張璧的談話內容，網上和報刊中出現了各種各樣的戲說版本，筆者依據馮玉祥本人的真實記錄，如實寫來，不加任何演義和戲說。

中華民國留了一條辮子，可恥孰甚？）且是中外野心家時刻企圖利用的禍根。[1]

接著，他提出的解決方案是：

一、取消清室優待條件，四百萬兩優待金立即停付；

二、取消宣統名義，貶溥儀為平民；

三、所有宮殿朝房及京內外清室公地園府，盡皆收歸國有，以為公共之用；

四、嚴懲此次叛逆諸凶，以遏奸邪之復萌。[2]

一九二四年十一月四日上午十時，第四十三團團長韓復榘領兵把守著整個北京城和紫禁城。接著，「國民軍以統一軍權為名，將駐在清宮及景山內之禁衛軍一千二人繳械，調駐北苑，聽候改編。第四十三團進駐景山」。[3]

關於這一經過，又見吳瀛《驅逐溥儀出神武門前後》一文中的記載：

在這個時候，駐在故宮同景山的守衛兵士，一共有一千二多人，隸屬京師衛戍司令部。自民國元年（一九一二）起，就在那裡駐紮，可以見得袁世凱也怕溥儀萬一逃亡，將要生出無窮的麻煩。

1 馮玉祥《我的生活》，世界知識出版社，二〇〇六年，第三三二頁。

2 馮玉祥《我的生活》，世界知識出版社，二〇〇六年，第二〇八頁。

3 引見《我的父親韓復榘》，中華書局，二〇一三年，第二五二頁。

但是久而久之，政府當局時時更換，這班士兵卻還是袁政府北洋軍閥統率時代遺留下來的，他們逐漸忘記了自己的任務，轉與清室相親了。馮系的國民軍總司令部為了要執行這樣一個任務，反倒要防範這一支政府派遣軍，怕他們幫助清室反動。於是總司令部以統一軍權名義，在四日上午十點鐘，先派員將那一部兵士繳械，調駐北苑改編。清室不知所以，當然著了慌，他們急急地寫信給國民軍詢問，總司令鹿鍾麟只得派員說明，完全為了維持治安，別無他意。[1]

事後，當事人溥儀在《我的前半生》一書中如下陳述：

政變消息剛傳到宮裡來，我立刻覺出了情形不對。紫禁城的內城守衛隊被國民軍繳械，調出了北京城，國民軍接替了他們的營地，神武門換上了國民軍的崗哨。

執行馮玉祥「首都革命」的核心人物——內閣總理．陸軍中將黃郛、國民軍京師警備總司令．陸軍中將鹿鍾麟、京師警察廳總監．陸軍中將張璧、中法大學校長．國民黨中央監察委員李石曾出場了。

十一月五日上午九時，上述逼宮四人只來了「三劍客」。鹿鍾麟、張

鹿鍾麟　張璧　李煜瀛
逼宮三劍客

1 《出版參考》，二〇〇五年，第九期。

璧和李石曾攜帶黃郛的《大總統指令》和《修正清室優待條件》，率領四十名警察、二十名士兵，來到故宮北門，進入神武門後來到內務府值房，找到內務大臣紹英、耆齡、寶熙、榮源，向他們四人宣佈黃郛內閣《修正清室優待條件》及遜帝溥儀即日遷出故宮的命令。

黃郛的《大總統指令》如下：

大總統指令派鹿鍾麟、張璧交涉清室優待條件修正事宜，此令。中華民國十三年十一月五日。

而《修正清室優待條件》的具體內容則是：

今因大清皇帝欲貫徹五族共和之精神，不願違反民國之各種制度仍存於今日，特將清室優待條件修正如左：

第一條、大清宣統帝即日起永遠廢除皇帝尊號，與中華民國國民在法律上享有同等一切之權利；

第二條、自本條件修正後，民國政府每年補助清室家用五十萬元，並特支出二百萬元開辦北京貧民工廠，儘先收容旗籍貧民；

第三條、清室應按照原優待條件第三條，即日移出宮禁，以後得自由選擇住居，但民國政府仍負保護責任；

第四條、清室之宗廟陵寢永遠奉祀，由民國酌設衛兵妥為保護；

第五條、清室私產歸清室完全享有，民國政府當為特別保護，其一切公產應歸民國政府所有。

中華民國十三年十一月五日

紹英等四人表示馬上遷出有困難，要求寬限三個月再搬出。鹿鍾麟、張璧則表示堅決不答應。鹿鍾麟、張璧主張，現在外面局勢動盪，如果今天不搬，明天將馬上撤走保衛故宮的軍隊和警察，鹿鍾麟甚至威脅說要讓在景山上的韓復榘隊伍立即開炮。紹英等四人又要求七天後搬出和三天後搬出，均遭鹿鍾麟、張璧的拒絕。

時間拖延到了中午，溥儀之父、醇親王載灃得到消息後匆匆趕來。當他看了《修正清室優待條件》後，便力勸溥儀立即出宮，移居後海醇王府。

關於這一經過，當事人溥儀在《我的前半生》一書中如下陳述：

過了中午，經過交涉，父親進了宮，朱、陳兩師傅被放了進來，只有莊士敦被擋在外面。聽說王爺進來了，我馬上走出屋子去迎他，看見他走進了宮門口，我立即叫道：「王爺，這怎麼辦哪？」他聽見我的叫聲，像挨了定身法似的，粘在那裡了，既不走近前來，也不回答我的問題，嘴唇哆嗦了好半天，才迸出一句沒用的話：「聽，聽旨意，聽旨意……」我又急又氣，一扭身自己進了屋子。後來據太監告訴我，他聽說我在修正條件上簽了字，立刻把自己頭上的花翎一把揪下來，連帽子一起摔在地上，嘴裡嘟囔著說：「完了！完了！這個也甭要了！」我回到屋裡，過了不大功夫，紹英回來了，臉色比剛才更加難看，哆哆嗦嗦地說：「鹿鍾麟催啦，說，說再限二十分鐘，不然的話，不然的話……景山上就要開炮啦……」其實鹿鍾麟只帶了二十名手槍隊，可是他這句嚇唬人的話非常生效。首先是我岳父榮源嚇得跑到御花園，東鑽西藏，找了個躲炮彈的地方，再也不肯出來。我看見王公大臣都嚇成這副模樣，只好趕快答應鹿的要求，決定先到我父親的家裡去。

於是，眾位晚清大臣開始收拾隨身攜帶的必要行李。

下午四時十分，溥儀等一行人走出宮。登上停在順貞門外的五輛汽車。鹿鍾麟、李煜瀛乘第一輛車為前導，溥儀、載灃等人乘第二輛，皇后、妾及宮女等乘第三輛，張璧等人乘第四輛，紹英等人乘第五輛，依次駛出神武門，直赴醇王府。

當車到達醇王府門前，鹿鍾麟、張璧二人先下車安排保衛工作。鹿鍾麟、張璧二人在車門前等待溥儀下車。而後，鹿鍾麟、張璧二人分別上前和溥儀行握手禮，並開始交談。

關於這段談話內容，當事人溥儀在《我的前半生》一書中如下陳述：

正在收拾行李的太監們

在京師警察廳警察的監視下走出皇宮的大臣們

車到北府門口，我下車的時候，鹿鍾麟走了過來，這時我才和他見了面。鹿和我握了手，問我：

「溥儀先生，你今後是還打算做皇帝，還是要當個平民？」

「我願意從今天起就當個平民。」

「好！」

鹿鍾麟笑了，說：「那麼我就保護你。」

又說：

「現在既是中華民國，同時又有個皇帝稱號是不合理的，今後應該以公民的身分好好為國效力。」

張璧還說：「既是個公民，就有了選舉權和被選舉權，將來也可能被選做大總統呢！」

同日，國務院以通電的形式予以公佈了《修正清室優待條件》。

驅逐末代皇帝出宮在中外輿論界和社會上產生的影響是巨大的，甚至直到今天學術界對此也是褒貶不一，無法達成共識。特別是暴露了民國政府的失信。但是在當時卻產生了極其深遠的社會影響和現實意義，也使張璧等人的政治生涯和名望達到了頂峰。

據說：在溥儀出宮次日，段祺瑞就曾發電稱：馮玉祥此次政變所做之事都對，唯獨驅逐溥儀出宮不對。馮玉祥接電後也立刻回覆說：此次班師回京，可說未辦一事，只有驅逐溥儀，才真是對得住國家對得住人民，可告天下後世而無愧。著名學者胡適當時就如是說：

今日下午外間紛紛傳說馮將軍包圍清宮，逐去清帝；我初不相信。後來打聽，才知道是實。我是不贊成清室保存帝號的，但清室的優待乃是一種國際的信義條約的關係。條約可以修正，可以廢止，但堂堂的民國，欺人之弱，乘人之喪。以強暴行之，這真是民國史上的一件最不名譽的事。[1]

可見雙方對這一重大問題的評價一直存在分歧。

十一月十一日，孫中山致電馮玉祥，高度評價了國民軍驅逐溥儀出宮的行動：

前清皇室全體退出舊皇城，自由擇居，並將溥儀帝號革除。此舉實大快人心，無任佩慰。復辟禍根既除，共和基礎自固，可為民國前途賀。[2]

但實際上，孫中山對這個問題的認識是有變化的。可參見劉曼容《孫中山對馮玉祥北京政變的認識變化考析》[3]一文。而本書作者覺得特別值得肯定的是：「既是個公民，就有了選舉權和被選舉權，將來也可能被選做大總統呢！」張璧的這句話十分到位！這是他長期投身革命的結果。在剛剛打倒了封建王朝的最後一個皇帝之時，張璧居然最先意識到辛亥革命成功後，作為普通公民的末代皇帝也具有競選總統的資格！他的公民意識如此超前，這還真讓筆者對他刮目相看！

1 參見《胡適書信集》上，北京大學出版社，一九九六年，第三四五—三四六頁。
2 見徐錫祺《北京政變文電輯錄》，《近代史資料》總六一號，中國社會科學出版社，一九八六年，第二一六頁。
3 見《學術研究》，二〇〇四年第十一期，第一〇三—一〇八頁。

逼宮行動也引來了巨大的反彈！首先，當時就任「中華民國執政」的段祺瑞本人就強烈反對驅逐溥儀出宮的行動。十一月二十四日，段祺瑞上臺後，在段祺瑞和張作霖的武力威脅下，馮玉祥宣佈下野。十一月二十五日，段祺瑞逼迫內閣總理黃郛辭職。然後，段祺瑞開始考慮更換京師警察廳總監。段祺瑞甚至直接質問他當年的學生張璧，強烈表達他的不滿。而無法掌控北京政治全盤運作的馮玉祥，十一月二十八日，他一方面開始約請孫中山北上，共商國事。另一方面同意了段祺瑞的建議，免去了張璧的京師警察廳總監的職務「調離另任」。

於是，陸軍中將李壽金取代了張璧的位置，就任京師警察廳第七任總監。

當年的十二月十四日下午二點多，重新拜訪西北軍司令部的張璧，來見馮玉祥。這時候已經被解除了總司令職務的馮玉祥，就目前的局勢問題，請張璧談談看法。張璧卻對馮玉祥說：「若論私，不應請檢閱使下野。若論公，非檢閱使下野不能平和大局。」[1]這裡所謂的「檢閱使」，即一九二二年出任陸軍檢閱使的馮玉祥。這是張璧出面勸說馮玉祥主動下野，交出權力，功成則身退，不然則天下繼續大亂。

馮玉祥對自己老部下和好友的這一建議，除了震驚之外，顯然也是失望的。他將張璧的原話罕見地寫在日記裡，並且在張璧的話後面寫下了很長的一段日記，申述自己的多年軍旅和政治生涯。不用多說，這時的馮玉祥已深深糾纏在和段祺瑞的政權矛盾中，他本來希望的是張璧可以給他出謀劃策，告訴他如何扳倒段祺瑞。怎麼也沒想到自己特別信任的老部下，卻直言不諱地告訴他：需要

1 參見《馮玉祥日記》，一九二四年十二月十四日，江蘇古籍出版社，一九九二年。

下野的是自己。不知道此時馮玉祥是否又想起了當年在他攻打敘州府時張璧在電話中勸他無條件繳械投降的話。總之，這大概就是為什麼老資格的陸軍中將張璧，後來沒有成為馮玉祥在軍中的「十三太保」和「五虎上將」的原因所在吧。馮玉祥是以救世主的姿態，在政壇上呼風喚雨，怎麼可能主動下野呢?!

失去了成為馮系將領的機會，對於張璧的人生產生了重大的影響！這個時期，他的同學商震卻出忽意外地轉身投靠了閻錫山，成了著名的晉軍將領！而他的好友孫岳、鹿鍾麟、石友三等人，在這一時期也都成了馮系將領。可見：張璧對辛亥革命的認識是超前的，也是書生氣的。就在半年前的五月一日，他還和馮玉祥大談他在察哈爾任職期間所見所聞的種種公府紊亂現象，現在看來，他的那番話也是很書生氣的。他完全沒有意識到消滅了晚清王朝以後，出現的卻是一個軍閥政權，而非他理想中的符合孫中山建國理念的民國政府。他將首都政變後的馮玉祥看成了一個有著民主理念和國家利益的軍事領導人。而馮玉祥自己認為：「軍人有矛盾性方能為軍人，即服從命令與獨斷專行，二者缺一不可。」[1]在面對和段祺瑞的內鬥，馮玉祥希望自己的部下要軍事上服從他的命令，而政治上支持他獨斷專行。但當時的張璧恰恰卻是真正的民國意識很超前的青年軍官。

面對軍閥混亂的局面，張璧建議他的老上司：革命已經成功，應該交出北京政權，這句特別超前的真心話再次表現出了他的超前意識。這是筆者尤其要大書特書、加以讚美的！從他第一個明確表示給末代皇帝溥儀以競選總統的資格，到現在他勸說正在權力風頭浪尖上的馮玉祥主動下野，我

1《馮玉祥日記四》，江蘇古籍出版社，一九九二年，第七八四頁。

真的想知道——究竟是什麼原因鑄造了早年張璧如此超前的公民意識和平等人格思想？

此時此刻，張璧根本沒有想到他在京師警察廳總監的位子上僅僅坐了一個月，他懷有的雄心勃勃的政治和軍事目標，甚至他居然也為剛剛被他趕出宮的末代皇帝都設想好了「既然已經是中華民國的一名公民了，你以後自然還有競選總統的資格」。但是，在這血腥而殘酷的政治鬥爭和軍閥混戰，北洋軍閥之間的內鬥和相互傾軋，徹底擊垮了張璧對這場革命正義性的幻想。

從此以後，繼續在西北軍司令部任職的張璧，已經沒有了任何實際權力，他的政治生涯明顯地從頂峰開始走向下坡。

第五章

保護故宮文物

在張璧等四人逼宮之後，整理和保護故宮文物成了頭等大事。直到最近，在《國寶系列：東晉傳世墨寶之〈快雪時晴帖〉歷險記》[1]一文中還有人主張「張璧便有了將寶帖據為己有的念頭」：

一九二四年十月，馮玉祥發動「首都革命」，帶兵進駐北京。進京後的馮玉祥恥於看到在民國的天下，還有一個前清的小朝庭存在，便於十一月初下達了將清廢帝驅逐出宮的命令。十一月五日，溥儀被通知搬出紫禁城。手忙腳亂、氣急敗壞的清廢帝，此刻並沒有忘記收拾金銀珠寶，更沒忘《快雪時晴帖》。他令亂扣御前小總管將此寶帖夾入衣物內，再放進木箱，準備混水摸魚的帶出宮。可是，沒等出宮門，就被檢查人員搜了出來，同時搜出的還有仇十洲的《漢宮春曉圖》。珍寶被扣下，溥儀只得沮喪地出宮了。搜到這幅傳世墨寶的是馮玉祥部少校書記官郝成章。當下，他便把這件裹有錦緞的藝術珍品送到了剛剛成立的清室善後委員會辦公室。這時，北京警察總監，後來淪為汪精衛走狗的張璧便有了將寶帖據為己有的念頭。他對郝成章說：目前清室善後委員會設備不齊全，也沒有專人負責保管，不如由他帶回警察總署代為保管。

真是三人成虎，危言聳聽！看起來，某些人非要將謠言變成事實加以流傳下去了。更何況張璧從來也不是「汪精衛走狗」！作者如此道聽途說、造謠中傷，不知是何居心！難道只是因為張璧被指控是漢奸就可以任意潑髒水?!

1 參見https://kknews.cc/history/oy3x6rp.html

一九二四年十一月八日，臨時政府內閣在通電中說：

慨自晚清遜位，共和告成，五族人民，咸歸平等。曩年優待條件之訂，原所以酬謝遜清，然今時勢所趨，隱患潛伏，對此情形之政象，竟有不得不量予修正，以卒其德者。誠以北京為政治策源之地，而宮禁又適居都會中心，今名為共和，而首都中心之區，不能樹立國旗，依然仍用帝號，中外觀國之流，靡不引為笑柄。且聞溥儀秉性聰明，平居恒言願為民國一公民，不願為禁宮一廢帝；蓋其感於新世潮流，時戚戚焉以己身之地位為虞。近自財庫空虛，支應不繼，竭蹶之痛，益傷其心。故當百政刷新之會，得兩方同意，以從事於優待條件之修正。自移居後海後，並願由軍警妥密保護。從茲五族一體，階級盡除，共和基礎，固如磐石。而在溥儀方面，既得自由向學之機，復蘇作繭自縛之困，異日造就既深，亦得以公民資格，宣勤民國；用意之深，人所共喻，緬維藎慮，定荷贊同。至於清室財物，業經奉令由國務院聘請公正者紳，會同清室近支人員，共組一委員會，將所有物件，分別公私，妥善處置。其應歸公有者，擬一一編號，分存於國立圖書館、博物館中，俾垂久遠，而昭大信，並以表彰遜清之遺惠於無窮。恐遠道傳聞，有違事實，特電布聞，敬祈照察！

為了保護故宮文物，從十一月七日開始，張璧以京師警察廳總監的身份，多次到醇王府，和紹英等皇室成員協商，從驗證物品種類到數量和保存狀態。那段時間，張璧在保護和清點故宮文物上作了大量工作。[1]

一九二四年十一月十日，臨時政府內閣討論通過了《清室善後委員會組織條例》八條，決定組織「清室善後委員會」。十一月二十日，中華民國政府正式宣告成立了「清室善後委員會」。該委員會的職責包括：

一、清室所管各項財產，先由委員會接收。

二、已接收的各項財產或契據，由委員會暫為保管。

三、在保管的各項財產中，由委員會審查其公私性質，決定收回國有或交還清室。

四、至審查終了，將各項財產分別公私，交付各主管機關及清室之後，委員會即行取消。

五、監察員負糾察職責，如發現委員會團體或個人有不法情事，隨時向有關機關舉報。

六、委員會辦理事項及整理表冊列表，隨時報告政府並向外公佈。

清室善後委員會的工作從一九二四年十一月二十日到一九二六年四月五日為止，全部核心人員名單如下：

委員長：李煜瀛（一九二四年十一月二十日—一九二六年四月五日）委員：汪精衛（易培基代）、蔡元培（蔣夢麟代）、鹿鍾麟、張璧、范源濂、俞同奎、陳垣、沈兼士、葛文浚、紹英、載潤、

1 以上敘述日期皆根據《馮玉祥日記》而來，故此真實而準確。《馮玉祥日記》，江蘇古籍出版社，一九九二年。

耆齡、寶熙、羅振玉（紹英以下為清室代表）

一九二五年九月二十九日有設立了「故宮博物院臨時董事會」。臨時董事名單如下：

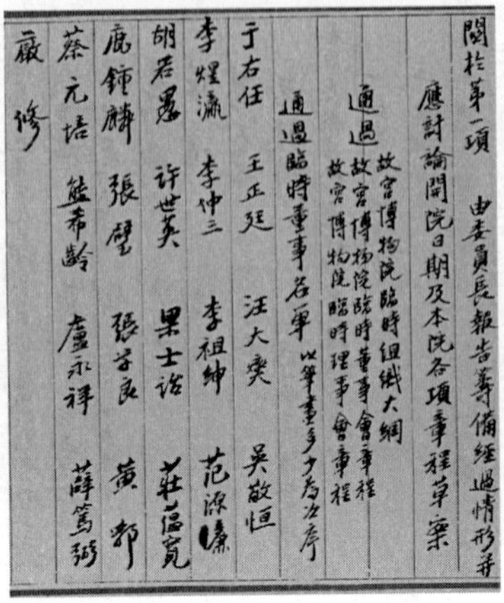

關於第一項 由委員長報告籌備經過情形并
應討論開院日期及本院各項章程草案
通過 故宮博物院臨時組織大綱
通過 故宮博物院臨時董事會章程
故宮博物院臨時理事會章程
通過臨時董事名單 以筆畫多少為次序
于右任 王正廷 汪大燮 吳敬恒
李煜瀛 李仲三 李祖紳 范源濂
胡若愚 許世英 梁士詒 莊蘊寬
鹿鍾麟 張璧 張學良 黃郛
蔡元培 熊希齡 盧永祥 薛篤弼
嚴修

通過臨時董事名單

于右任、王正廷、汪大燮、吳敬恒、

李煜瀛、李祖紳、李仲三、范源濂、

胡若愚、許世英、梁士詒、莊蘊寬、

鹿鍾麟、張璧、張學良、黃郛、

蔡元培、熊希齡、盧永祥、薛篤弼、

嚴修。

現在北京故宮博物院和臺北故宮博物院的藏品，絕大部分都是那時保存下來的。

這兩個委員會的設立，張璧在其中的斡旋和工作是不容抹殺的。在《霸州歷史文化之旅系列叢書·名人卷·民國名人張璧》一文中敘述：溥儀出宮後，張璧等立即下令封存後宮殿庫，並派軍警嚴加保護，防止了宮內太監人等偷竊國家文物，把無數珍寶妥善交予人民，是立有功勳的。[1]

我們再看看最近著名的故宮學者、前故宮博物院院長是怎麼澄清事實的。鄭欣淼《故宮與故宮學》一書中對此記載：

> 在所謂的易培基「盜寶案」之前，就盛傳過馮玉群、鹿鍾麟、張璧盜竊故宮珍貴……用駱駝運往西北；又說京師等察總監張璧（參與驅逐溥儀出宮）用幾近豪奪的方法拿……郝成章見眾人默不作聲，以為大家都沒有異議。正要將寶帖交給張璧時，旁人提醒他防人之心不可無，他頓時警醒起來。便對張璧說：此帖交由私人代管，日後易生糾葛。為了使名譽、威望不受影響，還是另想他法為妙。張璧滿腔希望忽然破滅，又惱又恨，但懾於公論，只好悻悻離去。大家幾經商議，決定將這幅稀世墨寶用保險櫃鎖起來，放在神武門西邊的清室善後委員會臨時辦事處。當時為了怕個別人私拿，便配了五把鑰匙，分到五個人手中，規定只有五把鑰匙湊齊，方能開保險櫃。一九二八年六月，張作霖當了民國政府海陸軍大元帥剛一年，就被迫撤出北京。撤軍當晚，張派秘書劉哲來故宮博物院指名要《快雪時晴帖》。當時的博物館館長當然不肯讓其帶走，靈機一動便說鑰匙被馮玉祥和孫

1《霸州歷史文化之旅系列叢書·名人卷》，河北省霸州市政府內部出版物，二〇一三年，第二四三頁。

岳各拿走一把。五把鑰匙不齊，保險櫃無法打開。劉哲看了看龐然大物的保險櫃，覺得撤退後帶著它多有不便，況且也不好驚動馮玉祥和孫岳。十分無奈，只得空手而回。令人想不到的是，張作霖撤出北京的當晚，坐火車行至皇姑屯時，竟然被有預謀的日本人炸死。倘若《快雪時晴帖》被他強行帶走，恐怕也立時灰飛煙滅了，再不能與世人相見。日本侵略者發動「九一八」事變後，國民黨政府為了保護珍貴文物，將包括《快雪時晴帖》在內的故宮文物全部裝箱運往上海，又由上海運往川西，抗日戰爭勝利後才運回南京保存。[1]

至少，目前為止，保存在中國大陸和臺灣各個檔案館中的全部檔案文獻，並沒有任何鐵證支持張璧偷盜故宮文物之說。除了個別人繼續搬弄是非、以訛傳訛之外，沒有任何真實可信的證據可以支撐這一說法。

一九二四年十一月十九日，北京大學作出了《關於清室古物寶器，要求絕對公開，設法完全保管，並開具清單，宣佈中外》的決議，正式代表學術界打響了保衛故宮博物院的文物之戰。然後大規模的故宮博物院文物清點工作正式展開。根據盧松嘯《民國時期的清室善後委員會研究》一文的總結：

一九二四年十二月二十三日，清室善後委員會第一次出組點查，因軍警不齊，受點查章程限制，

1 鄭欣淼《故宮與故宮學》，紫禁城出版社，二〇〇九年，第二六〇頁。

故而嚴格意義上的點查工作是從一九二四年十二月二十四日開始的，到一九三〇年三月二十四日結束，歷時五年多，並撰有詳細的點查報告。報告最初共五編，故宮中路各殿堂為第一編共五冊，東路為第二編共九冊，西路為第三編共五冊，外東路為第四編共五冊，外西路為第五編共二冊。在故宮博物院成立之後，於一九二九年對散落在宮外各處的物品進行清點，清點成果合為第六編共二冊。紫禁城內物品點查引起了社會各界的高度關注，為方便公眾監督，每隔一段時期發表一冊報告，直至工作全部完成，共發表報告二十八冊，計有文物九萬四千餘號。[1]

有關這一問題，最近已經出版了一本專著研究和總結。見清室善後委員會主編《故宮物品點查報告》一書，二〇〇四年，線裝書局出版。該書記載了清宮遺留下來的物品計有一百一十七萬件之多。最近，北京市社會科學院文化研究所季劍青也曾對此發表了研究論文。[2]

至於說故宮文物被盜被賣的事實，從皇帝到太監都幹過。這在《我的前半生》和一些太監撰寫的回憶文章中都有見證，以至於當時北京大學專門發表文章加以譴責[3]。甚至李宗仁、鹿鍾麟都曾提出過馮玉祥出賣故宮文物的說法，但是，凡此種種，皆和張璧本人無關。

1 參見https://kuaibao.qq.com/s/20190124B05ESM00?refer=spider

2 參見《「私產」抑或「國寶」：民國初年清室古物的處置與保存》，《近代史研究》，二〇一四年第六期，第六二-八一頁。

3 參見《北京大學日刊》，一九二二年四月二十日。

第六章

短暫的山西政治生涯

如果說張璧完全沒有加盟閻錫山晉軍的想法，也是不符合實際的。有檔案證據和歷史事實相互佐證當時張璧、閻錫山、李慶芳等人都曾考慮過這個問題。因為一九二四年十一月二十四日段祺瑞上臺，驅趕了馮玉祥，張璧也因此丟掉了京師警察廳總監的職位。當他的好友商震加盟閻錫山的晉軍後，他也主動或被動的產生了進入山西的想法。只是以什麼職位和方式加盟閻錫山的幕僚是個大問題。

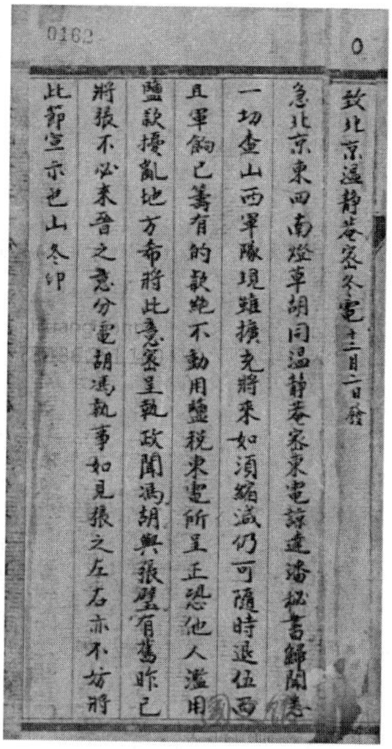
0162　0
致北京溫靜菴密冬電　十二月二日發
急北京東四南燈草胡同溫靜菴密東電諒達潘秘書歸閱悉
一切查山西軍隊現雖擴充將來如須縮減仍可隨時退伍西
且軍餉已籌有的款絕不動用鹽稅東電所呈正恐他人濫用
鹽款擾亂地方希將此意密呈執政聞馮胡與張璧有舊昨已
將張不必來晉之意分電胡馮執事如見張之左右亦不妨將
此節宣示也山冬印

這是一九二四年十二月二日閻錫山電溫壽泉關於山西軍餉問題的電報原稿。在這封原稿裏，閻錫山特別談到了這樣一個問題：「聞馮、胡與張璧有舊，昨已將張不必來晉之意，分電胡、馮。執事如見張之左右，亦不妨將此節宣示也。」[1]這裏的馮、胡即指馮玉祥、胡景翼。

溫壽泉，字靜庵，山西洪洞縣白石村人。一九〇二年，他考入山西武備學堂學習，然後赴日留

1 臺灣國史館檔案題名《閻錫山電溫壽泉山西軍餉充裕絕不動用鹽稅請轉呈段祺瑞》，檔案編號為116-010101-0020-088。

學考入陸軍士官學校。一九〇五年，他在日本時和閻錫山等六人加入了孫中山的中國同盟會，回國後擔任山西大學堂兵學教員。隨後，他參加了清政府組織的新式科考會試，被賜予「陸軍炮兵科舉人」，並授「副軍校」銜。辛亥革命期間，配合閻錫山舉行太原起義，並出任山西副都督、山西軍政府軍政部長。以後長期擔任當時閻錫山副手，並長期居住北京。一九二四年十月，馮玉祥發起首都革命，胡景翼、孫越、張璧等人積極回應。而後組建國民軍。到了十二月初，閻錫山正謀劃和張學良軍事合作的問題，他知道張學良素來和張璧不和，他擔心剛從京師警察廳總監的職位卸任的張璧來山西會影響晉軍與張學良東北軍的合作，因此就分別致函馮玉祥、胡景翼二人，阻止張璧此刻來山西。因為張璧、溫壽泉二人都居住北京，經常見面，因此閻錫山致函溫壽泉，讓他勸阻張璧。而胡景翼當天就將閻錫山的意思轉告給了張璧，並給閻錫山回電。[1]該回電特別強調了張璧來山西，是「臨時執政所任命」，而非出自馮玉祥。這裏的「臨時執政」指段祺瑞。而段祺瑞則是張璧在北洋武備學堂學生時代的督理（校長）而已。胡景翼特別解釋他本人「景翼並未與聞，亦未推薦」的切割態度。這是當時段祺瑞意圖拉攏張璧的一個旁證。

而後在一九二四年的十二月二十一日，山西省政府駐北京代表、閻錫山留日同學李慶芳，親自來信推薦張璧適合擔任北洋政府管轄山西、山東一帶的「稅務會辦」。[2]李慶芳，一九〇九年他從日本回國後參加新式科考，獲得舉人功名。當時他出任。因此長住北京，和張璧非常熟悉。我們從

---

1 參見檔案題名《胡景翼電閻錫山張璧係段祺瑞所命翼未推荐已將遵意轉達》，檔案編號116-010108-0057-119。

2 參見檔案題名《李慶芳電閻錫山芳力陳為地方計有實授馬駿之必要故張璧改任會辦》，檔案編號為116-010108-0058-059。

這個檔案中可以認定：張璧從京師警察廳總監的職位卸任後，曾短時間內存在著出任山西省政府的「稅務會辦」，這才是解除他的職務時所說的「調離另任」的準確去處。[1]考慮到他在一九二一年十二月三十日就已經是「稅務會辦」，現在顯然是「官復原職」而已。但是，實際上，這個職位，張璧遲遲沒有到任。因為當時他老母病重，無法分身。

一九二四年年底，張璧老母病重去世，張璧回到老家為喪母丁憂三個月，克盡孝道。而此時的馮玉祥則已經被段祺瑞安排到張家口特別市，就任西北邊防督辦去了。

根據檔案題名《溫壽泉潘連茹電閻錫山悉任胡景翼攻過彰德吳已退新鄉附近》[2]記載，一九二五年十一月二十九日，溫壽泉致電閻錫山，說明對張璧的工作安排最初是「張璧調任河東鹽運使」一職。但是該電報又彙報說：「惟張親信言絕不到任」。究竟是哪個親信則沒有交代。但是到了同年的十二月二日，閻錫山則又接到了「張璧前謂不到任，今忽有赴任之訊」的傳言。證據見檔案題名《蘇體仁王秘書等電閻錫山河東鹽運使張璧謂今忽有赴任之訊》[3]。依然沒有交代是誰傳達的這則消息。

可見赴晉之事，一年之間，他反覆不定。

---

1 我在《民國名人張璧評傳》一書中對於一九二四年十一月二十四日至一九二五年之間的張璧職務，以為是在家丁憂、替母守葬。現在看來，他很可能短時間內再次就任「稅務會辦」。之所以說是「再次就任」那是因為早一九二一年十二月三十日他拜訪日本駐華大使館時，登記的職務就是「稅務會辦」。見《民國名人張璧評傳》，中央編譯出版社，二〇一四年，第六三—六五頁。

2 檔案題名《溫壽泉等電閻錫山一軍以豐台南苑通州為防禦線現正整理部隊》，檔案編號為116-010108-0083-041。

3 檔案編號為116-010108-0082-022。

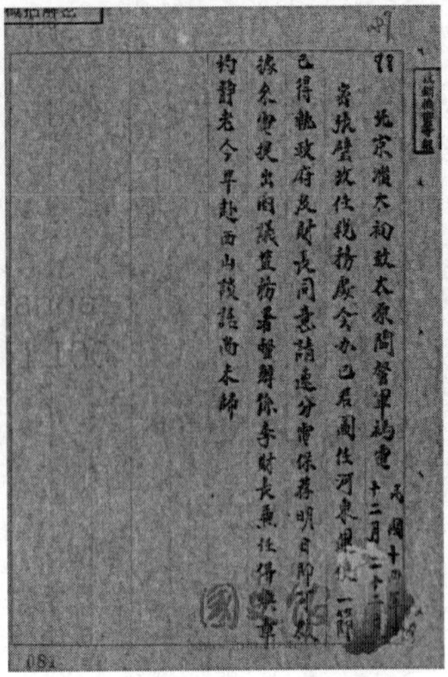

北京潘大總政太原閻督軍鎬電 民國十四年十二月二十二日
寄張璧改任稅務處會辦已君圖任河東運使一節
已得執政府及財長同意請速分電保薦明日即可然
張未便提出兩張並薦者暫緩為是財長無任得與事
約鄧老今早赴西山談話為木師

到了同年十二月三日，在檔案題名《閻錫山電溫壽泉據稱張璧之事實係臨時執政所任命胡景翼並未聞》中，首先交代了「張璧事已批交財部，酌調他任赴運就職一節已不成問題」。[1]其實當時張璧不能立刻赴任，是有家務原因。即，其母正處於病重之時，無法立刻抽身赴任。

最後，根據同年十二月二十二日檔案題名《潘連茹電閻錫山悉張璧改任稅務處會辦已君圖任河東運使一節》的記載，「張璧改任鹽務處會辦、已君圖任河東運使一節，已得執政府及財長同意，請速分薦保電，明日即可」[2]。到此為止才算正式確定。在檔案題名《閻錫山電段祺瑞等推薦馬駿為河東鹽運使》中，該檔案特別說明了「河東鹽運使關係國家稅收，先奉明令調任張璧為稅務處會

1　檔案編號為116-010108-0082-027。
2　檔案編號為116-010108-0083-089。

辦」，可見這個職務屬於「河東鹽運使」，而「稅務處會辦」則是稅務處會辦下直屬機構。這也是對張璧職務變動的說明。特別強調了這個新的工作「關係國家稅收」，其重要性一點也不亞於京師警察廳總監。[1]

一九二五年十二月十八日，張璧來到張家口的西北邊防督辦府，去看望近一年不見的馮玉祥。這次，馮玉祥說非常想聽聽張璧談談對付吳佩孚的具體辦法。這次召見意義重大！它證明了馮玉祥和吳佩孚之間鬥爭的激烈化，以至於馮玉祥再次想起了能幹的老部下張璧！不過，張璧這次肯定沒有再勸說他下野，但是也沒有提出什麼可以立竿見影的方法。

當時免去張璧的京師警察廳總監職務時，馮玉祥給他保留了「司令部高級參謀」一個沒有工資、只有軍餉的職務。一九二五年底，為了溝通馮玉祥的西北軍和張作霖的東北軍之間的聯繫，馮玉祥特別設立「國民革命軍東北特別委員會」。這時候，他想到了「調離另任」的張璧。於是，處理完喪母後事的張璧，在接受了「鹽務處會辦」官方職務後，立刻向馮玉祥彙報，馮玉祥為了不徹底失去他，就同時在讓他出任新設立的「國民革命軍東北特別委員會委員」，這和他的官方職位「鹽務處會辦」並不矛盾。實際上，「國民革命軍東北特別委員會委員」是個兼職的、拿軍餉的職務。

案：「國民革命軍」這一稱號的誕生具體時間是一九二五年七月，國民政府在廣州成立，八月十八日，國民政府軍事委員會將轄下各地方軍隊統一名為「國民革命軍」。

1 參見臺灣國史館保存之檔案，檔案編號116-010101-0022-241。

《民國軍人志》中記載張壁「後作馮之代表參加反蔣活動。曾作馮之駐東北特使」。[1]而筆者在一九二八年五月十八日日本駐天津領事館加納總領事致日本田中外相的第八十號電報中發現了張壁這一時期的工作是被派往東北軍任「國民革命軍東北特別委員會委員」的職務記載，而非「東北軍特使」。有些學者主張他此時出任「東北軍特使」，其實，「國民革命軍東北特別委員會委員」的職位遠遠高於「東北軍特使」。因為，當時張壁手下就配備了三名直接聽命於他的青年軍官出任「東北軍特使」。

張壁一九二五年十二月底受馮玉祥之託開始進行聯合張作霖的工作，正式身份應該就是上面第八十號電報中所記載的「國民革命軍東北特別委員會委員」。

在軍閥之間相互傾軋的混戰時代中，得不到大軍閥的支持以後，「失意軍人」這一稱號成了軍事當權者和實力派贈送給張壁等人的最佳頭銜。這些「失意軍人」不乏有人從此洗心革面，走上革命，成為了著名的開國元勳，也有些人從此意志消沉，或淪落成日偽政權的幫兇。張壁屬於哪一類，我們且不忙著下結論，在沒有出示決定性證據之前，任何結論都是匆忙的、草率的，也是經不起科學驗證的。

顯然，加盟山西勢力已經迫在眉睫！

一九二八年一月十日，劉棫致電閻錫山，轉達張壁來信全部內容。這則電報也表露出劉棫曾有恩於張壁的往事。電文說：

1 見王俯民《民國軍人志》，中國廣播電視出版社，一九九二年，第三五九頁。

張玉衡赴大連工作時，棫曾給以旅費千元。

頃據其來函云：「日本因朝鮮虐殺華僑，及滿蒙交涉、楊雨廷談及時與張作霖惡感日深。介公東遊，已將日方諒解。北伐軍進展時，日方即出兵。寧暗幫我乎？絕不援助。張逆並希望我民眾不再作無味之宣傳運動也。」[1]

一九二八年二月十三日，趙丕廉致電閻錫山電報中對張璧的評價是：

張璧由大連南來，廉已前電奉知。玉衡具有才能，熟悉北方情形，且早傾心於我晉，謀有以襄助，擬請予一顧問名義。表示借重，必能有所裨益。可否敬請鈞裁？[2]

一天後的二月十四日，閻錫山回電決定「張璧顧問照委，委狀另寄」[3]。可見當時閻錫山及其手下都在考慮在這個時候再次接納張璧加盟的問題。

到了六月份，張璧的身份已經出現了明顯的變化。見如下：

1 參見檔案題名《劉棫電閻錫山張璧云北伐軍進展時日本即出兵寧暗助我軍不援助張逆》，檔案編號為116-010101-0047-414。
2 參見檔案題名《趙丕廉電閻錫山張璧等請鈞座酌予名義及助經費回大連後相機活動》，檔案編號為116-010101-0044-157。
3 參見檔案題名《閻錫山電復趙丕廉仍用關東招撫使名義照舊工作較為穩妥》，檔案編號為116-010101-0044-156。

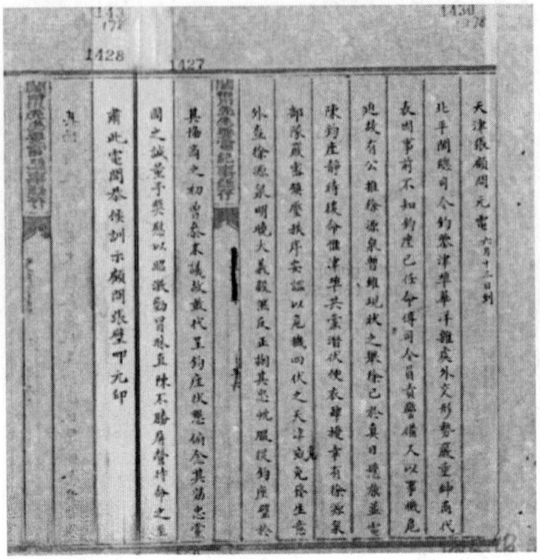
天津張顧問元電 六月十三日到
北平閻總司令鈞鑒津皐華洋雜處外交形勢嚴重紳商代表因事前不知鈞座已任命傅司令負責警備又以事機危迫故有公推徐源泉暫維現狀之舉徐已於真日懸旅並電陳鈞座靜待後命惟津皐共黨潛伏便衣肆擾幸有徐源泉部隊嚴密鎮壓秩序安謐以危機四伏之天津或免發生意外查徐源泉明曉大義毅然反正掬其忠忱服從鈞座璧於其協商之初曾忝末議故敢代呈鈞座伏懇俯念其孝忠黨國之誠量予獎慰以昭激勸冒昧直陳不勝屏營待命之至肅此電聞恭候訓示顧問張璧叩元印

一九二八年六月十三日張璧以顧問身份發給閻錫山的電報全文

全文如下：

北平閻總司令鈞鑒：

津皐華洋雜處，外交形勢嚴重。紳商代表因事前不知鈞座已任命傅司令，負責警備，又以事機危迫，故有公推徐源泉，暫維現狀之舉。徐已於真日懸旅並電陳鈞座，靜待後命。惟津皐共黨，潛伏便衣肆擾。幸有徐源泉部隊，嚴密鎮壓，秩序安謐。以危機四伏之天津，或免發生意外。查徐源泉，明曉大義。毅然反正，掬其忠忱，服從鈞座。璧於其協商之初，曾忝末議，故敢代呈鈞座，伏懇俯念，其孝忠黨國之誠，量予獎慰，以昭激勸。冒昧直陳，不勝屏營待命之至。肅此電聞，恭候訓示。

顧問張璧　叩[1]

這裏的徐源泉，一八八六年生，字克成、客塵，湖北省黃岡人。早年畢業於湖北武備學堂、南京陸軍第四中學。中華民國南京臨時政府成立，先後出任光復軍騎兵團團長、陸軍第六混成旅團長。一九二四年第二次直奉戰爭時間，他隨山東督軍張宗昌進入山海關，歷任山東陸軍第五旅旅長、第二十三師師長、第六軍軍長。一九二六年十月，獲授陸軍中將、克威將軍。在一九二八年六月十三日前，他出任國民革命軍第三集團軍第十一軍團總指揮。根據張璧的電文，我們知道徐源泉帶領部隊進駐天津，維持秩序，成就斐然。張璧讚賞他為「明曉大義。毅然反正，掬其忠忱，服從鈞座」，並且以顧問之身份，提出「伏懇俯念，其孝忠黨國之誠，量予獎慰，以昭激勸」的獎勵建議。[2]可見張璧對於這個顧問職位，盡職盡責，認真履行義務。這也是張璧全心全意服務於閻錫山政府的一個良好證據。

第二天，即一九二八年六月十四日閻錫山致南桂馨的電報中，依然對張璧充滿期待和信任。這封電報很短，內容是「芷青（趙丕廉）隨軍來京，如需與張璧接頭之處，希即來電。」[3]

但是，問題的複雜性還在於：徐源泉本人卻對張璧並不完全相信。

張璧和徐源泉的關係可能有些複雜。因為徐氏本人曾向南桂馨私下透露他遭到了張璧等人的愚

1　參見檔案題名《張璧電閻錫山懇俯念其效忠黨國之誠量予獎慰》，檔案編號為116-010101-0049-178。
2　參見檔案題名《張璧電閻錫山懇俯念其效忠黨國之誠量予獎慰》，檔案編號為116-010101-0049-178。
3　參見檔案題名《閻錫山電南桂馨趙丕廉隨軍來京如需與張璧接頭即來電》，檔案編號為116-010101-0049-181。

弄，而具體事實則沒有說明。見一九二八年六月十四日南桂馨致電閻錫山電文中：「徐源泉已表示服從，惟因前受邊守靖、張璧、陳策等之愚弄」[1]。此電文核心內容是希望閻錫山繼續信任徐源泉，維持其對天津的控制。實際上，當時南桂馨致電閻錫山電文中，基本是以舉報張璧在天津勢力為核心的。再比如同年六月十五日，檔案題名《南桂馨電閻錫山張璧等聯土棍組便衣隊搶民家請速辦理》也同樣可以證明。[2]但是這些電報經常是多人並列（如邊守靖、張璧、陳策）或直指張璧一人，客觀說明了當時天津存在錯綜複雜的多種勢力範圍這一現象。被指控的張璧經常成了背鍋俠，因為他往來於北京、天津、上海、大連、瀋陽等地，並非要在天津單獨作大稱雄。這些指控基本無法落實到實際證據。幾年後出現了震驚中外的天津事件，則是對張璧及其勢力指控的頂峰，也就不足為奇了。

不但是徐源泉，就連天津市長南桂馨，在一九二八年六月十一日致閻錫山的電報中，也開始密報張璧的不軌行為：

一九二八年六月十一日，當時的天津市長南桂馨致電閻錫山，報告說：「張璧等唆使孫殿英明日掛旗並冒我便衣隊，擾亂天津」[3]的密報。根據我們掌握的中日雙方全部檔案和歷史事實來考察，可見這個消息顯然並不準確，指控張璧唆使孫殿英的人馬，擾亂天津便衣隊缺乏證據。因為南桂馨根本不知道當時張璧不在場，也沒有參與任何指揮行動。

1 參見檔案題名《南桂馨電閻錫山為息事寧人計請速復徐源泉以安慰之不勝急盼》，檔案編號為116-010101-0049-182。
2 檔案編號為116-010101-0049-184。
3 參見檔案題名《南桂馨電閻錫山據報張璧等唆使孫殿英明日桂旗冒我便衣隊擾亂天津》，檔案編號為116-010101-0049-141。

這裏的南桂馨，一八八四年三月二十三日生，字佩蘭，山西省寧武人。一九〇六年，他參加中國同盟會。一九〇七年，他留學日本。一九〇八年回國後積極參與了閻錫山組織的各項革命活動。進入民國時代長期出任山西省政府委員兼民政廳廳長，是閻錫山的鐵杆幫手和晉軍核心成員。

而因為盜東陵而大名鼎鼎的孫殿英，曾是山東軍閥張宗昌的部下。就在一九二八年五月他剛剛歸順了蔣介石的中央軍，被任命為國民革命軍第六軍團第十二軍軍長。當時他駐守在天津薊縣和河北遵化一帶，是蔣介石用來監視閻錫山和北京、天津的軍隊。而孫殿英和張璧關係卻非同一般。[1] 一九三一年三月二十日，張璧致電孫殿英。當時他在太原，而孫在晉城。電文說：

兄昨日到。並：弟近幾日能歸否？近日時局暗潮甚大，盼見面一談。至盼。否則命捷三先回。

這則電文記載了張、孫二人的友誼。而在一九三一年四月二十三日的檔案題名《張璧等電孫殿英弟等議兄不宜冒然前往以復電酌怕身病不利長途行》中，更有詳細的披露。見如下：

1 參見檔案題名《張璧電孫殿英近日時局暗潮甚大盼見面一談》，檔案編號為116-010107-0141-051。

頃知啟予電致星如，邀兄赴平。弟等詳議，仍不宜冒然前往。茲擬覆電一件，企酌定板。用電文如下：

「啟予鑒：前當吾兄赴平，曾面懇代向副座詳陳弟處困難，及殘軀不勝繁巨之情，並請遴派繼員，速准泄責。想經轉呈，頃奉星如兄轉來電，籍念副座眷寵之隆，原擬即日赴平，用報萬一。惟邇日以還殘慈愈重咳嗽、骨痛，倍於往時長途勞跋。醫者厲止。然亦何敢自惜？重以雅囑，決即趨謁。轉念平津乃是非之地。晉豫多思亂之徒，煽動誘惑，無所不用其極。蔽部情形，兄所洞悉。非弟坐陣親撫，殊不放心。不幸竟授巧佼以可乘之機，則弟以所以報副座及兄者，轉將無以自見於當世矣。反復籌維，除弟部一切事宜盡請兄可稟承副座轉令遵照外，惟有叩請將蔽部實況及耿耿愚懷，代向副座陳明。」[1]

這封電報核心是張璧以兄長之誼，將他致電商震之電文全文轉給孫殿英，足見他們三人手足情誼之深。電報核心內容依然是表達張璧委婉謝絕再次加盟閻錫山政府。特別點出了「平津乃是非之地。晉豫多思亂之徒，煽動誘惑，無所不用其極」的實際情況。可見當時多種政治勢力和軍事勢力左右著北方政界，張璧輕易不敢決定取捨。這時已經是一九三一年了，從一九二四年十二月至今張璧一直在閻錫山政府中或進或退，保持著一種客卿的姿態。甚至在一九三一年七月二十四日電文，

1 檔案編號為116-010105-0011-028。

檔案題名《孫殿英電金守信借道事仍在設法交涉等事》[1]，該電文中孫殿英致電金守信特別說明：「明天即派張玉衡兄面謁石公，商議一切。」這是張璧為孫殿英部隊借道之事，與鎮守的石友三協商。

——如此說來，我們可以看出：一九二八年前後的張璧，對待閻錫山政府是真誠的、負責的，並沒有背後拆臺製造天津的動亂。雖然他在天津具有巨大的勢力和影響力。但是，南桂馨和徐源泉等人對他是心懷叵測和疑慮的。到了一九三一年則已經明顯變成委婉謝絕。顯然張璧看明白了客卿的身份更適合處理他和閻錫山政府的關係，因為當時北方各地複雜的軍事和政治關係、勢力制約了他。

1 檔案編號為116-010107-0154-056。

第七章

反蔣失敗後的青幫老大

前面我們已經介紹了張璧為了躲避袁世凱在北洋軍第六鎮中展開肅清革命黨的行動，他逃亡奉天，並在一九一一年十月底前後在奉天加入了青幫組織。當時，張璧曾充分地利用青幫組織和商震共同發起組織了陸軍小學，招集學生學習，建立東北地區的「光復軍」，積極地策應了武昌革命。本章將集中考察張璧在革命成功後和青幫的來往。

一九二五年三月十二日，孫中山逝世後，再也無法忍受段祺瑞的統治的馮玉祥，再次發動政變，將製造了「三・一八血案」的段祺瑞拉下臺，段祺瑞逃往天津。此時，張作霖帶領軍隊入京，又將馮玉祥及其軍隊趕出北京。

一九二六年五月十日，馮玉祥在日記中表示要加入國民黨。八月，馮玉祥被廣州國民政府任命為國民政府委員、軍事委員會委員。九月十七日，馮玉祥就任國民軍聯軍總司令，正式宣佈全體將士集體加入中國國民黨，參加國民革命和北伐戰爭。這個時期，馮玉祥和蔣介石的關係還是比較和諧的。張璧也得到了蔣系高官們的重視。在臺灣國史館保存的檔案中，有一則檔案則是張群一九二七年一月三十日給蔣介石的密電，內容則是全盤引用了馮系將領張璧給他的電報，根據張璧的情報，陳調元已經準備在張宗昌有軍事行動時立刻出擊。該檔案編號為002-080200-00016-064。我們將電報原稿照片公佈如下：

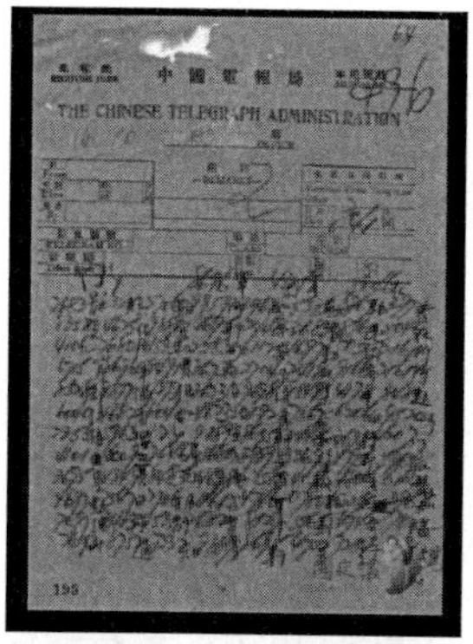

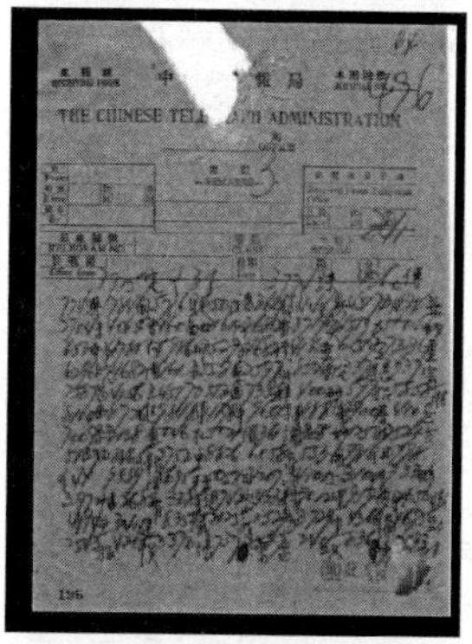

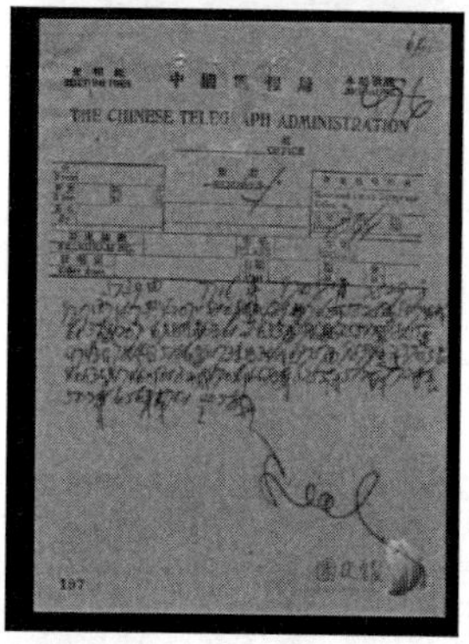

張群致電蔣介石電文中全面轉達張璧情報電報原稿

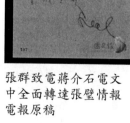

由此可見，當時住在上海的張群和住在北京的張璧保持著密切地私人聯繫，也即和蔣介石中央政府保持著間接聯繫。這個時候的張群，作為蔣介石留日同學和辛亥革命元老，正出任上海特別市市長兼兵工署署長，可以說是替蔣介石掌管上海和武器製造的核心人物。

一九二七年六月四日，張璧直接致電蔣介石，提出了可否直接調王為蔚、王維城二人來徐州主持軍事的建議。這是筆者迄今為止發現的張璧給蔣介石的第一封直接來電，這封電報和建議得到了蔣介石的答覆。[1]電報原文如下：

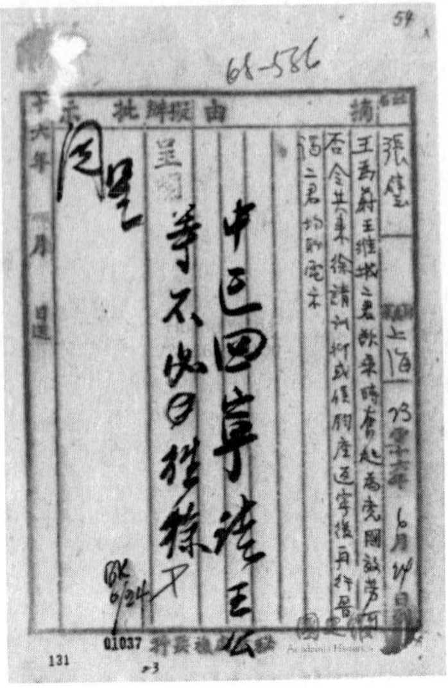
68-586
張璧

一九二七年六月四日張璧致電蔣介石及蔣的親筆批示

到了半年後的一九二八年一月二十八日，張璧再次直接致電蔣介石，祝賀他官復原職，並請求蔣北伐，趕走北方軍閥，完成革命大業。電報原文如下：「請作黨國周公，排除萬難，負責北伐，

1 檔案題名《張璧電蔣中正可否令王為蔚王維城來徐州請訓抑或在寧晉謁》，檔案編號為002-080200-00025-054。

救北方久受軍閥壓迫人民。」[1]見如下：

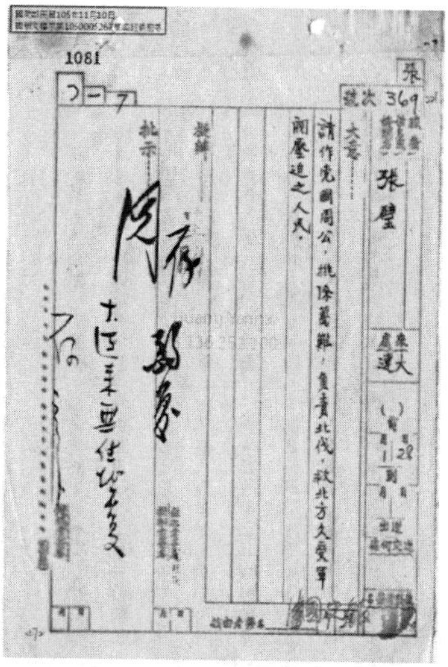
1081
張壁
請作先鋒周公，掃除蠹孽，負責北伐，救北方久受軍閥壓迫之人民。

一九二八年一月二十八日張壁致電蔣介石祝賀蔣復職並請求北伐

他公開地將蔣比作周公，應該是發自內心！而非阿諛奉承之詞。

一九二七年六月十八日，奉系軍閥張作霖在北京就任陸海軍大元帥。緊接着，一九二八年六月三日，馮玉祥再次率領軍隊打跑了奉系軍閥張作霖，重新佔領了北京。這個時候，馮玉祥又開始謀劃聯合山東的張宗昌共同對付山西的閻錫山。一九二七年八月二十六日蘇體仁等致電閻錫山，特別說明了馮玉祥曾經連續致電張宗昌謀求聯合行動，而張宗昌並未回電答覆。[2]可見，當時張璧對於張宗昌的這一態度，也是不滿的。

1 參見檔案題名《張壁電蔣中正賀復職並望北伐救北方久受軍閥壓迫人民》，檔案編號為002-090300-00001-221。

2 參見《蘇體仁等電閻錫山張壁在濟南代表馮運動攻晉亦電張宗昌張未復》，檔案編號為116-010101-0041-277。

見該電文說：「張璧在濟南，代表馮，運動攻晉。馮曾連電魯張，張未覆電」。這個檔案交代了當時一九二七年八月二十六日張璧正為了回應馮玉祥的命令，策劃進攻山西，迫切希望能得到張宗昌的支持。而張宗昌對此卻並未回應。這裏的「魯張」指張宗昌。

十月，馮玉祥任武漢國民政府行政院副院長兼軍政部長。十二月二十九日，張學良在東北通電東北易幟，宣誓效忠於蔣介石和中央政府。

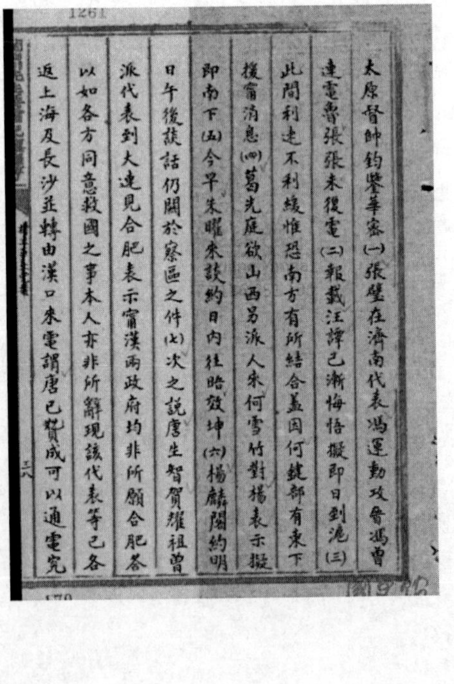
太原督帥鈞鑒筆密(一)張璧在濟南代表馮運動攻晉馮曾
連電魯張張未復電(二)報載汪譚已漸悔悟擬即日到滬(三)
此間利速不利緩惟恐南方有所結合蓋因何鍵部有東下
援甯消息(四)葛光庭欲山西另派人來何雪竹對楊表示擬
即南下(五)今早朱曜來談約日內往晤發坤(六)楊麟閣約明
日午後談話仍關於察區之件(七)次之說唐生智賀耀祖曾
派代表到大連見合肥表示甯漢兩政府均非所願合肥答
以如各方同意救國之事本人亦非所辭現該代表等已各
返上海及長沙並轉由漢口來電謂唐已贊成可以通電究

一九二九年一月，北伐勝利後的蔣介石，在南京召開「國軍編遣會議」。該會議決定為減少軍費開支，將對閻錫山、李宗仁和馮玉祥等人的軍隊，大量裁軍。[1]三月中，又召開了國民黨第三次全國代表大會，何應欽出馬，進一步利用這一機會為蔣介石排斥異己，擴充嫡系。由此引起了閻錫山、李宗仁和馮玉祥的強烈不滿。這時，日本與蔣介石簽訂撤出濟南的協定，按協定濟南應由馮玉祥的西北軍接收，而蔣介石卻嚴令西北軍不許接收，改由他的中央軍接收。由此引起了蔣、馮二人的矛盾激烈化。五月中，馮玉祥在陝西華陰部署反蔣軍事行動後，蔣、馮第一次軍事衝突開始。正在此時，五月二十二日，馮玉祥軍中將領韓復榘、石友三通電擁蔣，背叛馮玉祥。五月二十三日，

1 參見《蔣中正發表實施國軍編遣及實行關稅自主告勉國民文告》，檔案編號為002-020200-00001-019。

國民黨中央下令解除馮玉祥的一切職務，永遠開除黨籍。面對強大壓力，馮玉祥通電下野，使蔣介石失去繼續進攻的口實，蔣、馮軍事衝突結束。蔣介石命閻錫山將馮玉祥軟禁在山西一個偏遠的小山村裡。

在國民黨展開的清黨活動中，因為受馮玉祥的牽連，張璧等眾將領均被國民黨開除了黨籍，並解除了軍中一切職務。有關這個問題，請參見楊奎松《一九二七年南京國民黨「清黨」運動之研究》[1]、李雲漢《清黨運動的再評價》[2]一文等。

從一九二九年十二月開始，不甘失敗的馮玉祥暗中派遣自己的老部下鹿鍾麟回到陝西，代理西北軍總司令職務，開始策劃反蔣活動。於是，鹿鍾麟在路過北京時，再次聯繫自己的老朋友張璧，鼓動他加入反蔣行動。在《霸州歷史文化之旅系列叢書．名人卷．民國名人張璧》一文中也有此時的張璧「積極支援，作為馮玉祥的代表往返於晉軍閻錫山、桂軍李宗仁、東北軍張學良之間，秘密聯絡、反復談判，傳遞資訊、促其聯合，後曾作為馮玉祥特使，長駐東北軍張學良

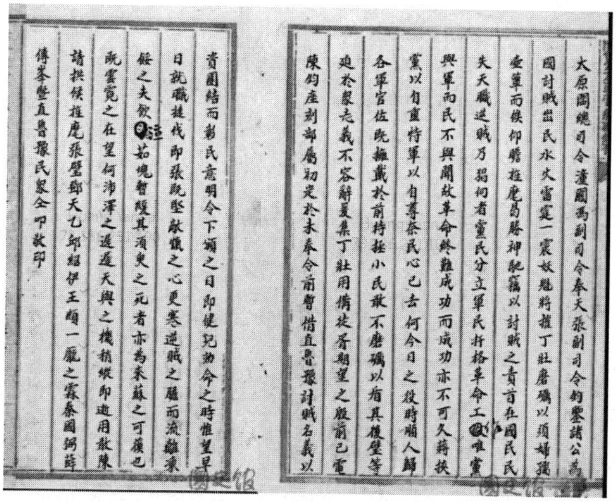
太原閻總司令潼關馮副司令奉天張副司令鈞鑒諸公為
國討賊出民水火雷霆一震妖魅將摧丁壯磨礪以須婦孺
壺簞而俟仰瞻旌麾爲勝神馳竊以討賊之責首在國民民
失天職逆賊乃竊何者黨民分立軍民扞格革命工作唯黨
與軍而民不與聞故革命終難成功而成功亦不可久蔣扶
黨以自重恃軍以自尊奈民心已去何今日之役時喘人歸
各軍官佐既擁戴於前恃挺小民敢不磨礪以盾其後璧等
廹於衆志義不容辭爰集丁壯用備徒脊翹望之殷前已電
陳鈞座剋部屬初定於未奉令前曾借直魯豫討賊名義以
資團結而彰民意明令下頒之日即健兒効命之時惟望早
日就職揮戈即張既堅敵愾之心更寒逆賊之膽而流離柔
弱之夫欲茹塊暫緩其須臾之死者亦爲來蘇之可獲也
既寰宇之在望何沛澤之遲遲天與之機稍縱即逝用敢陳
請拱候指麾張璧鄧天乙郭緒伊王顧一嚴之霖秦國鏑薛
傳峯暨直魯豫民衆全叩欽印

1 參見《歷史研究》，二〇〇五年第六期。

2 參見《中國國民黨黨史論文選集》第四冊，近代中國出版社，一九九四年，第七〇二頁。

部」。[1]

一九三〇年三月十五日，馮系將領鹿鍾麟等人，聯合晉軍將領商震等人，一共五十七名青年將領聯名通電反蔣。要求蔣介石下野，擁護閻錫山、馮玉祥為中華民國陸海軍總司令、副總司令之職。張璧更是積極參與了這一活動。見如下電文：

一九三〇年三月二十五日，張璧等人自稱代表「直魯豫民眾」給閻錫山、馮玉祥、張學良三人起草了討蔣電報，這是他和蔣介石公開決裂的開始。這篇電文全文如下：[1]

太原閻總司令、潼關馮副司令、奉天張副司令鈞鑒：

諸公為國討賊，出民水火，雷庭一震，妖魅將摧。丁壯磨礪，以須婦孺。壺簞而俟，仰瞻錦麾。偈勝神弛，竊以討賊之責，首在國民。民失天職，逆賊乃猖。向者黨民分立，居民扞格。工作唯黨與軍，而民不與聞，故革命終難成功，亦不可久。蔣挾黨以自重，恃軍以自尊，奈民心已去，何今日之役？時順人歸，各軍官佐，既擁戴於前，待拯小民敢不磨礪以盾，其後壁等，迫於終志，義不容辭。爰集丁壯，用備徒胥。期望之殷，前已電陳。鈞座刻部屬，初定於未馮令前，暫借直魯豫討賊名義，以資團結而彰民意。明令下頒之日，健兒孝命之時。惟望早日就職捷伐，即張既堅敵愾之心，更寒逆賊之膽。而流利凍餒之夫，飲□茹塊，暫緩其須臾之死者，亦為來蘇之可徯也。即雲霓

1 《霸州歷史文化之旅系列叢書．名人卷》，河北省霸州市政府內部出版物，二〇一三年，第二四三頁。

參見檔案題名《張璧等暨直魯豫民眾電閻錫山等謂今日之役時順人歸望早日就職》，檔案編號為116-010101-0091-029。

之在望，何沛澤之遲遲。天與之機，稍縱即逝。用敢陳請恭候錦麾。

在這個電文中，張璧嚴厲地批判了蔣介石的極權和霸道作風：「蔣挾黨以自重，恃軍以自尊，奈民心已去」。這和他過去發給蔣介石的電文中頌讚蔣為周公的表現，何其巨變如此？更表明了他準備「明令下頒之日，健兒孝命之時。惟望早日就職捷伐，即張既堅敵愾之心，更寒逆賊之膽」的決戰之心。然後，他就開始了在天津設立辦公處招兵買馬的行為。因為太過招搖了，於是，一九三〇年三月二十一日，林世則致電馮玉祥，調查張璧近來在天津的工作是否得到了馮玉祥的授權一事。電文內容為：

張璧在津熙來飯店設辦公處，對人稱系奉馮總司令委為國民革命救國軍總指揮，在津大發委狀。頗有人來詢真相不止。是否事實請示俟答。[1]

這個電報證實了當時張璧在天津的公開活動：自稱被委任為「國民革命救國軍總指揮」，開始招募人馬，封官許願。第二天，鹿鍾麟代表馮玉祥給林世則回電，答覆他馮玉祥現並未委任張璧為總指揮，並請他將此事秘密轉告傅作義。電文說：「此間並未委張璧為總指揮，即請密告傅宜生為

1 參見檔案題名《林世則電馮玉祥等張璧自稱受委為國民革命軍總指揮是否屬實》，檔案編號為116-010102-0033-047。

盼。」[1]

四月，不願意繼續接受打擊和壓制的馮玉祥，聯合閻錫山、李宗仁等人的部隊，共同發動反蔣戰爭。閻錫山宣佈就任中華民國陸海空軍總司令，馮玉祥、李宗仁就任副總司令，張學良則保持沉默，暫時持中立態度。史稱「中原大戰」而由此開始。[2]

蔣介石則先後調集約七十萬人組成四個軍團和四個路軍，分別集結於禹城、徐州、碭山、宿縣、漯河、武漢、萍鄉、衡陽、廣州等地，集中主力於隴海、平漢鐵路沿線，奪取聯繫各戰場的交通戰略要地，與馮玉祥、閻錫山、李宗仁等人的部隊主力決戰。

五月五日，馮玉祥同時接見了張璧、周煜坤、吳瑞芝、熊斌四人的來訪。這四人因何來訪、馮和四人究竟談了些什麼具體內容，馮玉祥完全沒有任何記錄。張璧、周煜坤、吳瑞芝、熊斌四人的身份，頗為有趣。張璧和周煜坤是早期的陸軍中將和少將、吳瑞芝則是鞏縣兵工廠的技術監督、熊斌則時任南京國民政府參謀本部總務廳長。張璧上次來拜訪馮玉祥是一九二五年十二月八日，距離這次間隔了近五年，這顯然不可能是由於張璧出任「國民革命軍東北特別委員會委員」的緣故。不過這幾年中，鹿鍾麟、馮治安、商震、張自忠、韓復榘、石友三等張璧的好友，倒經常與他見面，或敘述友情，或通報西北軍的情況。

但是有一個結果不容忽視，那就是：張璧和馮玉祥見面返回天津後，立刻就打出了「魯東游擊司令」的旗號，在天津再次設立辦公處招兵買馬。我們有理由認為：這次張璧應該得到了馮玉祥的

1 參見檔案題名《鹿鍾麟電林世則現並未委張璧為總指揮即請密告傳作義》，檔案編號為116-010102-0034-012。
2 參見張順良《論國民黨改組派與中原大戰》，《正修通識教育學報》，二〇一一年第八期，第八一——二〇二頁。

口頭認可。

到了當年五月二十九日，林世則再次致電鹿鍾麟，查詢張璧是否被馮玉祥委任為「魯東游擊司令」一職？電文如下：

> 頃接天津警備司令部函詢：「張璧稱奉我公任命為魯東游擊司令，並在津設辦公處。致函警備司令部查，是否屬實？請示覆」等語。謹案：天津當局對於雜牌各軍及新編各部，概禁在津設處辦公，以杜招搖。對張玉衡最近在平津行為，素所不滿。此事應如何，造覆之處，敬乞示遵。[3]

該電報原始照片如下：

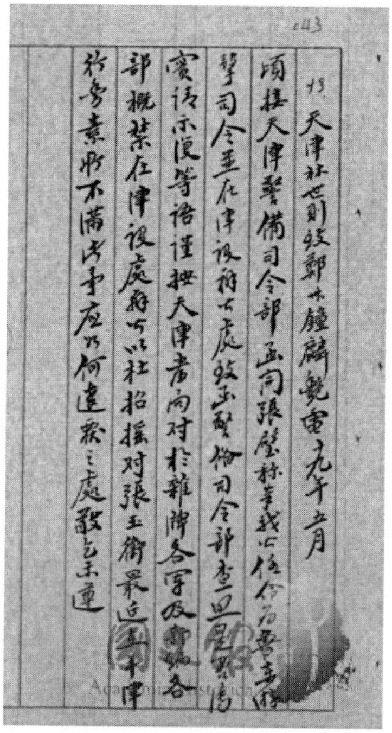
043
天津林世則致鹿鍾麟艷電 十九年五月
頃接天津警備司令部函詢張璧稱奉我公任命為魯東游擊司令並在津設辦公處致函警備司令部查是否屬實請示覆等語謹按天津當局對於雜牌各軍及新編各部概禁在津設處辦公以杜招搖對張玉衡最近平津行為素所不滿此事應如何造覆之處敬乞示遵

3 參見檔案題名《林世則電鹿鍾麟張璧稱奉我公命為魯東游擊司令是否屬實》，檔案編號為116-010102-0052-043。

於是，一九三〇年五月二十九日、六月六日，鹿鍾麟連續致電林世則，明確告訴他調查結果是張璧職務出自奉軍委任，禁止他在天津設立辦公處招兵買馬。見檔案題名《鹿鍾麟電林世則查張璧係奉軍所委其在魯東工作天津無設辦公處必要》、檔案編號為116-010102-0052-054和檔案題名《鹿鍾麟電林世則張璧前給以魯東游擊司令名義請兄婉告不准設辦事處》、檔案編號為116-010102-0053-067。這兩則電報和最後處理結局讓我們看到了當時張璧在天津處處受制於人的困窘局面。

一九三〇年九月十八日，東北軍首領張學良在蔣介石、李石曾和徐源泉等人的多次勸誘下，終於接受了蔣介石的命令通電出兵，率部入關參戰。張學良的突然倒戈出兵，使大戰的南北僵持不下的局面被打破，蔣介石大獲全勝。馮玉祥於十月二十三日通電下野。閻錫山也於十一月四日宣佈辭職。他們交出軍隊，聽候蔣介石編遣。實際上蔣收編閻、馮二人的軍隊，由張學良完成。從此時起，反蔣和反張成了張璧這一段時間內的人生目標。於是，他想到了利用日本人的勢力和青幫組織、建立屬於他自己的政治勢力，實現反蔣反張。這時，他首先開始加緊在北平、天津的活動，謀劃想發動一場以趕走東北軍張學良為目的的「天津起義」。

一九三〇年十月，在張學良和國民黨元老吳鐵城的特別推薦下，張學良的弟弟張學銘出任天津特別市市長兼公署警察局局長。

因為張璧參與了馮玉祥的反蔣活動，而張學良的入關直接導致了馮玉祥的大敗，因此客觀上造成了張璧和張學良之間的不和，進而和張學銘之間的關係也十分地微妙，雙方都是十分戒備。同樣也因為反蔣反張而下野的馮系將領石友三，此時也住在天津，候機而動。共同的遭遇和命運使當時張璧和石友三交往密切，石友三出資給張璧在天津的日租界秋山街崗辰住宅提供了臨時住處，當時的日租界有許多中國人租住在那裡。此時，秋山街崗辰住宅成了張璧在北京和天津等地開始聯繫各種反蔣反張的勢力、並建立自己在這兩地的青幫組織和勢力範圍的地點。

關於「天津事件」與張璧的關係問題，請見本書《張璧和天津事件關係考》一章。

這個時期張璧的活動曾經被國民黨中統特務密報給國防部。中國第二歷史檔案館中保存的卷宗787-5209號檔案就是個證據。這份密報稱張璧「專偵察我方軍情而圖搗亂天津」。該密報的製作人出自國防部參謀本部第二廳第一處。密報時間是一九三一年前後。

在青幫中屬於「大」字輩的張璧，在天津也成了老大。不要說他的陸軍中將和京師警察廳總監的資歷，也不要說他的同盟會和國民黨早期黨員的資歷，就是他在天津乃至於當時整個華北地區青幫中的輩份，其資歷和地位也已經成了最高。當時，只有奉天的祖憲廷、山東的高士奎、北平的魏大可、河南的袁克文、上海的劉登階等少數幾人，才可以和他屬於同一個輩份。當年，張璧在奉天，充分地利用了青幫組織，建立他的「光復軍」，積極策應武昌革命。

在天津當地，和張璧屬於同一輩份的只有厲大森、吳鵬舉、張英華幾個人。

關於青幫的輩份，來源於一個叫金純的出家僧人。他使用了據說是達摩老祖定下的四十八字作為輩份用字。他的法名「清源」，使他成為「清」字輩第一人。接下來是羅清、陳瀛二人。他們的法號是「靜清」、「靜海」。他們二人同屬於「靜」字輩。第三代陸飛、趙大官二人。他們的法號是「道行」、「道元」。他們二人同屬「道」字輩。為紀念前三代祖師，第四代翁岩、錢堅、潘清三人規定：

前三字「清」、「靜」、「道」，後代不得使用。[1]
從第四代開始，具體輩分排列為：

前廿四代依序為：
德、文、成、佛、法、仁、倫、
智、慧、本、來、自、信、元、
明、興、理、大、通、悟、覺。
後廿四代為：
萬、象、皈、依、戒、律、傳、寶、
化、渡、心、回、臨、持、廣、泰、
普、門、開、放、光、照、乾、坤。
續廿四代為：
緒、結、昆、計、山、芮、克、勤、
宣、華、轉、忱、慶、兆、報、魁、
宜、執、應、存、輓、香、同、流。

1 參見陳福成《洪門，青幫與哥老會研究：兼論中國近代秘密會黨》，文史哲出版社，二〇一四年。

張璧屬於前廿四代「大」字輩。

本來，天津地區的青幫遠不如上海和東北等地活躍。一九二六年，奉系軍閥褚玉璞進入天津。他手下的軍警督察處處長、陸軍中將厲大森，曾是山東青幫「大」字輩老大。由此而來，厲大森開始在天津廣收門徒，從此青幫在天津便日益活躍起來。而厲大森曾經是張璧的好友之一。無論過去在山東和在奉天投身於辛亥革命的時代，他們相似的經歷、相同的身份和輩份，使他們二人一直保持著良好的關係。

而此時，張璧已經是母親、哥哥、妹妹、侄兒、侄女一大家人全都到了北京定居，家事繁雜，全靠張璧支撐，沉重的生活負擔可想而知。當時住在北京南城的櫻桃斜街三十九號。那時居住在那裡的人多為貧窮之戶，以至於當時的北京有「窮南城，富北城」的說法。

由於張璧家人口較多，其經濟狀況非常拮据。曾經發生過無法支付其櫻桃斜街三十九號家中的電話費這一真實經歷，以至於被當時的舊北平特別市公署警察局發文調查處理。[1]見如下：

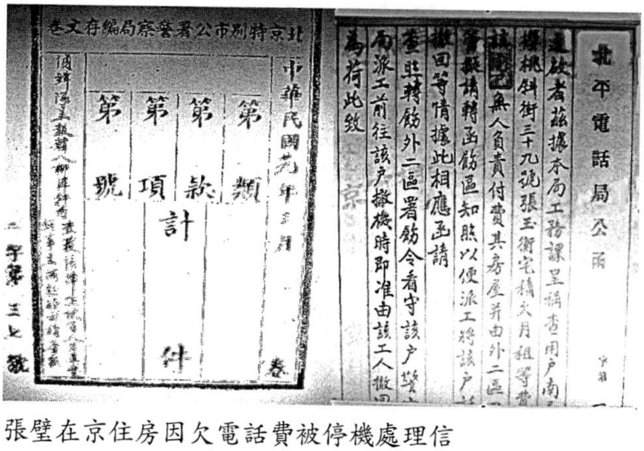
北平電話局公函
逕啟者茲據本局工務課呈稱查用戶南
櫻桃斜街三十九號張玉衡宅積欠月租等費
無人負責付費其房屋并由外二區
擬請轉函飭區知照以便派工將該戶
撤回等情據此相應函請
查照轉飭外二區署飭令看守該戶
派工前往該戶撤機時即准由該工人撤回
為荷此致

北京特別市公署警察局編存文卷
中華民國　年　月
第　類
第　款
第　項
第　號
計　件

張璧在京住房因欠電話費被停機處理信

1 參見北京市檔案館，檔案編號為J181-020-09333。

這就是當時最真實的張璧的經濟狀況。一個從沒有過任何欺壓百姓、收取保護費經歷的辛亥革命元老、民國陸軍中將和青幫老大的張璧，最後不得不向他的好友魏子丹借錢維持生活。而在保存至今的舊北平特別市公署警察局檔案中，對於魏子丹記載如下：

與張璧關係最密。五年前張不得已時，魏君曾努力對朋友，確有俠肝義膽。

又說：

魏子丹對張之為人，頗依重。張不得已時，有供給之義務，乃張平生之至友。

一九三四年前後，張璧的老同學商震也無私地給予了在蘇州胡同為其租用房屋的幫助。而後，任天津特別市市長的好友張自忠，聽聞張璧家人口眾多而無錢租房時，更是慷慨地伸出援助之手，親自用他的薪水，在舊北平市花了三萬大洋，於東四附近的東堂子胡同二十五號買了一套五進院落的四合院，送給張璧家人住。這才最終解決了張璧一大家人在北平的居住問題。

當時，由於張家在京人口眾多，曾由張璧的堂弟張炳雯負責管理家務。一九三三年底，張炳雯之女張婉儒，在十四歲時也隨母親從老家來到北京，先在櫻桃斜街三十九號住，後有了東堂子胡同二十五號，就和父母一起搬來與張璧夫婦同住。從這時起，張婉儒開始陪伴張璧的夫人劉氏，直到她自己出嫁為止。

當一九三七年的七·七盧溝橋事變後，日本軍侵佔了北平城，此時，張自忠就躲避在他送張璧的東堂子二十五號四合院內。

如今，關於張自忠如何逃離北平至少有三種觀點：美國牧師富開森掩護說、深夜騎自行車脫離說、和化裝出殯說。由於當時他住在張璧那裡，所以無論哪一說，都離不開張璧的支持。

張自忠逃出北平後，日本特務松井太久郎獲悉此消息惱羞成怒，曾派手下將張璧抓起來，親自審問並施以酷刑。此事發生在張婉儒十八歲時，關於這一事件的經過，筆者採訪了張婉儒的女兒王淑敏，她將她母親所述整理成材料如下：

七·七盧溝橋事變後，張自忠被日本特務監視著，沒有行動自由。當時，張自忠就住在張璧家裡。有時見他把整箱的啤酒放在院子裡喝，邊喝邊哭，心情很苦悶。後來，張璧終於找到機會，掩護張自忠離開了北京，奔赴了抗日前線。張自忠逃走後，日本憲兵隊抓捕了張璧，把家裡的門窗都貼了封條……。大約一星期，張璧被放了回來，見他的十根手指的指甲全都是黑紫色的。張璧說日本特務對他施用了電刑，還放狼狗咬他，誰知那狼狗卻不聽日本人指揮，就是不咬。氣得日本人開槍把狼狗打死了，張璧因此躲過了一劫。張璧還托人把那隻狗埋了，出獄後又去埋狗的地方祭奠……

見該採訪證明材料原件如下：

另外，從抄自文革時期河北霸州大高各莊公安員記事中也有：一九三七年盧溝橋事變後（張璧）因隱藏和協助張自忠逃出北京而被日本人抓去……[1]

讓我們再看看張自忠自己是如何對待這一艱難的時期的，他說：

> 目前華北的危機，關係國家民族的存亡至大，我國究竟準備到什麼程度？本軍仍散駐在各地，尚未集中。在和平尚有一線希望，犧牲未到最後關頭之時，只有本著「我不入地獄，誰入地獄」的精神，犧牲小我，顧全大局，忍受目前的恥辱，凡不能忍受的，絕難任重致遠。周公尚有流言日，好在是蓋棺論定，成功成仁，將來一定有好機會的。和平絕望之日，就是我們犧牲的最後關頭，把我張自忠的骨頭軋成碎骨碾成粉用化學分析分析，看有一點漢奸的氣味沒有？[2]

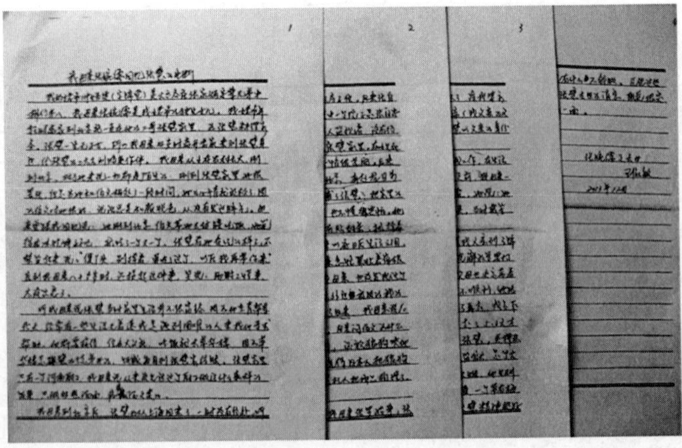

1 文革時期，張璧堂弟張炳昕之子張貴在霸州大高各莊公安處抄下張璧案宗記事的摘錄。

2 《抗日名將張自忠》，中國文史出版社，一九八七年，第十五頁。

案：張自忠生於一八九一年，山東省臨清縣人。為中國國民黨上將銜陸軍中將，追授二級上將。著名抗日英雄，一九四〇年在與日軍戰鬥中，不幸殉國，是二戰中同盟國陣亡的最高級將領。新中國成立後，人民政府追認張自忠將軍為革命烈士。

孫維玉在《十萬綴隊送殯人》寫到：

冀察政務委員會的首腦人物中，張自忠被認為是「主和派」的代表，其實委員長宋哲元以及其他重要官員如秦德純等的共識，都是與日本不可輕啟戰端，能拖則拖，而來自蔣介石的承諾也是「務須忍辱負重，委屈求全，以便中央迅速完成國防」。「七七」盧溝橋事變後不久，北平落入日軍的掌握之中，他（張自忠）便在那時走馬上任，當了第一任北平市長，兼冀察政務委員會代理委員長和冀察綏靖公署主任……被罵為「漢奸」的人，微弱的自辯往往激起人們更大的憤怒，背上了一個沉重的黑鍋卻無可奈何……幾十年後的今天，恐怕不會有人再認為張自忠是漢奸了。而在一個「漢奸」的罵名消失、一個「民族精神」的豐碑被樹立起來的同時，我更關注的，卻是有一個「人」死了。我雖然不能同意張自忠「求死」的行為，可是，看完了他的傳後，我又想：這樣備受煎熬的靈魂，被攪動得那樣痛苦的良心，活著也是苦難，確實還是「求死」比較容易。鴉片是一種麻醉，死也是。[1]

1 見孫維玉《十萬綴隊送殯人》，勸學網整理。

機構。

當時的冀察政務委員會是由蔣介石南京政府任命的

一九三六年，張璧由宋哲元委任為冀察政務委員會顧問。為了方便在北平的活動，張璧註冊了類似俱樂部形式的「大義社」。大義社成立時的原始檔案《北平市政府訓令甲字第一〇一二號》如下：

北平市政府訓令甲字第一〇一二號

令北平市社會局

案奉

冀察政務委員會訓令內開：

據民人張璧、李達三等為提倡本國固有道德，擬組織大義社，繕具緣起及簡章呈請核准立案等情到會，除批示呈及附件均悉該具呈人等所擬組織之。大義社目的正當，簡章亦尚妥協，應准立案，仍仰分呈各該省市政府所屬主管廳局登記。除分行外，合行批示知照，此批等因發並分行外，合行令仰該市政府查照，俟該發起人等分呈到府，即便令飭主管局登記並通行保護。

一九三六年五月一日[1]

任天津特別市市長時的張自忠將軍

1 參見北京市檔案館，檔案編號為J002-002-00076。

大義社租用地點在舊北平西城區豐盛胡同一個有著多間平房的前後兩大院，這是張璧進行社交的場所，一些社會上層名流和各界知名人士及國民黨高層人士常在這裡聚會，青幫弟子也在這裡聚會。

在《霸州歷史文化之旅系列叢書．名人卷》中有介紹：一九三六年夏天，張璧的二侄子加入了民族解放先鋒隊後，曾利用「大義社」的房子，組織同學們聯歡。[1]

在《霸州歷史文化之旅系列叢書．名人卷．民國名人張璧》一文中也寫到：張璧的妹妹張秀岩、侄子、侄女們等在北京、天津做黨的地下工作期間，也多次利用「大義社」召開秘密會議，還利用「大義社」掩護過著名共產黨人「魏先生」（即彭真）。[2]這裏的「魏先生」，又可見姚賢玲《張潔清：與彭真相濡以沫的一生》[3]一文的記載：

張潔清與彭真相識，是在一九三五年。那時彭真剛從國民黨的監獄獲釋，暫住在北平的大義社。當時，張潔清的姑姑張秀岩與彭真有工作上的聯繫。為了不引起敵人的注意，張秀岩常常讓張潔清擔任交通員，從那時起，張潔清開始與彭真有了初步的接觸。那時的彭真三十幾歲，已經有著豐富對敵鬥爭經驗。每次送信，張潔清很少與彭真說話，但她對這個長得瘦瘦高高、穿著一件大褂的魏

1 見《霸州歷史文化之旅系列叢書．名人卷》，河北省霸州市政府內部出版物，二〇一三年，第一三四頁。
2 見《霸州歷史文化之旅系列叢書．名人卷》，河北省霸州市政府內部出版物，二〇一三年，第二四七頁。
3 參見http://www.yhcqw.com/35/12555.html

先生（由於革命工作的需要，彭真當時化名「魏先生」）印象很好，覺得他聰明、機敏，一張堅毅、樸實的臉不僅透著穩健和成熟，還有一種農民的淳樸和誠實。以後，張潔清又多次與彭真有工作上的接觸，在她看來，彭真不僅僅是領導，更是兄長。一九三七年，彭真作為白區工作代表，去延安參加黨代會。臨行前，張秀岩請彭真到家裏吃飯，在這次家宴上，張潔清與彭真有了一些近距離的接觸。不久，彭真離開大義社，到了革命根據地延安，張潔清則繼續在白區從事地下工作。

該文沒敢公開說明張潔清、張秀岩還有大義社三者與張璧的關係！實際上，沒有張璧，一切都是不可能的。顯然，該文作者應該知道張璧的存在，只是被漢奸指控所震懾住了，完全迷失了價值判斷。

白靜明，年輕時曾被張璧安排在大義社負責接待等日常工作，後又在金魚胡同一號「四存學會」做接待工作。舊北平特別市公署警察局檔案中曾記載：

張總局局長為時代之需要，曾租金魚胡同一號為俱樂部。但凡應酬軍政朝野要人等，多出白（靜明）氏為之。[1]

案：這裡的白氏，即白靜明。而白靜明過去是東北直魯聯軍褚玉璞的部下。一九二九年九月，

---

1 白靜明的名字，在舊北平公安局檔案中寫成「白鏡民」。

褚玉璞部在山東被當地軍閥劉珍年打散後，他來到了北平，投奔張璧，先在豐盛胡同的大義社，後在金魚胡同的「四存學會」謀得這份工作。

筆者對白靜明之子白洪瑛進行採訪時，他說：

大義社在政協禮堂前面的胡同裡。當時還是學生的中共秘密地下工作者的張璧三侄兒和三侄女都在外面院子裡住。其實，這裡主要是聚會場所，院子很大，房間也很多。宋哲元、張自忠等高層國民黨人士及一些知名人士常在這裡聚會。另外，大義社與安清道義總會無關，因我父親白靜明在大義社工作，也一直住在大義社內。後來，改租到金魚胡同的一幢小樓，是為「四存學會」……

上面所說的大義社和安清道義總會完全不是同一性質的機構。而有的文章將安清道義總會簡稱為大義社，顯然是有誤的。

文革期間，白靜明老人因為在張璧的大義社工作過而受牽連，竟被非法關押在秦城監獄達八年之久。

張璧曾任「四存學會」名譽董事長。關於「四存學會」時的張璧。請見本書《四存學會和張璧局長》一章。

一九三七年，張家還有件事值得一提，就是大哥張律生在當年四月一日被農業部任命為農事試驗場場長，這改善了一些張家的經濟拮据局面。有了薪酬後，張律生租住

白靜明

在中南海流水音。一九四〇年三月，在中南海流水音居住期間，張律生私人購買的供上下班使用的人力三輪車曾經被盜，他雇傭的車夫趙福為此曾向舊北平特別市公署警察局報案，此案後來被偵破。被盜的車也被送回。此案卷宗見下：

早期日本特務抓到青幫份子，一律處死。因為他們統治東北的經驗告訴他們：這些人往往是民間反日的中堅力量和組織者。但是，隨著日軍入侵華北地區以後，他們逐漸改變了策略，變消滅青幫為利用青幫。

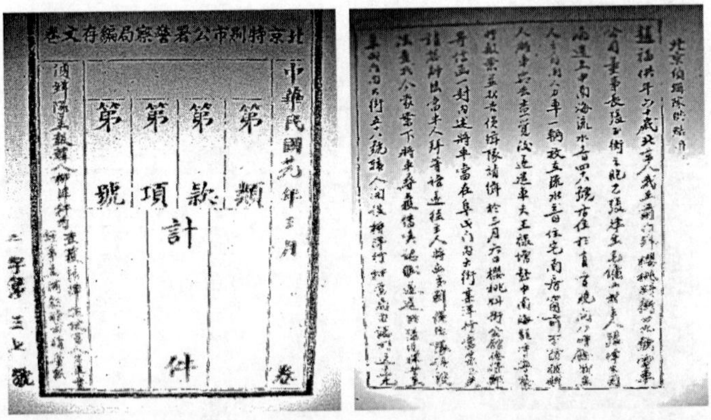
以上為保存在舊北京特別市公署警察局中的此案部分卷宗

在天津，曾是辛亥革命時代張璧的老友厲大森，在日本間諜小日向白朗的策動下，出面組織了「普安協會」，並積極回應日本特務機關長土肥原賢二的「華北五省自治」方案。而且在一九三五年十月十九日，在京津地區新成立的「中華民主同盟會」委員中就有張璧及其好友劉大同、厲大森。日方的人員則是多田駿。[1]其中，劉大同早在北伐時代就和張璧一起組建關外民軍。本來，張璧完全可能繼續出現在幾個月後新成立的「普安協會」

1 參見檔案題名《袁良函楊永泰偵獲華北漢奸組織情形及最近擾亂計劃等情報》，檔案編號為002-080200-00256-072。

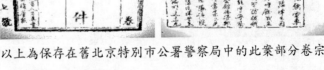

中。但是，他這此明智的拒絕了。

至一九三五年十二月底，「普安協會」登記會員已達二十五萬名，其中知名人士有：陸軍中將厲大森、李得路、戈梓良、高使軒、楊振東、毛雅卿、雷位庭、李澤生、王兆中、張爰亞、張亞馨等人。陸軍少將胡國英、王小彭、劉懷西等人。其他人，如：北洋政府財政總長兼幣制局總裁張英華、國務院秘書邢淋、國軍大元帥府秘書胡紫綬、南京警察廳警察署長陳維卿、山東水上警察廳廳長孟漢臣等人。

該會下設立三會、四地方部。具體如下：

元老會：

人員有厲大森、李紹白、林樹和、王約瑟、王克明、吳鵬舉、吳弗田、楊嘉炳、張月笙。

參議會：

人員有白雲生、陳友魁、陳鶴齡、郭有珍、范麗水、馮鶴亭、房王麟、董卲軒、戴連芳、恭瀛洲、劉沛亭、劉寶珍、李澤生、李得路、李萬有、賈夢祥、任渭漁、穆東屏、陶景文、武漢卿、薛永泰、殷桐坡、閻靜遠、姚好成、張景山、張鳳樓、張品三、鄭燕侯。

總務會：

人員有張文鈺、李明德、孫潔民、孫昆山、袁文會、張遜之。

這些名單中均沒有張璧的名字。

一九三六年五月六日，當老朋友、第三十九集團軍司令石友三，在天津出席歡送「普安協會」董事長、日本特務小日向白朗返回日本時，張璧還是沒有出席。

身居北京，而且是厲大森好友和同輩的張璧為什麼沒有參加「普安協會」？只有一個解釋：張璧利用青幫的唯一目的就是反蔣反張，而非投靠日偽。

其實，那時的青幫老大們把各種政治勢力全看作是江湖勢力，而他們則如走平衡木一般，以自己掌握青幫江湖組織的手法，繼續周旋於各種政治勢力之間。一旦有某一方勝出而打破了這一平衡，他們的圓通靈活的江湖本領就立刻土崩瓦解了。

當一九四二年三月天津成立「天津安清道義總會」時，厲大森再次出馬，成了「天津安清道義總會」的副會長。而這時張璧卻已在北平主持他寄希望於教育為本的「四存學會」和「四存學校」了。

北平淪陷後，在一九四二年一月一日，由日本特務機關醞釀策劃，成立了「華北安清道義總會」。一九四三年十月一日，籌備了快兩年的「華北安清道義總會」正式成立，由青幫「大」字輩的魏大可擔任首任會長。從此，青幫不再是原來意義上的「青」和「清」了。

——而此時國民黨部卻下達兩個委任狀給張璧：一九四三年十一月九日，國民政府軍委會電令張璧為華北軍事特派員。兩天後，即十一月十一日，冀察戰區總司令蔣鼎文又下達「字第六四四四號令」，委任。張璧為平漢路北段軍事特派員。這是在特殊的情況下，張璧獲得的兩個國民政府認可的秘密職務，他的一切工作將以策反日偽漢奸、支援國民政府和國軍為核心。[1]為此，一九四四

1 這兩件委任狀，當初我採訪張璧後人時就聽說了這兩個任命，那時我並未相信親屬的「口述歷史」的真實性，直到我在檔案館中親自查找到這個原始檔案才知道這一「口述歷史」的真實性。

年一月一日，已年近六十歲的張璧決定接手北京「華北安清道義總會」的管理權，為實現抗日而開始執行對偽軍的策反工作。於是，在青幫中具有威望的「大」字輩張璧，理所當然地被推舉為「華北安清道義總會北京分會會長」。見《華北安清道義總會北京分會關於代理會長張璧就業啟用鈐記的呈文》[1]，其中會長登記冊和該會內部原始檔案見如下：

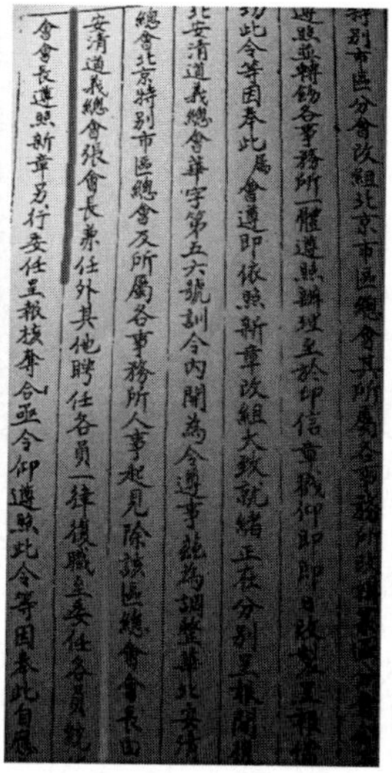

特別市區分會改組北京市區總會其所屬各事務所[illegible]
遵照並轉飭各事務所一體遵照辦理至於印信章戳仰即[illegible]
物此令等因奉此屬會遵即依照新章改組大致就緒正在分別呈報[illegible]
北安清道義總會華字第五六號訓令內開為令遵事茲為調整華北安清
總會北京特別市區總會及所屬各事務所人事起見除該區總會會長由
安清道義總會張會長兼任外其他聘任各員一律撤職並委任各員就
會會長遵照新章另行委任呈報核奪合亟令仰遵照此令等因奉此自應

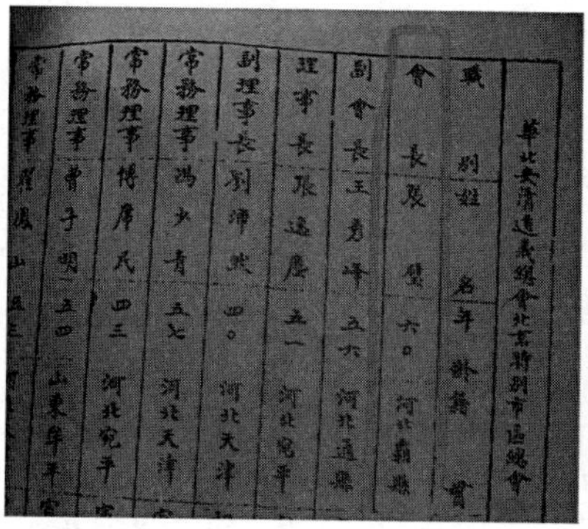

華北安清道義總會北京特別市區總會

職別	姓名	年齡	籍貫
會長	張璧	六〇	河北霸縣
副會長	王勇峰	五六	河北通縣
理事長	張遠慶	五一	河北宛平
副理事長	劉渟然	四〇	河北天津
常務理事	馮少青	五七	河北天津
常務理事	傅厚氏	四三	河北宛平
常務理事	曹子明	五四	山東阜平
常務理事	崔振山	五三	[illegible]

華北安清道義總會北京分會登記冊

1 參見北京市檔案館，檔案編號為J002-003-00886。

曾經是身為京師警察廳總監和陸軍中將的張璧，自從他的好友張自忠在抗日戰犧牲後，張璧和日軍高級將領之間的關係變得一天比一天疏遠了。而他又主動辭去了偽公用總局局長的職位，更表現出了他自己和日軍不合作的態度。他領導的「四存學會」和「華北安清道義北京分會」的成員們開始做策反偽軍的工作，這使他和「華北安清道義總會北京分會」、「四存學會」成為日本特務日益加以警惕的一支新生力量了。

一九四四年中旬，張璧和他的秘書梁以俅及一些朋友，包括侄女張潔珣的男朋友、曾任燕京大學中共地下黨支部書記的郝貽謀，因從事地下反日工作嫌疑被北平的日本憲兵隊抓捕。

張璧在獄中關押近三個月，受到了「灌辣椒水」等嚴酷的刑罰拷問，後由於證據不足被保釋出獄。這是當時日本憲兵隊的一次大規模逮捕行動，目標是對著國民黨和共產黨嫌疑人。

張璧在被日本憲兵隊關押期間，沒有暴露任何他身邊的共產黨地下工作者，這包括他的秘書、侄子和侄女們。當然，他知道的國民黨地下工作者也沒有暴露。

郝平在《全國婦聯原書記處書記張潔珣》一文中對此事也有敘述：

一九四四年四月，張潔珣的二叔張璧和她的男朋友地下黨員郝貽謀都被日寇逮捕了，她和她三哥三嫂因情況不明，連夜坐火車離開北京，躲到濟南市的本家九叔家裡。一個多月後，張潔珣獨自一人回北京瞭解情況，她化裝成富家大小姐的模樣，不慌不忙地應對進出火車的檢查。張璧和郝貽謀二人雖受日本憲兵隊重刑，但都沒有吐露任何中共黨的資訊，所以張潔珣三人又回到北京做黨的地下工作。[1]

此時，張家還發生了一件特別不幸的事情。張占一在《張璧經歷概要》中述：

當時，張璧的大哥張律生聞訊張璧被日本憲兵隊拘捕，突發心臟病住進了德國醫院（現今北京醫院）。張璧被釋放的那天，回到家中，聽說大哥病重住院，立即趕往醫院看望。當張璧快步走到病床前叫了一聲：「大哥」時，張律生忽見張璧，由於情緒激動卻猝然去世。[2]

抗戰勝利後，一九四五年十二月一日張璧決定改變華北安清道義北京分會的宗旨和性質。這便出現了新的提案：他在《「華北安清道義總會」申請改組為「中華安青道會」緣由、經過的呈文》[3]一文中提出：

璧於三十二年十一月九日奉軍委會電令委為華北軍事特派員。復於同年十一月十一日奉冀察戰區總司令蔣鼎文勝詩「字第六四四四號令」委為平漢路北段軍事特派員各等因，璧於奉令後當即從事策反工作，以四存學會為掩護。後經敵偽憲兵隊發覺，牽捕多人，多屬四存學會會員，俱遭刑拷，

1 見《霸州歷史文化之旅系列叢書・名人卷》，河北省霸州市政府內部出版物，二〇一三年，第一五一頁。
2 見張占一的《張璧經歷概要》，原「中亭河博客」，現該博客網址被遮罩，原因不明。
3 參見北京市檔案館，檔案編號為J002-004-00203。

終經釋放際，其時以工作方法必須改易，證之四存學會，清標獨具，所有會員全系高尚之士，與敵日毫無聯絡。於工作上不適運用，轉以接辦華北安清道義總會，因其道友眾多，且可將四存學會加入於策反工作，多所裨補，間複於言語時可對道友灌輸道義。舉凡國家、思想、民族、精神、倫常、道德等，於無形中發揚之，以增加各個人之愛國心，並地方各隊團領袖，多有安清道友，以利軍事工作，爰是集合幹部，在華北安清道義總會之掩護下，積極推進改革策反工作，當經分別隨時隨地呈報有案，今幸獲得勝利。奉何總司令命令，各地策反工作結束遵即停止。

見該呈文照片如下：

呈為呈報改組華北安清道義總會為中華[illegible]
事竊璧於三十二年十一月九日奉 軍委會[illegible]
軍事特派員復於同年十一月十一日奉[illegible]
蔣鼎文勝詩字第六四四四號令委為平漢路北段[illegible]
特派員各等因璧於奉令後當即從事策反工作[illegible]
學會為掩護後經敵日憲兵隊發覺牽捕多人[illegible]
存學會會員備遭刑拷終經釋放際其時以工作方法[illegible]
須改易證之實際四存學會清標獨具所有會員[illegible]
高尚之士與敵日毫無連絡於工作上不適運用[illegible]
辦華北安清道義總會因其道友眾多且可將四存[illegible]

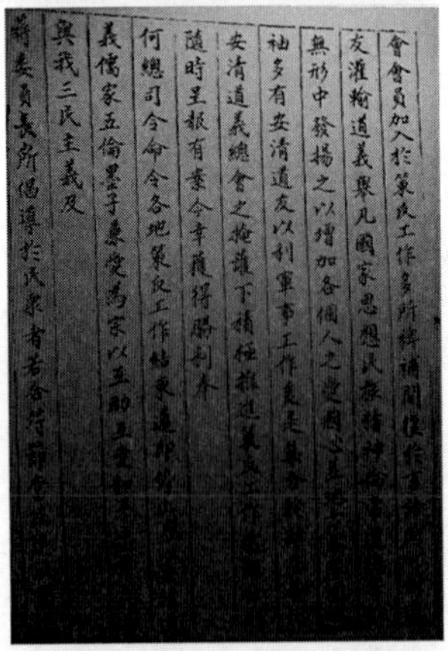

會會員加入於策反工作多所裨補間復於[illegible]
友灌輸道義舉凡國家思想民族精神[illegible]
無形中發揚之以增加各個人之愛國心[illegible]
袖多有安清道友以利軍事工作爰是集合[illegible]
安清道義總會之掩護下積極推進[illegible]
隨時呈報有案今幸獲得勝利奉
何總司令命令各地策反工作結束遵即[illegible]
義備家五倫墨子兼愛為宗以互助互愛[illegible]
與我三民主義及
蔣委員長所倡導於民眾者各符[illegible]

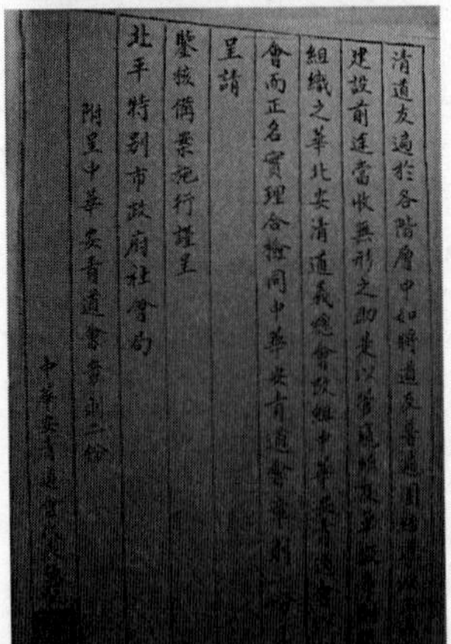

清道友適於各階層中如[illegible]
建設前途當收無形之助是以[illegible]
組織之華北安清道義總會改組中華[illegible]
會而正名實理合檢同中華安青道會[illegible]
呈請
鑒核備案施行謹呈
北平特別市政府社會局
附呈中華安青道會章程二份
中華安青道會[illegible]

申請人、會長張璧登記地址是當時他的家地址，即東城區東堂子胡同二十五號。

這一原始檔案，作為證據，十分明顯地表明了張璧的「華北安清道義總會北京分會會長」行為是受國民政府當時的軍委會和冀察戰區總司令蔣鼎文的「字第六四四四號令」特別指令而來，並非他個人的「投敵叛國活動」，這使日後國民政府無法以「漢奸嫌疑」給他定罪。因為以他的資歷和聲望，遠在魏大可之上，會長的職位他想當的話早就可以當了，為何拖延到一九四四年才接任？原因就是因為他得到了上述兩個秘密工作的任命，為便於開展地下抗日活動才接手該會的。

張占一在《回憶張潔珣的證詞》中也寫到：

二〇一二年三月間，我為張璧書寫《經歷概要》期間，張潔珣從北京打電話給我提供材料，其中談到她曾親眼看到過國民黨將領蔣鼎文給張璧的地下工作者的委任狀。到二〇一二年七月底，我去北京時，杜璇（張潔璇）約了張潔珣、宣祥鎏、張潤輝和我到她家（通州寓所）一聚。張潔珣又一次當著大家的面提起她親眼看到過蔣鼎文給張璧的地下工作者委任狀。當年，張潔珣被中共黨組織派回北平從事黨的地下工作，注意到她二叔張璧的有關情況，是情理之中的事。有材料說明，抗日戰爭期間，八路軍晉察冀邊區曾派人爭取張璧合作，並邀張璧參加有關參政會議。作為國民黨軍第十一戰區司令長官兼冀察戰區總司令的蔣鼎文同樣可以與張璧合作。[1]

張璧在新的提案提出後，又說到：

璧以安清道義儒家五倫、墨子兼愛為宗，以互助互愛、和平忠厚為旨，與我三民主義及蔣委員

---

1 見張占一的《回憶張潔珣的證詞》，原「中亭河博客」，現該博客網址被遮罩，原因不明。

長所宣導於民眾者，若合符節。當茲建設開始，安清道友遍於各階層中。如將道友普遍團結以正義，對於建設前途當收無形之助。是以管窺所及，草擬章則，將前組織之華北安清道義總會改組中華安青道會，以利社會。

雖然曾經有過輝煌的辛亥革命經歷，也提出了很多超前的、進步的、民主的思想。但是，所有這些良好的人生經歷和政治背景並沒有使他走上紅色革命；儘管他已經參加了抗日活動，但抗戰勝利後，他提出的是「將前組織之華北安清道義總會改組中華安青道會，以利社會」之說，這是我們感到無限惋惜的。作為一個舊軍人和辛亥革命的元老，他的思想意識只能如此了。所以他才特別強調了這一組織的「儒家五倫、墨子兼愛為宗，以互助互愛、和平忠厚為旨」的本質特點。

順便說一句，按照當時青幫的習慣，張璧不可能不收弟子和義子。根據筆者的調查：張璧也的確曾收過一些人為弟子和義子。比如，張璧曾將青幫「通」字輩弟子張學清，收為義子，還有劉紹臣等弟子也是。當然，由於張璧酷愛京劇，他在京劇藝術界的義子李少春更是盡人皆知的史實。

第八章

張璧和天津事件關係考

所謂「天津事件」[1]，是指九・一八事變後日本侵略軍在天津製造的一連串挑釁事件。具體來說，即一九三一年十一月八日晚十點半至二十八日之間，駐天津日軍特務機關長土肥原賢二，策動失意軍人李際春臨時招募了兩千多人，組成武裝暴動隊，先後多次襲擊天津市公安局、市政府及省政府，以及一些駐外使館和租借地。駐天津日本領事以此為藉口，下令駐紮在天津海光寺的日軍「支那駐屯軍」在閘口炮擊天津市區。日本駐華大使重光葵也特別提出所謂「抗議」，並要求國民政府遵守辛丑合約、將軍隊撤出天津、取締一切抗日活動等無理要求。這一連串事件總稱為「天津事件」。由於參加這次爆動的這些人不穿軍裝，沒有番號，所以習慣上又稱他們為「便衣隊暴亂」。[2]

根據我所看到的有關「天津事件」前後日本駐天津總領事桑島發給日本外務省的五五〇多封電報來分析，這一事件完全是奉天省日本特務機關長土肥原賢二本

1 亦稱「天津事變」。

2 參見《天津便衣隊暴亂》，中國文史出版社，一九八七年。

天津事件發生現場照片

人，聯合當時駐紮天津的日軍駐屯軍司令官香椎浩平中將，親自策劃的一起中國暴民襲擊日本駐華使節和僑民的苦肉計事件，目的是以此為藉口，挾持溥儀逃離天津，回到奉天，組建所謂滿洲國，以此來瓜分中國、侵佔整個華北的軍事陰謀。這是不能迴避的歷史事實。一九三一年十二月五日桑島致日本外務大臣幣原喜重郎的電報中就已經明確地表明：「八日以來的暴動，天津日僑對土肥原和關東軍的不滿情緒逐漸抬頭。」這句話已經決定性的挑明了事件的知情人（天津日僑）對製造事件的當事人（土肥原賢二和關東軍）的不滿。[1]

最先主張「天津事件」和張璧有關的是出自一九三一年十一月九日舊北平市發行的《晨報》號外。該報主張：日本人夥同張璧等人一起製造類似奉天事件一樣的天津事件。但是該報的消息來自於天津特別市公署警察局對被捕的便衣隊員的審訊記錄，該審訊記錄以電報的形式，發給國民政府南京鐵道部部長連均，全文如下：

南京鐵道部部長連均鑒。

支密。

據報載庚晚十一時許，天津有流氓八百餘人攜有槍支，突向中日界之海光寺警署轟擊，當時之日租界中，突開機槍向中國地施行放。我軍警當即拘捕暴徒，供系受張璧、李際春收買。曰庚夜舉事，有日人在內指揮。今《晨報》號外，日軍指揮華人張璧、李際春用鐵甲車、飛機、步兵占津各

1 引文見日本外務省檔案《天津事件來電及來信二》。

機關。[1]

這封密電告訴我，它的消息來源是一九三一年十一月九日舊北平市發行的《晨報》號外。密電居然來源於街頭報刊，可見這密電的價值有多廉價。

而國內學術界，方兆麟在《天津便衣隊暴亂》一文中主張：「便衣隊總部設在蓬萊街太平裡六號，李際春任總指揮，張璧任副總指揮」。[2]另外還有人主張：「天津警察局特務隊向當時的上級報告：土肥原賢二和漢奸張璧、李際春等，在日租界秋山街張璧住宅內秘密商量便衣隊暴亂。綜合連日來的報導，天津保安隊及時做好了抗擊侵略的準備。」[3]臺灣著名民國史家郭廷以在《中華民國史事日記》十一點八條記載中主張：「夜十一時土肥原策動天津漢奸暴徒張璧、李際春等千余分三路自日租界襲攻河北省政府及公安局，日軍開炮助之。」[4]等等。再如，當天津事件發生後，

被抓捕的便衣隊

1 引見《日本帝國主義侵華檔案資料選編》，中華書局，第四七四—四七五頁。
2 《文史精華》，一九九七年，第一期。第三五頁。
3 《天津青年報》，二○○三年九月十五日，《我親眼看見便衣隊暴亂》一文。
4 《中華民國史事日記》，中央研究院近代史研究所出版，一九八四年。

一九三一年十一月九日天津特別市給中央政府的電文卻指控「張璧等與日人勾結，變更政局」。該電文如下：

本月六日省市當局接探報：張璧等與日人勾結，變更政局。驅逐東北將領庚晚、姚東藩。開始在河北一帶佈置警戒。十時，日界嘯聚便衣隊千餘名，到日營領槍械子彈。向南二區進攻。日軍鐵甲車兩列在後指揮。另有百餘名攻東六區。又有二百餘人向公安局進攻。十一時半，槍聲四起。僅東六區被佔據，旋被擊退。餘均未得手。[1]

我們綜合這幾年林世則、南桂馨、鹿鍾麟等人的電報中，不難發現當時張璧和天津各個政治勢力、軍事勢力之間的緊張、猜忌和對立的關係。因此，似乎李際春、張璧任事件的正、副總指揮或正、副隊長成了主流認識。

我想，大陸和臺灣雙方學術界的一致點是如下兩點：

第一，「天津事件」是日本特務機關長土肥原賢二一手製造的。這是沒有疑問的。

第二，李際春因為他在偽滿洲國成立後的漢奸行為和他在「天津事件」中的首要分子之地位，也是沒有任何疑問的。

現在的關鍵問題是張璧是否參與了這一事件？

---

1 參見檔案題名《天津特訊張璧等與日人勾結進攻河北情形》，檔案編號為116-010107-0169-032。

當時的張璧在天津幹什麼呢？根據考證，原來他正謀劃著要舉行「天津起義」，力求達到將張學良趕出天津的目的。他認為正是張學良的帶兵入關參戰，才直接導致了蔣介石大獲全勝而致馮玉祥的軍事慘敗的尷尬境地。其參與謀劃「天津起義」的主要人員有陳覺生、潘毓桂、李鴻年、石友三等人，證據可見舊北平特別市公署警察局張璧檔案中對此的記載：

民國二十年糾合同陳覺生、潘毓桂、李鴻年等冬月在天津起義、驅逐張學良之計畫。當時因土肥原等之意見相左。

注意：這裡的「土肥原等之意見相左」是土肥原密謀策劃「天津事件」，而張璧等顯然是計畫實行「天津起義」。

前一章我們已經談到在一九三〇年各路反蔣軍，由閻錫山為總司令，馮玉祥、張學良、李宗仁為副總司令，傳檄天下，討伐蔣介石。檄文稱：「本總司令將統率各軍，陳師中原，以救黨國。古有挾天子以令諸侯者，全國必起而討伐之，今有挾黨部以作威福者，全國人民亦必起而討伐之」。張學良也曾信誓旦旦宣言反蔣，不想卻於大戰中突然倒戈擁蔣出兵，致使閻、馮大敗。而張學良東北軍入關控制了京津地區。張璧作為國民革命軍東北特別委員會委員，覺得有負馮玉祥之重托，為了重新奪回京、津兩地，他開始策劃「天津起義」。

夜幕下配合暴動的關東軍士兵

接下來，我們再考察一下便衣隊的由來。一九三一年一月一日，李際春開始在京、津兩地公開招募便衣隊。當時北平市公安局特別發佈了密令「字第一二六四號」，嚴防便衣隊。該密令說：

> 逆徒李際春在滄州境內以河工名義招有夫民四百餘人，每人給安家費八元，現集於天津東南與滄州交界處蜂窩及受大寺一帶。

就在宋哲元就任冀察政務委員長期間，也有便衣隊在北京市內搗亂。如記載：

> 有白堅武者，受日人唆使，組便衣隊，並以炮擊永定門。[1]

這些便衣隊應該屬於李際春和土肥原賢二兩人密謀策劃「天津事件」的前奏，和張璧謀劃「天津起義」基本無關。接下來我們需要解決以下幾個核心問題，我相信只要徹底搞清這些問題，張璧和「天津事件」的關係問題便煥然冰釋。

等待暴動的便衣隊

1 見《抗日名將宋哲元家族史料研究》，一九九二年，第三七六頁。國內印刷本，印刷批准號：津東文圖字（92）第00074號。

首先，土肥原賢二來天津的準確時間？

至少到目前為止，沒有證據證明在一九三一年十一月之前土肥原賢二與張璧有過單獨接觸。關於土肥原賢二此次來天津的時間，根據一九三一年十一月三日天津地區《益華報》的報導：一九三一年十一月二日，土肥原賢二從瀋陽秘密抵達天津，住在常盤旅館。而在方兆麟《天津便衣隊暴亂》一文中，則變成「一九三一年十月二十七日的傍晚」。[1]而在郎維成《天津事件新探》一文中則變成土肥原「十月二十九日來天津的」。[2]在小林元裕、萬魯建合撰《天津事件再考——以天津總領事館、中國駐屯軍、日本僑民為視角》一文中，則主張「桑島二十九日和來津的土肥原……見面」。[3]

可以說，對於「天津事件」的研究，至今國內學術界還沒有徹底搞清楚土肥原賢二此次來天津的準確時間。試想：距離爆發事件時間只有短短幾天才來天津，土肥原賢二想和張璧見面並取得張璧的信任、讓其答應給他賣命、出賣國家利益，這實在根本談不上。只有一

天津事件真正主犯土肥原賢二和香椎浩平

1 《文史精華》，一九九七年，第一期。第三二頁。
2 《外國問題研究》，一九九三年，第三期，第四二頁。
3 《城市史研究》，二〇一二年，九月，第一九九頁。

種可能才是土肥原賢二和張璧達成見面和共識。即：張璧想要發動「天津起義」的消息被日軍的情報機構獲悉，作為當時的特務機關長土肥原賢二覺得有機可乘，他通過自己的秘書何澄事先聯繫張璧，打著日軍支持張璧驅趕張學良的幌子和張璧見面。除此之外，再無任何解釋可以說得通。

其次，土肥原賢二和張璧是什麼關係？

土肥原賢二和張璧認識的可能條件是：利用青幫的關係。

首先，土肥原賢二來拜訪張璧，既不可能直接告訴張璧關東軍想策動溥儀到東北建立滿洲國以實現分裂中國的夢想，也不可能向張璧下令為他自己做事——因為土肥原賢二在東北時為了方便他開展情報工作，他拜師青幫「大」字輩的魏大可，成了青幫「通」字輩的弟子。按照當時的青幫晚輩拜見長輩的習慣，他來見張璧只能以同門師侄的身份，或晚輩弟子的身份，達到認識張璧的目的。他們之間的關係僅可限於此。

有些文章臆說張璧成了賣身投靠日本大特務土肥原賢二的小漢奸和馬仔，這完全是不符合歷史事實的杜撰和猜測。張璧從十八、九歲開始跟隨吳祿貞在延吉工作時，就已經十分瞭解日本人的野心和特點。而且是張璧最先將土肥原賢二的名字改叫「土匪原牛二」，我們不妨可以從中看出張璧對土肥原賢二的真實態度。後來，「土匪原牛二」被簡化叫作「土匪原」，成了土肥原賢二在華期間臭名昭著的一個外號。

真正介紹土肥原賢二和張璧認識交往的人是何澄，他是土肥原賢二的中國青幫「悟」字輩弟子和秘書。這一點也被舊北平特別市公安局內部檔案中所如實地記載。

第三，張璧和李際春是什麼關係？

案：李際春生於一八七七年，卒於一九五〇年。字鶴翔，回族，直隸豐潤南關人。他十七歲考入開平武備學堂騎兵科，和吳佩孚是同窗好友。因為征討蒙古叛亂之功，被封為際威將軍。一九二五年開始，他在張宗昌手下任第九軍軍長。一九二六年，李率第九軍打天津軍閥李景林失敗後逃，被張作霖通緝。於是，他遂亡命天津日租界須磨街新德里開始了他的隱居生涯。一九三一年十月，土肥原賢二來到天津後，他接受了土肥原賢二的任命，公開招募當地青幫「悟」字輩弟子袁文會、曹華陽、蕭雲峰、高鵬九等人，以及一些地痞流氓等兩千多人，組織所謂的便衣隊。總司令部先後設在萬國公寓樓上二十八號和蓬萊街太平裡六號。他們製造了震驚中外的「天津事件」。事件發生後，他隨同土肥原賢二，挾持溥儀，逃到了奉天。一九三二年，土肥原委派在大連的李際春為「救國軍」總司令。一九三三年五月，李際春在秦皇島成立了「偽冀東政務廳」，自任廳長，並向各縣委派縣長、公安局長。一九三五年十一月二十五日，薊密專員殷汝耕叛變投靠日軍，成立了「偽冀東防共自治政府」。一九五〇年十二月，在鎮壓反革命活動中，李際春在天津被捕，被以漢奸叛國罪處決。

請注意：李際春根本不是青幫弟子！這是決定了他可以委託袁文會等人組織便衣隊、接受土肥原賢二任命成為天津便衣隊隊長的前提條件。那麼，同住在天津日租界的張璧，肯定認識李際春。他們的人生遭遇是相似的，即；都是失意軍人。但是他們的關係不可能親密無間，因為李際春是吳佩孚的同窗好友，而恰恰吳佩孚是張璧在北京參與首都政變期間的軍事對立面。就這點而言，已經決定了他和李際春只可能是貌合神離的關係。

第四，張璧是否親自組織並參與了這一事件？

前面引述的方兆麟等人主張張璧親自參與了這一事件的觀點，任副總指揮、副隊長之類的觀點等，筆者注意到：在小林元裕、萬魯建合撰《天津事件再考——以天津總領事館、中國駐屯軍、日本僑民為視角》一文中，根本沒有涉及張璧的問題，這是值得深思的。

如果一九三一年十一月九日舊北平市發行的《晨報》號外的記載是新聞界的猜測的話，那麼當時的河北省政府主席王樹常、天津特別市市長張學銘二人聯名給國民政府的密電，就基本上是定論了，電文如下：

查事變發生以前，即迭據密報，失意軍人李際春等人受日人指使，招集便衣隊千餘名，在日租界蓬萊街太平里六號設立機關，以李為總指揮，擬於八、九兩日在津密謀暴動，等情。經即與駐津日領交涉，要求將張璧引渡，以遏亂源，業經日領許可。乃我方特務會同日警前往拘捕時，該犯業已事先逃避。[1]

這一點極其重要！即：「天津事件」真正發生前，張璧得知他想發動的「天津起義」已被洩露，張學良下令天津警察前來日租界抓捕他，他在從內線那裡得到消息後立刻於十一月七日晚，也就是「天津事件」爆發前就先離開了。因此，目前為止，有關「天津事件」的各類著作和論文中所謂的張璧在現場指揮和帶領兩千多名便衣隊發動暴動之說，在鐵的證據面前已經失去了事實和證據支

1 引見《日本帝國主義侵華檔案資料選編》，中華書局，二〇二〇年，第四七九頁。

撐。

另外，袁文會、曹華陽、蕭雲峰、高鵬九等人全是青幫「通」字輩白雲生的弟子。他們管張璧要叫師爺。輩份的差異，使張璧也不可能接納他們成為自己的好友。更何況這兩千多人又是「悟」字輩弟子袁文會等人招集來的弟子和打手，張璧的青幫老大的地位，絕非是這些和他差了三、四代的青幫走卒們想見就可以見到的人物。筆者特別分析了這些青幫份子之間相互的輩份和關係，是為了說明張璧不可能成為什麼副隊長去直接指揮這些份子製造如此的事件。

用句江湖話說，他輩份太大，他和孫子輩、重孫子輩的青幫弟子一起這麼幹，又給他們當副隊長，他實在丟不起青幫「大」字輩弟子張璧這張臉！我想：至今依然主張「張璧是土肥原賢二任命的天津便衣隊副隊長」的人，完全沒有意識到這裡面存在著如此重大的輩份和地位差異。這是張璧不可能和土肥原賢二合作的另一社會基礎原因。

但是，上述電報和文章也證明了一點，即：「天津事件」發生前，張璧至少是部分參與了和土肥原賢二、李際春等人之間的謀劃。

從早年軍事生涯開始，張璧就擅長當參謀。而當時他正策劃以驅趕張學良為目的的「天津起義」，他和土肥原賢二的計畫真是「同床異夢」。即：張璧當時謀劃和要發動的是「天津起義」，而土肥原賢二想要製造的「天津事件」。這兩者有本質的區別。這一本質區別乃在於：張璧想發動「天津起義」，目的是反對東北軍侵佔天津和北平。而土肥原賢二想製造「天津事件」，目的是將溥儀從天津帶到奉天，成立滿洲國！顯然，張璧誤以為土肥原賢二來天津是支持他發動「天津起義」的。因為，從辛亥革命到二次革命、再到直、奉大戰，幾乎每一次中國出現的重大政治和軍事行動全有日本軍方和政府在幕後支持。作為孤家寡人的張璧也不例外的產生了想利用日本人的勢力和支持達到將張學良驅出天津的效果。我們可以肯定地說，當時的張璧根本不瞭解也完全不可能知道土肥原賢二製造「天津事件」的終極目的是什麼。因為在「天津事件」真正爆發前，當時只有桑島總領事和支那駐屯軍司令官香椎浩平等少數幾個人知道。他們的計畫得到了關東軍高層的特別批准，並被視為最高絕密。

我們再看看舊北平特別市公署警察局張璧檔案中對此的記載：

民國二十年糾合同陳覺生、潘毓桂、李鴻年等冬月在天津起義、驅逐張學良之計畫。當時因土肥原等之意見相左。

該原始檔案照片和提示句照片左右並列，上述引文，我們以標示線提示：

所以「因土肥原等之意見相左」，即：土肥原賢二想製造「天津事件」，目的是將溥儀從天津帶到奉天，成立滿洲國！而張璧想發動「天津起義」，目的是反張，與溥儀之去留毫無關係。既然如此相左，張璧怎麼能聽從土肥原賢二的指揮呢。「天津起義」和「天津事件」是兩個歷史事件，不應將其混為

一談。這是筆者首先從中日兩國之間數百封絕密電報和檔案文獻中發現並提出的對「天津事件」與「天津起義」區別的最新解釋。

又見《天津事變與土肥原帶出宣統帝的策謀（法庭證據三〇〇號）》記載：

檢方文檔一七六七—三〇六號被法庭採納，並被標記為法庭證據三〇〇號，這是一九三一年十一月十七日由天津總領事桑島（Kuwashima）致日本外相幣原（Shidehara）的電報，電文顯示土肥原賢二意圖帶出宣統帝，並在滿洲（中國東北）建立一個獨立的政權。……另一方面，天津公安局從張系（張壁）得知了情報，八號當天一直在嚴密監視敵情，致使保安隊未能按照預期集結起來。因此，儘管便衣組織發動了一些活動，整個暴亂還是以失敗告終。[1]

到此為止，我們可以發現在「天津起義」問題上，張壁的確有過錯，他在錯誤的時間、錯誤的地點，策劃了一場反張學良的行動，結果被土肥原賢二所利用。但是絕非現在有些文章所說的那樣是什麼賣身投靠土肥原賢二、甘當漢奸的賣國行為等等不實之指控，而是如我們上述分析所言，他無意中被土肥原賢二計畫發動的「天津事件」所覆蓋，形成了案中案！

第五，事件後，張壁是否逃亡了瀋陽？

事件發生後，據說震驚了整個國民政府，「國民政府曾下通緝令，通緝他」。目前為止，我沒

1 參見《遠東國際軍事法庭證據文獻集成六》，國家圖書館出版社，二〇一四年，第二三八—三〇五頁。

有找到這一通緝令及其相關證據。而這裡的「乃我方特務會同日警前往拘捕」特別重要地告訴我們：通緝張璧發生在「天津事件」之前的十一月七日中午。通緝令來自天津特別市公署警察局，或者說直接來自張學良的特別密令。因為有人向天津特別市警察局密告了張璧等人正招聘人馬、計畫發動「天津起義」這一情報。這一密報被直接通報給了張學良，引起了張學良的憤怒，這才有了通緝張璧的結果。

隨著張璧的被通緝和離開天津到大連，張璧幻想中的「天津起義」徹底流產，而土肥原賢二和李際春直接指揮的「天津事件」在十一月八日晚十點半左右卻正式開始登場。

而且事件發生後，張璧並沒有「挾持溥儀，隨同土肥原賢二一起逃到瀋陽」因為，無論是當時的瀋陽還是後來成立的滿洲國，均沒有他認可的一席之地。我們從上述的電報「經即與駐津日領交涉，要求將張璧引渡，以遏亂源，業經日領許可」，可以發現：日本駐華領事館桑島同意天津特別市公署警察局抓捕想要發動「天津起義」的他，可見張璧與日方並非合作關係。從這時開始，天津事件的暴發及暴動的實際指揮官只剩下李際春和土肥原賢二了，已經與張璧沒有任何關係。這是我們必須面對的一個基本事實。但是，當時的大連對張璧來說也不是久留之地，故而他又躲避到上海，一直住在上海的某個租界中。

事件發生後，張璧在上海直接或間接的通過國民黨的高級將領進行了申訴，主動說明情況，尤其是他在「天津事件」前已將事變的消息通報給天津特別市市長兼公署警察局局長張學銘，這一「主動歸順中央」的行為，取得了國民政府對他的諒解。

在上海租界躲避期間，張璧曾偷偷潛回舊北平看望過親人，然後又迅速返回上海。一直到一九三三年底，天津特別市公署警察局解除了對張璧的通緝之後，張璧才回到北平安居。

第六，天津事件後張璧和李際春之間形同陌路的關係。

天津事件後，張、李二人從此沒再發生過任何交往。

國內很多文章主張「天津事件後，便衣隊被打散了，不復存在了」等等。其實，這一說法是不符合歷史事實的。在「天津事件」中被打死、打傷和被捕的便衣隊人員，不到該組織的七分之一，絕大多數人事後全跟隨李際春一起逃往東北，成了關東軍第八師團下屬的「民團游擊隊」。李際春化名「丁強」，繼續擔任這支當時已經有六千多名偽軍的總司令。我們在此引用日本學者古屋哲夫《日中戰爭にいたる對中国政策の展開とその構造》一文中的觀點，加以佐證如下：

この李際春は、三十二年春になってもまだ北平・天津方面で暗躍しており、石友三はそれに期待しながら、劉桂堂と連絡し韓復榘の援助を求めていたというわけである。しかし三十二年段階の熱河・華北における政治的謀略が何等の成果をあげることができなかったことは、湯玉麟や韓復榘の省主席クラスは動かず、また劉桂堂や李際春は次にみるように關東軍の支配下に移動させてしまったことからも明らかであろう。日本側も劉や李は、日本軍の直接的軍事的支援なしには、何事もなしえないとみてとっていたにちがいない。一九三三年に入ると、關東軍はさきの平和的に湯玉麟を「滿州国」に合流させようとする方針をあきらめ、武力によって熱河省を平定し、長城をもって「滿州国」の南部国境とする作戦を實施することとした。二月十七日に發令された作戰命令によれば、(1)第六師團を主力とし、熱何省東境・內蒙古方面に向う作戰、(2)第八師團を主力とし熱河省南境から河北省方面に向う作戦とが指示されているが、同時に發せられた軍隊區分をみると、第六師團の指導する區處部隊に「滿州国軍隊」があり、その一部として「護国遊擊軍長劉桂堂」が加えられている。また第八師團の區處部隊には「救国遊擊隊長丁強」とあるが、この丁強は、ほかならぬ李際春の別名であった。[1]

這段文字的譯文大致是：

這個李際春，一九三二年春天在天津、北平等地非常活躍。石友三對此一面寄託著期待，一面又與劉桂堂取得聯繫，希望能得到韓復榘的援助。但是一九三二年前後，日本在熱河、華北等地的政治謀略並沒有取得任何成果。在這樣的情況下，湯玉麟和省主席韓復榘一般人馬卻紋絲不動，很明顯只是劉桂堂、李際春在關東軍的支配下行動。日方也明白，如果沒有關東軍的幫助，劉和李也不可能幹任何事的。進入一九三三年以後，關東軍方面的計畫是：希望湯玉麟採用和平的手段與滿洲國合併，以武力平定熱河省，實現以長城作為滿洲國南部邊境的作戰方針。根據二月十七日發佈的作戰命令：(1)關東軍第六師團為主力，向熱河省東部、內蒙古方向進攻。(2)關東軍第八師為主力，從熱河省南部向河北省方向進攻。同時，在使用的軍隊劃分上，「滿洲國的軍隊」作為歸屬於關東軍第六師團指導的區處部隊，「護國遊擊軍軍長劉桂堂」所領導的一部分人馬也加入進來。另外作

1 《日中戰爭史研究》，吉川弘文館，一九八四年。

為歸屬於關東軍第八師團指導的區處部隊，負責人是「救國游擊隊長丁強」。這個丁強就是李際春的別名。

當漢奸殷汝耕在舊北平的通州成立「冀東反共自治政府」時，李際春又帶領著這支「民團游擊隊」來到通州，成了「戰區雜軍編造委員長」。

試想，如果張璧真的是便衣隊的組織者，那麼他出任關東軍第八師團下屬的「民團游擊隊總司令」或者「戰區雜軍編造委員長」，那才是順理成章的漢奸行為。但是，當張璧明白十一月八日當晚所發生的的一切時，他再也沒有和李際春聯繫過。就是在舊北平時代，他在宋哲元那裡當冀察政務委員會的顧問、冀察政務委員會參議會的常務委員時代，也根本無視緊鄰著他的「戰區雜軍編造委員長」李際春的存在。

這裡還有一點長期被學術界忽視。即：當時土肥原賢二住在天津日租界石山街三野公館，而密謀「天津事件」之地也是在這裡，而非國內有文章中所說的在張璧日租界的駐地——秋山街崗辰住宅。且李際春實際招聘人馬的辦公地點是在日租界的蓬萊街太平里六號。

最後，讓我們再看看日本駐天津領事館桑島總領事發給日本外務省的那封絕密「第五五三號密電」的內容：讓我們分析一下當時的日本桑島總領事對這一事件的敘述報告，該電報局部照片如下：

最核心的內容是：

而モ張壁カ學銘ニ買收サルタル旨牒報アリシヲ以テ、七日序ヲ以テ、軍側ニ對シ、萬一斯ル計畫ニ關係アラハ速ニ緣ヲ切ルコト、得策ナルヲ述ヘタルニ拘ラス、軍ハ全然之ヲ否定シタルカ、內實ハ當時既ニ八日夜十時ヲ期シ、暴動實行ニ決定シ居リ拔キ差シナラサル、破目ニアリタルモノノ如ク、一方公安局ハ、張一派モ內通アリシヲ以テ、八日警戒ヲ嚴ニシタルト、保安隊カ預期ノ通呼應セサシトニテ、李ノ集メタル便衣隊ノ活動ニ拘ラス、暴動ハ完全ニ失敗ニ歸セリ。

這段日文的中文譯文為：

接到了張壁被張學銘收買的諜報消息。七日開始，萬一真的施行此計畫的話，軍隊將迅速切割與便衣隊的聯繫，而軍方將斷然否認與此相關。實際情況是當時八日夜十時以後，決定實施暴動。另一方面，張學銘由於有了內線，八日全天一直保持警戒狀態。和保安隊的預期相互呼應，拘捕了李際春的便衣隊員，這次暴動的結果完全地失敗了。

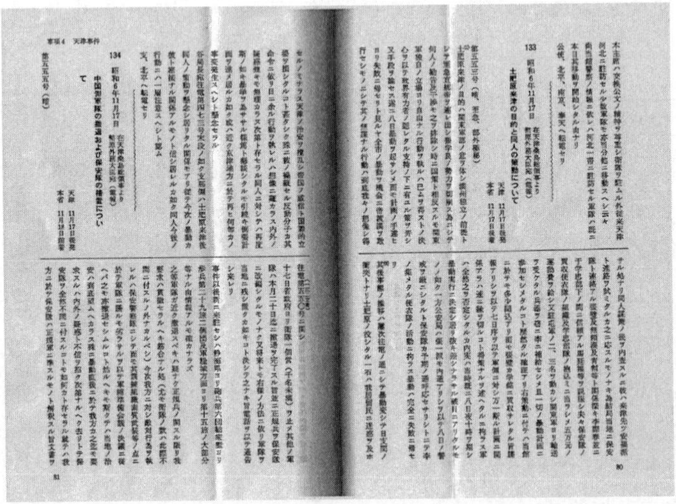
事項4　天津事件

133　昭和6年11月17日　在天津桑島総領事より幣原外務大臣宛（電報）
土肥原来津の目的と同人の策動について

134　昭和6年11月17日　在天津桑島総領事より幣原外務大臣宛（電報）
中国側軍隊の撤退および保安隊の措置について

這封絕密電報透露出這樣一點極具價值的情報，即：

張璧曾於事件前已將土肥原賢二可能要發動的「天津事件」這一消息，偷偷地密報給了張學銘。這才是八日白天張學銘領導下的天津警察局保持警戒狀態的直接原因。

而張璧的這一「出賣」土肥原賢二的正義行為，已經被日本領事館在天津地區的間諜所獲知，並通報給了桑島。

在《霸州歷史文化之旅系列叢書・名人卷・民國名人張璧》一文中，也根據《天津便衣隊暴亂》書中記載的日本「第五五三號密電」中文版內容進行了分析，結論為：在十一月八日「天津事件」發生前，張璧已離開了天津，因而張璧沒有參加天津便衣隊暴亂。[1]

見該書及「密電」中文版照片如下：

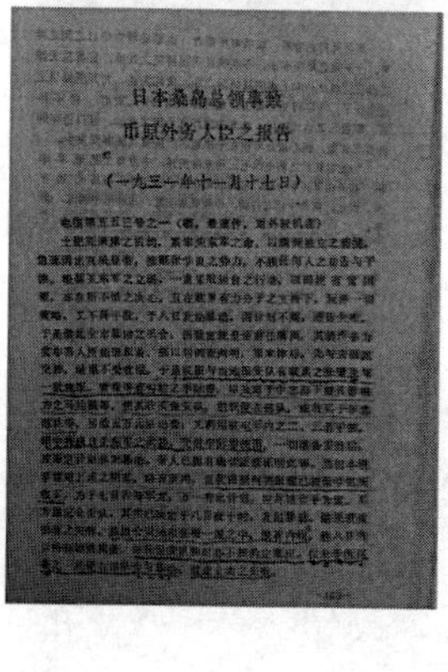
日本桑島总领事致
币原外务大臣之报告
（一九三一年十一月十七日）

到此為止，可以發現：張璧的「天津起義」和土肥原賢二的「天津事件」幾乎是並行的兩個行

1 見《霸州歷史文化之旅系列叢書・名人卷》，河北省霸州市政府內部出版物，二〇一三年，第二四五頁。

動。但是各自的目的和指向卻完全不同。

張璧真不愧是軍事高參的老江湖，他利用了土肥原賢二，又出賣了土肥原賢二。他想驅趕張學良，又利用了張學良的弟弟張學銘。長期擔任作戰參謀的陸軍中將張璧真的不是白給！他在沒有任何職位和軍職的情況下，居然通過自己的謀略調兵遣將，以日攻日，以華治華地為自己開脫。

我們不想掩飾張璧在謀劃「天津起義」中的過失和錯誤，但是張璧也不需要承擔違背歷史事實的罪名、更不需要承擔「天津事件」的責任。

第九章

反蔣反張
又反偽滿洲國

眾所周知，近代中國和日本的關係十分微妙而且複雜。從晚清開始的各項政治運動到民國時代的大小戰爭和革命活動，總可以發現日本的勢力糾纏其中。這是個歷史事實。張璧也是如此，他不得不採取當時的以日治華、以日治日的雙重手段，來實現某些政治企圖。前面所述張璧謀劃的「天津起義」即是如此。

一九三一年，張璧躲避在大連期間，在厲大森、劉大同的斡旋和介紹下，他認識了當時的關東軍高級參謀、奉天特務機關長、小個子的板垣征四郎。這個板垣征四郎是日軍中著名的中國通。也是當時日本國內三大侵華戰略激進份子之一。

案：板垣征四郎，一八八五年生，本姓清和源氏。他的祖上「板垣伴內」是從屬「南部利直」的武士。一八七一年開始，他的祖上恢復姓板垣氏。一八九九年，板垣征四郎考入仙台陸軍地方幼年軍校。一九〇四年，他從陸軍士官學校第十六期畢業後，參加日俄戰爭。他的同學中就有著名的日本戰犯土肥原賢二等人。一九一三年，他考入陸軍大學。一九一六年，他從陸軍大學畢業。一九二九年，他出任關東軍高級參謀。一九三一年，他和石原莞爾一起策動了九·一八事變。一九三一年九月二十二日，板垣在瀋陽參加關東軍秘密會議。會議炮製出「滿·蒙問題解決方案」，他首先設想以溥儀為「元首」建立「新政權」的主張。戰後審判，陸軍大臣、大將板垣征四郎被定為甲級戰犯，並被處以絞刑。關於他的研究，可以參見福井雄三撰寫的《板垣征四郎と石原莞爾》[1]一書。其實，對他的研究早在他剛出名的一九三七年就開始了，當時菅原節雄就撰寫了《板

1 福井雄三《板垣征四郎と石原莞爾》，PHP研究所，二〇〇九年。

垣征四郎と石原莞爾——陸軍の中心人物・革新の巨星》[1]一書，加以鼓吹。戰犯板垣征四郎和日本軍國主義戰略思想家石原莞爾相得益彰，互為知己。這是很多研究者喜歡把他們合在一起研究的原因。

一九三一年的十一月初，他的同學土肥原賢二來到天津，開始執行攜帶溥儀離開天津的「天津事件」計畫。證據可見：

土肥原抵達天津的目的，就是儘快誘使宣統帝離開天津，以便挾持他建立獨立的「滿洲國」，從而削弱、消滅張學良在東北的影響。為了實現這一目的，他罔顧所有的干預和告誡；明知這麼做有違國家政策，仍然在某些政客的秘密支持下，決心利用關東軍來任意實施各種活動。最終，他不擇手段地於十一月八日晚上十點發動了「天津事變」。由於計畫實施不善，該次暴亂以失敗告終；但土肥原終於利用全市暴動不安的機會，將皇帝帶出天津，挾往滿洲。[2]

根據日本學者古屋哲夫在《日中戰争にいたる對中国政策の展開とその構造》一文中的研究：

關東軍の主導する「滿州国建国」政策が、ついに日本の對中国政策の中樞を占拠したことを

---

1 菅原節雄《板垣征四郎と石原莞爾——陸軍の中心人物・革新の巨星》，今日の問題社，一九三七年。

2 参見《遠東國際軍事法庭證據文獻集成六》，國家圖書館出版社，二〇一四年，第二三八頁。

意味するものであった。翌々十三日成立した犬養内閣は十七日の閣議で錦州攻撃を承認、内地部隊の増派を得た關東軍は十二月二十四日に作戦を開始し、翌三十二年一月三日には錦州を占領している。そしてこの錦州作戦と並行して、陸軍中央部の人事異動が實施されていた。内閣交代にともなって陸軍大臣が南次郎から荒木貞夫に代ったのにつづいて、十二月二十三日には参謀総長が金谷範三から閑院宮載仁親王に、翌年一月九日、参謀次長が二宮治重から真崎甚三郎に、さらに二月二十九日陸軍次官が杉山元から小磯国昭へという大異動であったが、これはまさに「満州国建国」工作の全面的承認への陸軍中央部の転換を意味するものであった。[1]

這段文字的大意是：

關東軍主導的「滿洲國建國」政策，終於佔據了日本對華政策的中樞。接下來十三日成立的犬養内閣在十七日的國務會議上確認錦州受到了攻擊，批准了關東軍的增兵要求。十二月二十四日，關東軍展開新的作戰行動。一九三二年一月三日，關東軍佔領了錦州。和錦州作戰同時進行的是對日本陸軍省高層人事的調整工作。根據内閣的變動，陸軍大臣由南次郎變成了荒木貞夫。十二月二十三日，參謀總長由金谷範三變成了閑院宮載仁親王。第二年的一月九日，參謀次長由二宮治重變成了真崎甚三郎。二月二十九日，陸軍次官由杉山元變成了小磯國昭。到此為止，意味著日本方

1 《日中戰爭史研究》，吉川弘文館，一九八四年。

面已經出現了向全面認可「滿洲國建國」方針的陸軍省對華戰略的轉變。

一九三二年一月二十二日，關東軍司令部召開「建國幕僚會議」，討論他提出的建立「新國家」的有關條款和綱領。一月二十七日，板垣征四郎根據會議決定組織擬制「新國家建設順序的綱要」。二月十六日，在他策劃和組織了以建立偽滿洲國、分裂中國為目的的瀋陽會議。然後，板垣帶人前往旅順，逼迫在那裡的溥儀就範。

一九三二年三月一日，溥儀的偽「滿洲國」宣告成立。因為這一功勞，板垣征四郎被晉昇為陸軍少將，先後被任命為滿洲國執政顧問、奉天特務機關長、滿洲國軍政部最高顧問、關東軍副參謀長兼駐滿洲國武官等職。

正是在大連，板垣征四郎相中了具有北洋陸軍中將軍銜的張璧。板垣征四郎認為：策動張璧出任溥儀的偽「滿洲國」陸軍總長是最佳的人選。我們從舊北平特別市公署警察局張璧檔案中直接找到了如下真實的記錄：

偽滿洲國成立，當時因板垣中將之敦請，有「任命陸長」之說。

偽「滿洲國」成立像

這裏的「陸長」即偽滿洲國陸軍總長的簡稱。為了達到這一目的，板垣征四郎對張璧展開了異乎尋常的關心。他熱情款待著當時正被張學良通緝的張璧。他甚至考慮帶張璧去東京面見日本的陸軍大臣，并正式許諾封張璧為溥儀的偽「滿洲國」陸軍總長、加封上將軍銜。

然而，讓這個具有中國通稱號的日本侵華戰略家怎麼也想不到的事情出現了：張璧謝絕了這一建議。在舊北平特別市公署警察局張璧檔案中有如下真實的記錄：

（張璧）仍以意見之背（於板垣），又返北京。

這條記載真實地記錄了張璧和板垣征四郎之間的「意見之背」的客觀存在。而他們二人是如何的「意見之背」呢？當時的原始對話是怎麼表述的，我們已經不可得知。但是，根據我們對張璧生平的瞭解和研究，我們大致推論如下：

張璧本人的政治理念依然停留在辛亥革命階段，這使他無法容忍被他親自逼出皇宮的溥儀將成為為他所保護的「滿洲帝國皇帝」。因為「滿洲帝國」的建立是和張璧長期信奉的辛亥革命理念相矛盾的，因此他不能接受這樣的職務任命和上將軍銜。

這大概就是張璧和板垣征四郎「意見之背」的真實所在。我們相信，我們的這一推論並沒有拔高張璧。唯其如此，我們才可以理解這條史料中記載的張璧和板垣征四郎之間的「意見之背」這一事實。

如有其他更好的解釋和史料佐證，敬請賜教。

相反，在當時却充斥著虛假的消息。比如，一九三一年十一月十四日，華覺明致電何成濬如下：

溥儀確已被日人綁走，同行者有土肥原、鄭孝胥等，載灃、張璧、李際春、全梁諸人，瀋陽復辟派已準備龍錦歡迎。1

云云。可見，這裏再次出現誤報，實際上整個天津事件前後直到溥儀離開天津。張璧均不在場。雖然張璧對偽滿洲國的建立持反對態度，但是因為當時真實存在的反蔣反張的勢力，也使板垣征四郎將張璧等同為韓復榘、石友三等人一系的陣營中。

當張璧知道大連已經不是久留之地時，他繼而躲避到上海，住在某一租界內。在解除了通緝令之後，他的老友商震熱情地歡迎他返回北平。於是，他離開上海，回到了北平。

關於當時國內存在的反蔣反張勢力及其行動，見古屋哲夫在《日中戰爭にいたる對中国政策の展開とその構造》一文中的介紹：

そこでは、前述した天津事件以來、關東軍のほか天津特務機關・支那駐屯軍などの裏面からの傀儡化工作が交錯して続けられていたとみられ、反張學良勢力への働きかけは山東にまで及ぶものであった。例えば片倉衷の《滿州事變機密政略日誌》十二月二十日の項に「韓復榘は一般の

1 參見檔案題名《華覺明電何成濬溥儀確已被日人綁走同行者有土肥原鄭孝胥等》，檔案編號為116-010103-0140-031。

形勢を観望し近く蹶起するものの如く石友三亦野心滿々たり」と述べられているのは、こうした山東での反張勢力への期待を示すものであった。このうち韓は元來馮玉祥のもとの軍長であったが、一九二九年馮が反蔣介石の軍を起した際に蔣支持にまわり、その後、山東省主席の地位についている。また石も韓とともに馮玉祥から離れ、一時反蔣挙兵を企てて失敗、韓のもとに身を寄せる有様となっていたものであった。[1]

這段文字譯文大致是；

在此，如上所述天津事件以後，關東軍之外，天津特務機構和支那駐屯軍等從內部展開的中國政府傀儡化工作的持續和交替進行，對反張學良勢力所施加的壓力甚至也波及到了山東。例如片倉衷，當時的關東軍高級參謀、後來的陸軍少將，在《滿洲事變機密政略日記》十二月二十日記載「韓復榘，像他那個一直處於觀望局勢、正在蹶起的石友三那樣，也是充滿野心的」[2]。這也顯示出對出現在山東的反張勢力的期待。這其中，韓復榘本來是馮玉祥手下的一名軍長。但在一九二九年，馮發起的反蔣活動後，韓復榘轉而支持蔣，此後，他得到了山東省主席的職位。石友三，曾和韓復榘一起脫離了馮玉祥，在發動的反蔣起兵計畫失敗後，石友三只好寄託在韓復榘的府下。

1 《日中戰爭史研究》，吉川弘文館，一九八四年。
2 日文原文參見https://www.ndl.go.jp/jp/data/kensei_shiryo/kensei/katakuratadashi.html

當時，日本駐天津領事館桑島總領事給外務省的電報中也彙報說：

石友三ノ野望未タ失セス、劉景堂及馬峰（山東土匪軍頭目）ノ部隊並ニ舊來ノ部下ヲ合セ約一萬五千ノ實力ヲ以テ反張學良軍事行動ヲ再起スヘク劃策シ、韓復榘ニ縋リ頻リニ其援助ヲ求メタル處、韓ハ武器彈藥ノ補給ハ承諾シ居ルモ軍費ノ支給ニ付難色アリシカ、最近ニ至リ商議纏リ軍費（一個月三十萬元ノ見當）ヲ韓、石兩人於テ夫々半額ヲ負擔スルコトニ內定シタル由ニテ、石ハ只管京津地方ニ於策動中ノ李際春一派ノ發動ヲ待テ行動ヲ開始セントト焦リ居レリ。

其實，當時的板垣征四郎還在一門心思地勸說著也在大連躲避蔣介石的閻錫山。日本學者撰寫的《閻錫山と板垣征四郎の「反蔣」提携》[1]一文中就曾介紹了這一事實：

閻と板垣との關係は、閻が陸軍士官學校に留學していたときに、板垣が生徒隊付であったときから始まる。このときに両者は面識を持ったとされている。その後、公に両者が出会ったのが知られているのはおよそ二十年後の一九三一年（昭和六年）、反蔣戰に破れた閻が大連に逃れていたときだ。このとき關東軍參謀の職にあった板垣は彼を庇護し、山西帰還に尽力したと言われている。そして、両者の間に提携の密約があったとされる。しかし、山西に帰還後、表だって両者の

1 參見《日華事變と山西省》，http://shanxi.nekoyamada.com/introduction.html

關係を示すような動きは見られない。

這段文字譯文大致是：

閻錫山和板垣征四郎之間的關係開始於閻錫山在日本陸軍士官學校留學的時候。這個時候雙方只是相互見過面而已。此後，雙方在公開場合的再次會面已經是二十年後的一九三一年、反蔣大戰失敗後的閻錫山逃到大連的時候。當時擔任過關東軍參謀板垣征四郎的庇護、並表態將全力保證他重返山西。然後，兩人之間建立了密切的合作關係。但是，回到山西後，閻錫山絲毫也沒有表現出兩人之間親密跡象。

由此來看，閻錫山和張璧可能在大連時期就經常見面。但是，儘管如此，張璧並沒有成為閻錫山的晉軍將領。

一九三三年二月，關東軍大舉進犯熱河。板垣征四郎親自從奉天來到天津，建立了屬於他自己的「板垣」機關，負責平、津兩地的情報收集工作，企圖策動華北「自治」，再如法炮製出一個和「滿洲國」相似的傀儡政權——「華北國」。

一九四一年七月七日，板垣征四郎晉昇日本陸軍大將，並且調任日本駐朝鮮軍總司令，從此離開了中國。一九四八年十二月二十三日，被遠東國際軍事法庭定為甲級戰犯的板垣征四郎，在日本東京都豐島區池袋巢鴨監獄內被處以絞刑。

在一九四〇年五月，當張璧得知他的好友張自忠正是因為中了板垣征四郎詐敗逃往襄北的奸計，使板垣征四郎一舉擊潰了國民黨三三集團軍，迫使該軍軍長、他的好友張自忠將軍壯烈殉國的消息後，我們不知道張璧當時的真實感情是如何的表達。但是，到了一九四五年五月十六日，距離張自忠英勇獻身整整五年後，此時的舊北平仍在日偽政權統治下，當時任電車公司董事長的張璧卻出人意料地頒佈了如下的決定：《北平電車股份有限公司關於為撫戰陣亡將軍張自忠等舉行公祭活動的通知》1。見下：

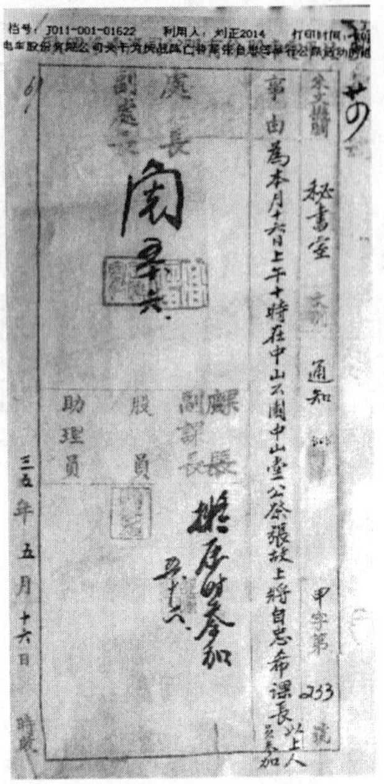
档号：J011-001-01622　利用人：刘正2014　打印时间：

秘書室　通知　甲字第253號

事由　為本月十六日上午十時在中山公園中山堂公祭張故上將自忠希課長以上人員參加

處長　副處長　閱

課長　副課長　股員　助理員

三五年五月十六日

該通知定於一九四五年五月十六日上午，在中山公園中山堂舉辦為撫戰陣亡將軍張自忠等舉行公祭活動。

是怎樣一種深埋心底的思念和刻骨銘心之情使張璧在張自忠將軍抗日殉難五年之際公開地對他進行公祭活動。這在當時還是日偽政權嚴酷統治下的舊北平，張璧的這一舉動不可謂不大膽！

1 參見北京市檔案館，檔案編號為J011-001-01622。

第十章

七．七事變後保護古都

當舉世震驚的七．七盧溝橋事變發生時，這個曾經的辛亥革命元老、京師警察廳總監、北洋時代的陸軍中將張璧，此刻他在哪裡？他正在思考什麼？他當時幹了些什麼？這是我們必須給予回答的。因為這是解讀張璧一生政治表現的一個重要關口。接下來的幾章，我們將利用真實的原始檔案，還原七．七盧溝橋事變後到一九四五年抗戰勝利前的張璧的真實表現和歷史功過。

一九三七年七月七日夜十時，駐豐台日軍河邊旅團第一聯隊第三大隊第八中隊，由中隊長清水節郎率領，在盧溝橋以北地區舉行軍事演習。十一時許，日軍慌稱演習時一士兵失蹤，要求進城搜查。這一無理要求當即遭到正在那裡防守的二九軍第三七師二一九團團長吉星文的嚴詞拒絕。於是，理虧辭窮又惱羞成怒的日軍立刻包圍了宛平縣城。關於這一問題的研究，即七．七事變的起因，一直是日本和中國學術界關注的重點課題。甚至在大陸已經被定性為「國家利益」，不許可任何考證、質疑和翻案的觀點產生，甚至也不能討論，只能作為基礎常識全盤接受。實際上，中國方面的主張一貫是：「一九三七年七月七日深夜，星

演習結束後正通過盧溝橋進入宛平城的日軍

光暗淡，萬籟俱寂，一支全副武裝的日本軍隊以一名士兵失蹤為藉口，要求進入宛平城內去搜查，被中國駐軍拒絕。日軍隨即向宛平城和盧溝橋發動進攻，中國駐軍奮起反抗，盧溝橋事變就這樣爆發了。」[1]因此，盧溝橋事變是日本全面侵華戰爭的開始。這一主張實際上也是繼承了遠東軍事法庭的證詞。當時的北平市長秦德純在遠東軍事法庭的證詞說：

> 民國二十六年（一九三七年）七月七日夜十一時，駐紮在豐臺的日本軍隊在未通知中國北平地方當局的情況下，在國民革命軍駐地附近進行夜間軍事演習，並之後以「一名士兵失蹤」為理由，要求進入宛平城內搜查。當時駐紮在盧溝橋的是國民革命軍第三十七師二一九團吉星文部隊的一營，營長是金振中。由於時間已是深夜，中國駐軍拒絕日軍的要求。之後日軍包圍盧溝橋，雙方都同意天亮後派出代表去現場調查。但是日本的寺平副官依然堅持日軍入城搜索的要求，在中方回絕這一要求後，日軍開始從東西兩門外炮擊城內，城內守軍未予反擊。在日軍強化攻擊後，中方守軍以正當防衛為目的開始反擊，雙方互有傷亡。隨後盧溝橋北方進入相持狀態。

但是中方的觀點也並非無懈可擊。比如，很多著作指控「日本駐屯軍司令官田代皖一郎，縱其豐臺駐軍，在盧溝橋附近非法演習，藉口以一名士兵失蹤為由，要求進入宛平縣加以調查……」實際上，當時田代皖一郎少將因病一直在天津住院，動手術接受治療，根本不在現場。

---

1 這一敘述出現在全部中國的有關這一歷史事實的介紹、研究的專著和論文中。比如，中國軍網：http://www.81.cn/jwsj/2017-07/07/content_7666678.htm

而根據一九三七年日方資料的記載，他們主張：

一九三七年七月七日晚十時四十分許，日本陸軍中國駐紮步兵第一連隊第三大隊第八中隊在北平西南十二公里的盧溝橋北側，永定河左岸荒地進行夜間軍事演習。演習結束後，在河畔的龍王廟方向突然響了三發槍聲。隨後清水節郎中隊長，野地第一小隊長等人看到在河畔和盧溝橋城牆之間，有人用手電筒發出明暗交替的光亮，隨即判斷為中方軍隊士兵在用暗號互相聯絡。之後又有十幾發子彈從龍王廟方向射出，日軍未予以反擊。清水中隊長派遣岩穀曹長和兩名傳令兵馬上向豐臺駐軍報告。收到報告的第一連隊長牟田口廉也在聯絡北平特務機關後，決定在天亮後與宛平縣縣長王冷齋一同前往事發現場。隨後清水中隊長率隊向東面的西五裏店轉移，與從豐臺趕來的第三大隊在一文字山會合。凌晨三時二十五分，龍王廟方向又有三發射擊。牟田口連隊長認為頻頻出現的射擊目的在於進攻日本軍隊，於是在四時二十分下達戰鬥命令。此時之前由森田中佐帶領的對中談判代表到達該地區，森田中佐作為代理連隊長命令禁止裝填子彈。日軍代表隨即要求中方將集結在盧溝橋周圍的部隊撤走，但該地區的中方部隊已開始從龍王廟附近及長辛店高地方向開始對日軍陣地進行迫擊炮炮擊。日軍開始還擊的時間是一九三七年七月八日凌晨五點三十分。戰鬥開始後，日軍殲滅龍王廟附近的中方部隊，進入永定河右岸，包圍盧溝橋。從被擊斃的士兵身上搜出的證件表明，該士兵屬於二十九軍正規軍。至此中方戰死二十名，負傷六十名左右。五時三十分，日軍第八中隊開始向中方軍隊進攻，雙方進入全面衝突，戰鬥持續兩個小時後逐漸沉靜。上午九點半，中方提出停戰，雙方進入僵持狀態。

據說，有人主張這是當時共產黨北方局領導在前蘇聯指示下策劃的。甚至當時的駐京日軍在附近還抓獲了幾個在鐵桶裏放鞭炮製造雙方槍戰效果的北京高校的大學生們。而根據日本學者秦鬱彥《日中戰爭史》[1]一書中的調查：是天津特務機關長茂川秀和少佐唆使北京高校的大學生們這樣做的。而當時日本陸軍省兵務局長田中隆吉在遠東國際法庭審判時出庭作證說：盧溝橋的第一槍是共產黨放的，是當時共產黨地下武裝在盧溝橋兩邊放槍挑起，而且是得到了當時共產黨北方局和日本駐天津特務機關長茂川秀的指揮和操縱的。這就是最近十幾年來流行的共產黨策劃說，據說證據是根據一本一九四七年在延安地區印刷的中共政治部編《初級戰士政治課本》一書而來。那裏提出了是張克俠和北方局接受前蘇聯共產國際的命令而發動的一次襲擊。[2]張克俠《在西北軍中從事黨的地下工作的經歷》一文也有相關回憶。而盧溝橋事變發生時的日本駐北平武官今井武夫也相信這一說法。並在他的回憶錄《支那事變の回想》一書中加以詳細敘述。[3]

看起來，對於盧溝橋事變發生的真正原因，還需要學術界給予更多的研究和考證。

當夜淩晨二點，二九軍副軍長兼北平市長秦德純為了防止事態擴大，經與日方商定，雙方共同派員前往盧溝橋現場調查。

而日軍卻借機一面部署戰鬥，一面繼續尋找失蹤的士兵，並對宛平城形成了包圍進攻態勢。此

---

1 秦鬱彥《日中戰爭史》，河出書房新社，一九六一年。

2 張克俠《在西北軍中從事黨的地下工作的經歷》：「我在一九二九年就入了黨。一九三七年四月，肖明同志要我對日積極作戰，以攻為守。……解放後，劉少奇同志讓王世英找我，要我交還這個指示檔的原件。」參見《北京文史資料選編》第九輯，第一〇五頁。

3 參見今井武夫《支那事變の回想》，該書中文翻譯本如下：《今井武夫回憶錄》，中國文史出版社，一九八七年。又，《今井武夫回憶錄》，上海 文出版社，一九七八年。

時，日方聲稱的「失蹤」士兵志村菊次早已歸隊，但是日軍卻認為受到了手電筒光挑釁和聽到槍聲（即鞭炮聲）為由繼續加速事態惡化。七月八日晨四時五十分左右，日軍突然向宛平縣城發動炮擊，二九軍司令部立即命令前線官兵：「盧溝橋即爾等之墳墓，應與橋共存亡，不得後退。」

守衛盧溝橋和宛平城的第二一九團團長吉星文和營長金振中指揮戰士奮起抗戰。

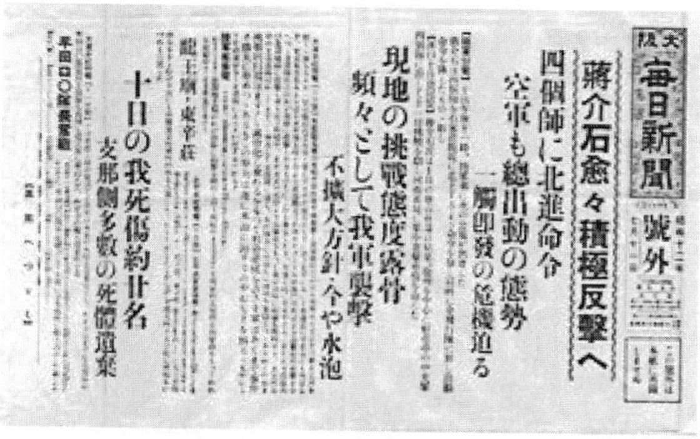
大阪每日新聞

號外

蔣介石愈々積極反擊へ

四個師に北進命令

空軍も總出動の態勢

一觸即發の危機迫る

現地の挑戰態度露骨

頻々として我軍襲擊

不擴大方針、今や水泡

龍王廟・東辛莊

十日の我死傷約廿名

支那側多數の死體遺棄

大阪朝日新聞

夕刊

北平郊外で日支軍衝突

暴戻・再度の不法射擊

我軍やむなく應戰

芦溝橋で夜間演習中勃發

北支の形勢重大化す

支那、砲兵を増援

全駐屯軍緊張す

我軍敵陣に肉薄

芦溝橋城に白旗

満鐵クレヂット

七・七盧溝橋事變時當天日本報紙的報導

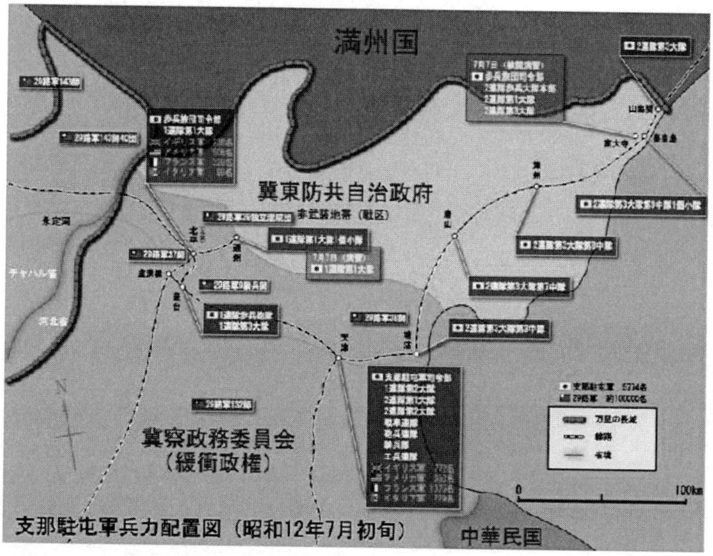

七・七盧溝橋事變後的日軍地圖

七月八日，北平當局令駐軍堅守盧溝橋。宋哲元致電蔣介石，報告盧溝橋事變真相。同日，國民政府外交部為盧溝橋事變向日本大使提出口頭抗議。同日，日本內閣會議提出所謂「事件不擴大，就地解決」的方針，欺騙世界輿論，麻痺國民黨當局，爭取時間調集部隊。

九日，北平當局與日軍臨時達成三點協定：

(1)雙方立即停止射擊；(2)日軍撤退至永定河左岸，中國軍隊撤至右岸；(3)盧溝橋守備由河北保安隊石友三部擔任。[1]

翌日，中國軍隊撤退，日軍不僅不履行諾言，反而大批調兵向中國軍隊進攻。十一日，平津當局與日軍達成現地協定：

(1)二九軍代表聲明向日軍表示道歉，並懲辦此次事變責任者；(2)取締共產黨、藍衣社及其他抗日團體的抗日活動；(3)永定河以東不駐中國軍隊。[2]

1 參見今井武夫《支那事變の回想》，該書中文翻譯本如下：《今井武夫回憶錄》，中國文史出版社，一九八七年。又，《今井武夫回憶錄》，上海译文出版社，一九七八年。

2 參見今井武夫《支那事變の回想》，該書中文翻譯本如下：《今井武夫回憶錄》，中國文史出版社，一九八七年。又，《今井武夫回憶錄》，上海译文出版社，一九七八年。

十日，各方紛紛報告，日軍已由天津、古北口、榆關等處陸續開到，且有大炮、坦克等向盧溝橋前進，已將大井村五裡店等處佔領，平盧雲路也不通行，戰事即將再發。

十一日起，日軍時以大炮轟擊宛平城及其附近一帶，城內居民傷亡頗多，團長吉星文亦負傷，就將城內居民向城外比較安全地帶疏散。戰事由此擴大到八寶山、長辛店、廊坊、楊村等處。第二九軍各部分散於各處應敵。日軍出動飛機在各處偵察掃射，戰事時斷時續。

七月十一日，日本政府近衛文麿內閣聯合陸軍參謀本部通過新聞媒體發佈了由武藤章制定的《華北派兵に關する聲明》[1]，日本政府決定動用五個師團共四十萬兵力，企圖用武力滅亡中國。蔣介石也於一九三七年七月十七日發表了關於解決盧溝橋事變的談話。

盧溝橋事變揭開了全國性戰爭的序幕。於是，在北京發生的第二場中國軍人英勇抗日的廣安門事件正式登場。

一九三七年七月二十六日晨一時，日本「支那駐屯軍司令官」香月清司中將下令駐屯軍步兵第二聯隊第二大隊，駕駛四十輛日本軍車，裝滿全副武裝的日本兵，由天津出發日夜兼程趕赴北平。大隊長廣部帶兵於凌晨五時三十分從天津出發。當天下午二時左右到達豐台。他迅速與北平特務機關長松井太久郎和大使館武官今井武夫等人商討進入北平城內的方式，決定假冒北平日本大使館衛隊出城演習歸來，由廣安門或前門開車入城。最後覺得還是從廣安門入城比較容易些。四十輛車隊中，扣除物資和彈藥之外，實際列入進城車隊的是二十六輛車隊的官兵。

1 參見今井武夫《支那事變の回想》，該書中文翻譯本如下：《今井武夫回憶錄》，中國文史出版社，一九八七年。又，《今井武夫回憶錄》，上海译文出版社，一九七八年。

當時，駐守在北平廣安門的是趙登禹部一三二師獨立二十七旅六七九團團長劉汝珍及其官兵們。當日軍行進到廣安門城門下時，劉汝珍首先率團堅決阻止日軍進城，並緊急致電宋哲元。宋哲元憤怒地從牙根裡蹦出一句話：「敵強入城者，一律給我打！」。

接到命令後，聰明的劉汝珍團長決定來個甕中捉鼈。他先下令開城，誘日軍進入。當自以為得意的日軍第三輛軍車剛開進城時，劉汝珍立刻下令開火。瞬間機關槍和手榴彈四起將日軍分割為城內、城外兩部分，陷入了混亂。日軍多人被當場擊斃。

我們從日本「支那駐屯軍司令官」香月清司親自寫的一篇《吊辭》中可以看出當時二九軍戰士抗日殺敵的英勇，居然引起了血腥殘暴的日本陸軍中將的哀歎！

在這篇《吊辭》中，狂妄不可一世的天津駐屯軍司令官香月清司中將在文章一開始居然使用了「殘暴的支那軍人」這幾個字。由此可見，中國軍人一旦真的開始抗日，就徹底改變了以往忍辱負重、被動挨打的懦夫形象！讓我們為英勇抗戰的二九軍將士們喝彩！

當宋哲元得知消息後，立刻給何應欽發電報，報告了日軍由廣安門強行進入北平城的問題；

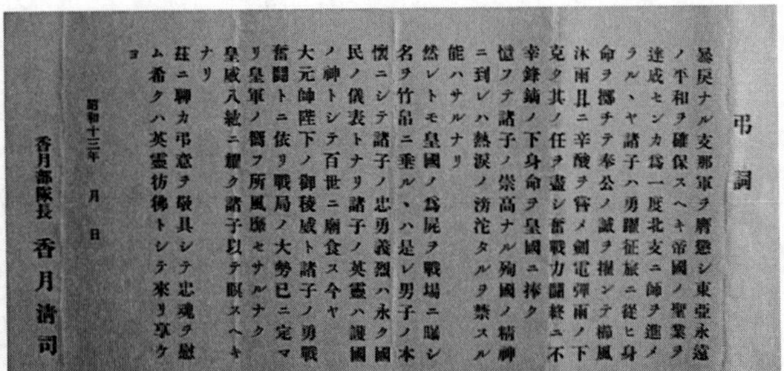

弔詞

暴戾ナル支那軍ヲ膺懲シ東亞永遠ノ平和ヲ確保スヘキ帝國ノ聖業ヲ達成センカ為一度北支ニ師ヲ進メラル、ヤ諸子ハ勇躍征旅ニ従ヒ身命ヲ擲チテ奉公ノ誠ヲ攄ンテ櫛風沐雨且ニ辛酸ヲ嘗メ劍電彈雨ノ下克ク其ノ任ヲ盡シ奮戰力闘終ニ不幸鋒鏑ノ下身命ヲ皇國ニ捧ク

憶フテ諸子ノ崇高ナル殉國ノ精神ニ到レハ熱涙ノ滂沱タルヲ禁スル能ハサルナリ

然レトモ皇國ノ為屍ヲ戰場ニ曝シ名ヲ竹帛ニ垂ル、ハ是レ男子ノ本懐ニシテ諸子ノ忠勇義烈ハ永ク國民ノ儀表トナリ諸子ノ英靈ハ護國ノ神トシテ百世ニ廟食ス今ヤ

大元帥陛下ノ御稜威ト諸子ノ勇戰奮闘トニ依リ戰局ノ大勢已ニ定マリ皇軍ノ嚮フ所風靡セサルナク

皇威八紘ニ耀ク諸子以テ瞑スヘキナリ

茲ニ聊カ弔意ヲ敬具シテ忠魂ヲ慰ム希クハ英靈彷彿トシテ來リ享ケヨ

昭和十三年　月　日

香月部隊長　香月清司

香月清司及其《吊辭》

限即到。南京。部長何：三一一二密。今日下午七時，敵用載重車三十餘輛，載兵約五百名之譜，由廣安門強行入城，經我守兵阻擋，不服制止，以致互相衝突，刻正在對峙中。似此情形，敵有預定計劃，大戰勢所不免。

除飭各部即日準備外，謹聞。

職宋哲元叩。1

於是，中日兩軍在廣安門城樓四周展開了激烈的戰鬥。日軍攻城不下又急於解救已經入城的被圍的日軍，日本廣部大隊長緊急要求調炮兵和飛機轟炸增援，力圖從廣安門打開缺口，殺進北平城。一場大戰即將在古都展開，北平城也即將成為一片「瓦礫」。

我們在這裡公佈一下保存的舊北平特別市公署警察局張璧檔案中有關北平古城的如實記載：

當時情況如非張氏周旋，北京城早成瓦礫矣！

1《抗日名將宋哲元家族史料研究》，一九九二年，第三八一頁，國內印刷本，印刷批准號：津東文圖字（92）第00074號。

日軍飛機在北平上空低空飛行偵查

正是這關鍵時刻，張璧看到歷史文化名城的北平古都就要被日軍的炮火和戰機轟炸所摧毀，此刻的張璧明白他肩上擔負著重大的歷史使命，那就是保護歷史文化名城古都建築和平民免遭炮火毀滅，他勇敢地挺身而出，斡旋於日、中兩支軍隊中。

此時此刻，一個愛國愛古都的中國人的面貌再次出現在危機時刻的北平城！

七月二十六日晚，張璧直接來到廣安門城樓前，面見二九軍的現場指揮官一三二師獨立二七旅六七六團團長劉汝珍，與之相商，避免把日軍的炮火引入北平城。同時他又和宋哲元、張自忠、馮治安等高級將領通了電話，曉以大義。作為中國人當然不忍看到歷史文化名城的古都被日軍的炮火和戰機所摧毀，二九軍全體官兵立刻明白了保衛古都的意義。

然後，張璧又將生死置之度外，冒著隨時可能被流彈擊中身亡的危險，出城面見日本大使館武官今井武夫、廣部大隊長及松井太久郎等人。他鄭重向日本人說明北平古都在世界歷史上和現實上所具有的的文物價值，嚴厲勸說日軍絕對不可以炮擊和轟炸北平城。此時的日軍急於要求中方保護已經進入城內的日本軍和日本僑民的安全，日軍答應只要城內的日軍安全，將不炮轟北平城內和廣安門。於是，凌晨左右，張璧再次去和二九軍將士們商量。最後取得協商結果，雙方撤兵具體事宜如下：

日軍的城外軍隊撤退到規定線以外，已經進入城內的日軍廣部大隊，分乘十三輛汽車於二十七日凌晨二時半退入東交民巷的日軍兵營。中方二九軍一三二師的獨立二七旅六七九團官兵撤向門頭溝待命。

保存的舊北平特別市公署警察局張璧檔案中的「當時情況如非張氏周旋，北京城早成瓦礫矣」這一記載應該是對張璧最直接和最真實的肯定和讚美了！

一場本來險些毀掉北平古城的戰爭，因為張璧的從中斡旋，得以化解。如此重大的一件歷史事實，居然沒有被中、台兩地的史書和公開出版的文獻資料所記載，還是我從檔案文獻中查找到了這一發生過的保護古都北平真實的一幕！這也是本書首次披露的真實原始文獻和檔案記載中的冒著生命危險、挺身而出拯救古都北平免於炮火之下的張璧！

《日本外交文書・廣安門事件に就て：河邊兵團司令部》中，記載了中日兩軍在凌晨二點左右從交戰到主動撤離的具體過程。其中，日軍的安排是城外軍隊撤離、城內軍隊進駐東交民巷的日軍兵營的真實經過。該電報沒有解釋為何出現交戰雙方自動撤離的原因。

當時的北平廣安門城樓

但另一見證人、日本當時駐華大使館武官今井武夫，對於一九三七年七月二十六日的行為，無法掩蓋這一歷史事實卻又別有用心地將全部經過加以輕描淡寫地寫為：

> 駐屯軍為了使古都北平免遭戰火的摧毀，曾由張璧作為使者，交涉於日軍與二九軍間。於是，雙方軍隊接受了調解，二九軍在二十六

日晚向門頭溝方向撤退。[1]

侵華日軍居然也會考慮起「駐屯軍為了使古都北平免遭戰火的摧毀」這一天方夜譚的神話來了。

既然北平是古都「日本皇軍想到了要保護」，那麼請問今井武夫，日本皇軍為什麼卻不保護同樣為古都的南京呢?!原因就是那個因為通州事變的出現。這是日本學術界向要表達的結論。

在這裡，讓我們先看看日後的日軍侵略者是如何轟炸南京城的：

日軍炮轟後的南京城一

日軍炮轟後的南京城二

正在轟炸的日軍飛機

1 參見今井武夫《支那事變の回想》，該書中文翻譯本如下：《今井武夫回憶錄》，中國文史出版社，一九八七年。又，《今井武夫回憶錄》，上海译文出版社，一九七八年。

這則日記至少佐證了張璧挺身而出保護古都的這一英勇行為的歷史真實性。又見當時日軍特務機關出版的每日內部情報通報，詳細記載了此事，該資料照片如下：

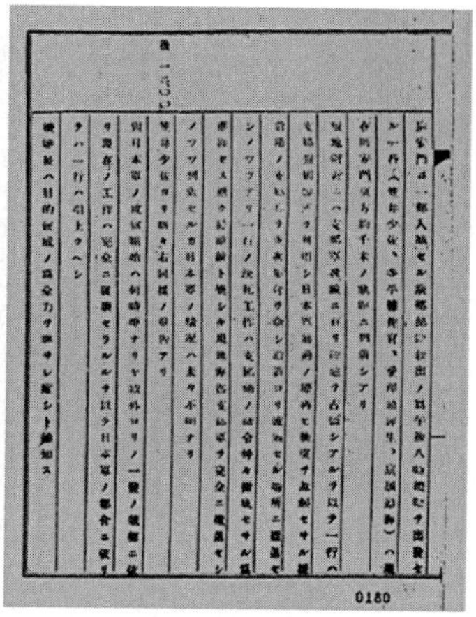
0180

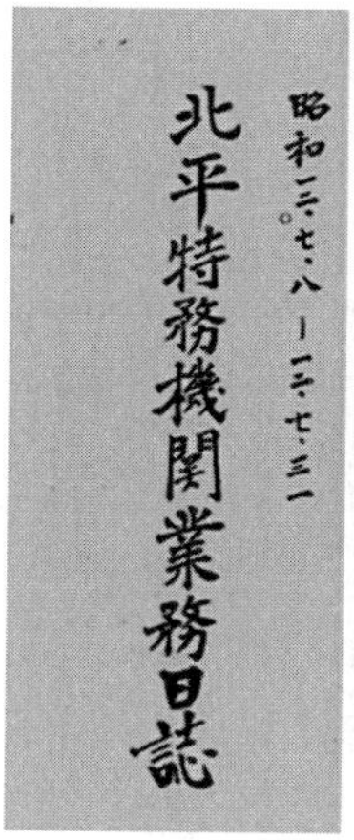
昭和一二・七・八—一二・七・三一
北平特務機関業務日誌

今井武夫在《支那事變の回想》[1]一書中也記載了這一歷史事實，相互印證，可以確認此事的歷史真實性。中日雙方軍隊各自撤退後，在北京門頭溝並沒有再交戰。但是，二九軍的抗日之心已經被全面點燃。

1 參見今井武夫《支那事變の回想》，該書中文翻譯本如下：《今井武夫回憶錄》，中國文史出版社，一九八七年。又，《今井武夫回憶錄》，上海译文出版社，一九七八年。

二十七日，日軍悍然出動大批飛機轟炸了天津城。天津南開大學慘遭日機的輪番轟炸，學校內的很多設施如圖書館、教室、宿舍全都付之一炬。日軍的野蠻轟炸，不僅造成天津城內房屋的被毀和燃燒，還造成了兩千多平民的死傷。同日，宋哲元向全國發表自衛守土通電，堅決抗戰。同日，日軍參謀部經天皇批准，向日本「支那駐屯軍司令官」香月清司也下達正式作戰令。日軍香月清司中將正式向宋哲元下達電報：日軍將在二十八日發動進攻北平。該原始電報照片如下：

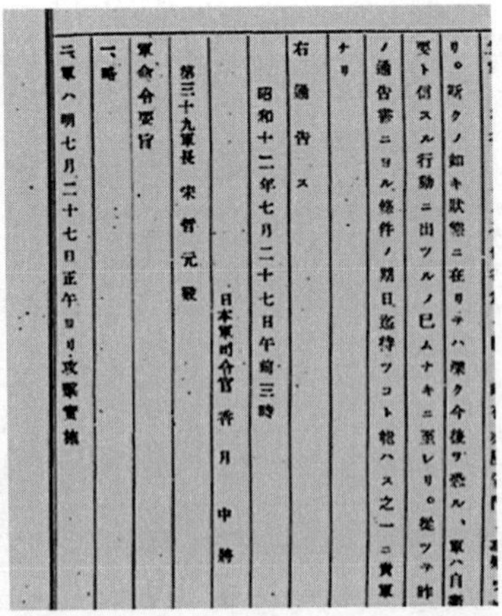
リ。斯クノ如キ狀態ニ在リテハ深ク今後ヲ恐ル、軍ハ自衛
要ト信スル行動ニ出ツルノ巳ムナキニ至レリ。從ツテ昨
ノ通告等ニヨル條件ノ期日迄待ツコト能ハス之ニ貴軍
ナリ
右通告ス
昭和十二年七月二十七日午前三時
日本軍司令官 香月 中將
第三十九軍長 宋哲元 殿
軍命令要旨
一、略
二、軍ハ明七月二十七日正午ヨリ攻擊實施

於是，二九軍最後的北平保衛戰發生在古都郊外的南苑、北苑、西苑。

一九三七年七月二十八日上午，日軍按預定計劃向古都北平郊外發動總攻。香月清司指揮著主要由韓國軍人組成的第二十師團、關東軍獨立混成第一和第十一旅團，以及偽軍約一萬人，在一百餘門大炮和裝甲車配合、數十架飛機掩護下，向駐守在北平西郊的南苑、北苑、西苑的二九軍第一三二、三七、三八師發起全面攻擊。二九軍駐南苑部隊將士全線阻擊。最後，張璧的友人、副軍長佟麟閣和第一三二師師長趙登禹壯烈犧牲。

第十一章

策劃通州起義

一九三五年年初，土肥原賢二開始積極策動華北地區脫離國民政府和中央分裂的陰謀。

十一月十五日，在土肥原賢二勸說下，殷汝耕聯合冀東各地一批親日分子，致電宋哲元，攻擊中央政府，要求實現「華北自治」。十一月二十四日，殷汝耕在通州召集非軍事區各縣及寶坻、香河、昌平縣縣長、各保安隊長臨時會議，並於當晚發表脫離國民黨中央政權宣言。決定「自本日起，脫離中央，宣佈自治，樹立聯省之先聲，謀冀東之和平」。十一月二十五日，「冀東防共自治委員會」召開成立大會，殷汝耕自任「委員長」。後改名為「冀東防共自治政府」。公開打出其叛國「自治」的旗號，成為在日本帝國主義卵翼下的漢奸傀儡政權。[1]日本學術界在當時就出版了研究專著加以推崇。見江藤大吉《支那聯省自治の主体：華北自治運動の全貌》，自印本，一九三七年。

案：殷汝耕，一九〇四年考取官費留日。一九〇九年，他在日本加入同盟會。一九一三年九月，「二次革命」失敗後，他再度回赴日本，入早稻田大學學習。一九一六年，他畢業後回國，被任

1 相關研究，可以參見賀江楓《華北自治運動與地方實力派的政治選擇》，《歷史研究》，二〇一九年第一期。及，張同樂《華北淪陷區日偽政權研究》，三聯書店，二〇一二年。

殷汝耕及其偽政府

為眾議院秘書。護法政府成立後，他被委為駐日特派員。

一九二七年四月十二日，蔣介石在上海發動反革命叛變，槍殺共產黨和國民黨左派，殷汝耕任總司令部駐滬辦事處主任，蔣介石每去東京，他都當隨從翻譯。一九二八年，他被委任為外交部駐日特派員。十月歸國後，他先後任上海特別市政府秘書、交通部航政司長、陸海空軍總司令部參議、上海市政府參事等。一九三三年十一月，他被委任為河北冀東非軍事區的薊（縣）密（雲）區行政公署督察專員。他公開與日本侵略者勾結，使冀東非軍事區成為日軍嚴密控制的勢力範圍。

「冀東防共自治政府」成立後，殷汝耕立刻遭到了國民政府的通緝。[1]宋哲元也接到了蔣介石和戴笠分別發來的除奸密電。相關電文證據可參見臺灣國史館檔案《蔣中正電陳濟棠閻錫山吳鐵城等接殷汝耕叛國通電時中央已明令革職拿辦及欣悉安抵太原等手令錄底》，檔案編號為 001-016142-00034-000；和《軍事委員會委員長蔣中正電陳濟棠為接殷汝耕叛國通電時中央已明令革職拿辦並令宋商負責平亂》，檔案編號為 001-016142-00034-001 等。

宋哲元對殷汝耕的叛變非常惱火，因為這將徹底打亂國民政府交代給他的與日周旋、虛與委蛇的計畫。於是，他決定先採取行動：

五日，冀察政委會再度向冀東政府提出通牒，要求合併，以免國土政權日就破碎。十九日，日

1 參見檔案題名《殷汝耕通緝案》，檔案編號為001000006405A。

本武官今井武夫訪問天津市長蕭振瀛，並警告不得對冀東自治政府加以壓迫。[1]

但是，在日軍壓力下，宋哲元要想解決這一問題也是很棘手的。「冀東防共自治政府」的成立，不但是對國民政府的背叛，同時也是對宋哲元的冀察政務委員會的背叛。正為此事煩惱的宋哲元，找來石友三和張璧二人，協商對策。

宋哲元將軍

案：宋哲元，生於一八八五年，山東樂陵人。抗日名將。北洋陸軍武備學堂畢業，服役於馮玉祥部，是西北軍五虎上將之一，陸軍二級上將。軍事之外，曾任熱河特別行政區都統、陝西省政府主席、察哈爾省政府主席、冀察綏靖主任和冀察政務委員會委員長、河北省政府主席。一九四〇年三月因肝病辭職，改任軍事委員會委員。四月五日因病逝世。

在宋哲元面前，石友三首先提出：由他帶領軍隊去攻打通州，但是他的條件是希望拿下通州後，

1 《抗日名將宋哲元家族史料研究》，一九九二年，第三八一頁，國內印刷本，印刷批准號：津東文圖字（92）第00074號。

宋哲元任命他作冀東行政長官和警備司令。宋哲元聽後，表面上沒做任何答覆，但是當晚卻在日記中留下了他決不能「以虎易狼」[1]的決定。這也就等於全面否定了石友三的建議。

而張璧的建議則是：分三步走，首先分化瓦解偽軍內部組織。其次策反偽軍保安隊。最後命二九軍直接去攻打通州。實際上，這是對通州事變最早的策劃。

關於張璧的這一建議，李雲漢也在《宋哲元與七七抗戰》一書中記載說：

據外交部從天津獲得的情況，宋曾令張璧等新歸正將領計畫收復冀東。[2]

這一記載十分重要。請注意這幾個字：「新歸正將領」，這是否說明當時張璧開始在宋哲元軍中任職？

當然，此事的結果是：

正考慮間，日方已得秘報，加強戒備，攻通計畫不果行。[3]

這一計畫被北平日本特務情報機構發覺後及時地加強了對殷汝耕的個人安保措施。

1 《抗日名將宋哲元家族史料研究》，一九九二年，第三八一頁，國內印刷本，印刷批准號：津東文圖字（92）第00074號。
2 李雲漢《宋哲元與七七抗戰》，傳記文學出版社，一九七三年，第一八〇頁。
3 李雲漢《宋哲元與七七抗戰》，傳記文學出版社，一九七三年，第一八〇頁。

不過重要的是：宋哲元採納了張璧的建議，並開始私下裡和「冀東防共自治政府」保安隊第一、第二總隊長張慶餘、張硯田等建立秘密聯繫。宋哲元和張慶餘、張硯田等幾次私下會見和協商，全由張璧安排，並全程陪同。可以說，張璧是宋哲元和「冀東防共自治政府」保安隊長秘密聯繫的主導人。

由此可見，此時的張璧是積極回應國民政府的號召並具有抗日鋤奸之心的。

這件秘密的策反工作是卓有成效的。一九三七年六月二日，蔣介石收到了張慶餘、張硯田等人準備發動起義歸屬中央政府的密報。見臺灣國史館檔案題名《軍事委員會調查統計局呈蔣中正日武官柴山兼四郎召集會議討論中國問題之結果及冀東偽保安總隊長張慶餘有意投誠宋哲元部等情報日報表等二則》，檔案編號為 002-080200-00482-166。全文如下：

冀東偽保安總隊長張慶餘近感於日方壓迫，頗有意投誠宋哲元部。故將偽冀東、察北軍隊秘密及日方軍事消息，全盤報告冀察綏署，表示誠意。

因此，投誠意向早在當年六月初就已經形成。有無日軍誤炸保安隊無關大局。在此問題上主張日軍誤炸保安隊才引起事變和投誠等解說，顯然是不符合事實的。日軍誤炸保安隊只是導火索。

一九三七年七月二十七日夜，日軍向駐紮在通州附近的二九軍發動進攻，並使用飛機進行轟炸。結果卻誤炸「冀東防共自治政府」保安隊。此舉一下子激起了保安隊的不滿。七月二十八日午夜至二十九日凌晨之間，在「冀東防共自治政府」所在地通州，保安隊第一、第二總隊長張慶餘、張硯田等當即決定復仇起義。於是就爆發了震驚全國的保安隊復仇起義事件。

在「冀東防共自治政府」保安隊第一、第二總隊長張慶餘、張硯田率領下，全體起義，將駐守通州城內的日本侵略軍一個中隊和殃及的部分日本僑民，共計四百多人全部殲滅，活捉了大漢奸殷汝耕。此事被稱作「通州事件」。但是，由於二九軍沒有及時接應，致使起義軍最後面臨日軍大軍壓境，遭到了血腥鎮壓。殷汝耕在被押送到舊北平的途中，被趕來鎮壓起義軍的日軍劫走。起義軍最後撤離通州，經舊北平向西轉移。在不斷遭到日軍飛機和大炮的攻擊下，遭受重大犧牲。最後，張慶餘決定化整為零，將殘餘的起義軍經門頭溝向保定方向成功突圍。

通州復仇起義後，興奮的蔣介石立即電召逃離到保定的張慶餘等主要起義將領，來南京接受中央政府的獎勵。[1]在南京，張慶餘被委任為國民政府國防部軍政部第六補充訓練處處長。以後又轉任九一軍副軍長、國民黨軍委會參議等職。甚至在一九四〇年，馮玉祥出面致電蔣介石，要求批准張慶餘進入陸軍大學學習。[2]當時張慶餘已經晉升為陸軍中將了。

殷汝耕雖然被前來鎮壓保安隊的日本軍隊救走了，卻立刻被日本憲兵直接關押起來，並且他也充分「享受」到了大刑伺候的待遇。甚至當他的日本老婆和日本小舅子從日本趕到通州，企圖營救他時，也被日本憲兵強行逮捕關押了一個多月。三個多月後，殷汝耕才被放了出來。原來，這中間

1 參見《劉峙電蔣中正何應欽據報李元商李則信部可響應國軍進擊而李維周部亦傾投誠中央協助作戰現令張慶餘設法聯絡部署並即赴南京晉謁》，檔案編號為002-090105-00003-256。

2 參見《馮玉祥等函蔣中正軍事委員會中將參議張慶餘欲求深造擬入陸大特別班肄業等文電日報表等五則》，檔案編號為002-080200-00525-039。

發生了狗咬狗的鬧劇。「冀東防共自治政府」的繼任者是漢奸池宗墨，他長期和殷汝耕爭寵，便利用通州起義的爆發一事，向日本憲兵隊舉報殷汝耕是通州起義的主謀。當時，日本情報人員專門撰寫了一本研究池宗墨的專著，以便日軍加深對他的瞭解和防止再度出現保安隊叛變的現象。[1]最近，也有人對池宗墨和殷汝耕的經歷和對日政策進行對比研究。[2]

抗戰勝利後，殷汝耕被國民政府以漢奸罪逮捕入獄，關押在南京老虎橋監獄。一九四七年十一月八日，國民政府南京高等法院作出判決：「殷汝耕連續通謀敵國，圖謀反抗本國，處死刑，剝奪公權終身。全部財產除酌留家屬必需生活外，沒收。」同年十二月一日，殷汝耕被執行槍決。

可以說，通州起義的爆發，是在宋哲元領導下，張璧直接參與策劃的保安隊抗日復仇的起義。這在當時，是對華北地區的整個日偽集團的狠狠一擊，極大地振奮了中國人民的抗日決心。

根據日方調查，整個通州事件被殺日本兵捕八人，被殺日本情報機關將校九人，被殺日本商人三八五人，被殺朝鮮居民（含婦女和兒童）共二二三人。全部死亡共六二五人。其中被殺的朝鮮居民（含婦女和兒童）共二二三人的問題，引出了後來南京大屠殺期間朝鮮裔日本軍人的對華瘋狂報復現象。事件後，冀東偽自治政府向日方和朝鮮共賠償一百二十萬日元的損失。在當時是一筆鉅款！

至今，這個事件一直是日本學界的重點課題。比如，僅在二〇一六年，星海社就先後出版了広中一成撰寫的有關這一事件的調查專著《通州事件——日中戰争泥沼化への道》；藤岡信勝撰寫的

---

1 參見高木翔之助《改組した冀東政權と新長官池宗墨の思想》，北支那出版社，一九三八年。

2 參見《「冀東」の構想：殷汝耕と池宗墨》，《東洋史研究》，二〇一九年第六期，第一四七—一八五頁。

研究專著《通州事件——目撃者の証言》；還有加藤康男《慟哭の通州——昭和十二年夏の虐殺事件》等等。在中國學術界最近也開始有了正視歷史真實的研究。比如耿寒星發表了《國際法視野下的通州事件》[1]一文。甚至也有學者注意到了這個事件和南京大屠殺事件的關係，如，于寧《通州事件與南京大屠殺關係研究》[2]一文。

1 參見《文史知識》，二〇一五年第四期，第二六—三一頁。
2 參見《日本侵華史研究》，二〇一六年第二期，第一三九—一四六頁。

第十二章

四存學會和張璧局長

一九一九年，民國大總統徐世昌來到博野北楊村瞻仰顏習齋故居，他被顏、李二人主張的「實文、實行、實體、實用」的實學學說深深地打動了。他認為這一學說可以富國強民。第二年，在徐世昌宣導下，北京成立了「四存學會」。

案：所謂「四存」，是取顏元的著作《存人編》、《存性編》、《存學編》、《存治編》之意。徐世昌做總統後，提高了顏元、李塨的地位，使其從祀於孔廟。

又見《四存學會呈京兆尹警察廳的立案文》中的陳述：

> 清初博野顏習齋、蠡縣李恕谷兩先生，師弟一堂，躬行孝友，苦心志，勞筋力，復禮、樂、射、御、書、數之舊，兼水、火、金、木、土、谷之全，周禮之大經大法，燦然復明於世。今日列強競爭，遂德與藝能並重，兩先生之教，尤屬當務之急。

一九二三年，經徐世昌親自批准，在北楊村創辦了「四存小學」。一九二九年，又在北京府右街創建了「四存中學」，並將經學作為四存中學的基本教學科目。當時學校的校訓就定為：「尚實學，尚實習，尚實行」。四存學會發行

徐世昌及四存學會出版的《顏李學派》

會刊《四存月刊》[1]，公開回應並宣導顏李學說。該學會由於得到了民國大總統的支援因而發展迅速，至一九二三年，會員發展至八百多人。一九二三年，四存學會組織學者們整理了顏李學派的諸多著作，並由徐世昌署名主編出版了《顏李叢書》。

張璧於一九三七年夏開始任「四存學會」和「四存中學」及「四存小學」的名譽董事長。四存學校教育內容包含七個方面：公民訓練、基礎訓練、生產訓練、合作訓練、衛生訓練、民族精神訓練、教學訓練。其中，基礎訓練則主要包括武術、軍事兩方面內容。

從「四存中學」的畢業生中走出了不少著名的科學家、文學家和革命家。如：科學家梁守盤院士、鄧稼先院士、林家翹院士等人。如：文學家劉征、劉體仁、黃裔等人。如：革命幹部前陝西省委書記、省長張勃興（他又是張璧的堂侄）等人。[2]

「四存中學」的學則見如下：

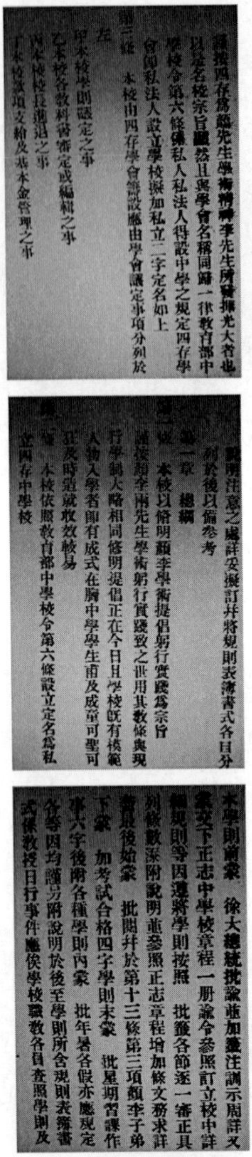

謹按四存爲顏先生學術精神李先生所發揮光大者也
以是名校宗旨顯然且與學會名稱同歸一律教育部中
學校令第六條准私人私法人得設中學之規定四存學
會即私法人設立學校擬加私立二字定名如上
第三條　本校由四存學會籌設應由學會議定事項分列於
左
甲本校學則議定之事
乙本校各教科書審定或編輯之事
丙本校校長進退之事
丁本校款項支給及基本金管理之事

說明注意之處詳妥擬訂并將規則表簿書式各目分
列於後以備參考
第一章　總綱
第一條　本校以倡明顏李學術提倡躬行實踐爲宗旨
謹按顏李兩先生學術躬行實踐致之世用其教條與現
行學制大略相同倘明提倡正在今日且學校既有模範
人物入學者即有成式在胸中學學生甫及成童可望可
且及時强就收效較易
第二條　本校依照教育部中學校令第六條設立定名爲私
立四存中學校

本學則前蒙　徐大總統批諭並加簽注謂示周詳又
蒙交下正志中學校章程一冊諭令參照訂立校中詳
細規則等因遵將學則按照　批籤各節逐一審正具
列條款添附說明並參照正志章程增加條文務求詳
實最後始蒙　批閱并於第十三條第三項顏李子弟
下蒙　加考試合格四字學則末蒙　批星期習課作
事六字後附各種學則內蒙　批年暑各假亦應規定
各等因均謹另附說明於後至學則所含規則表簿書
式係教授日行事件應俟學校職教各員查照學則及

四存中學的學則

1 該月刊一九二一年創刊，一九二三年休刊，共發行二十期。二〇一四年廣陵書社曾出版《四存月刊》合集。另有一个《四存學會章則會刊》則從一九一二年創刊，一直出版發行到一九四八年。現完整保存在首都圖書館。網路查尋可見http://www.bjmem.com.cn/literatureView?id=15120151

2 「四存中學」即現今「北京八中」的前身。

張勃興在《荏苒春秋》一書中寫到：四存中學是當時北平市教學水準最高的中學之一。學校創建於一九二一年，是由四存學會創辦的。學校的教育水準很高，主要是得益於所聘請的教師都是當時教育界的知名人士。課程的選擇除按教育部門的規定外，每週還增設一定課時教授中國古籍，尤其注重對學生加強道德修養教育。1

案：張勃興是張璧的堂弟張炳經之子。生於一九三〇年，曾就讀於四存中學，畢業於華北大學。十七歲時參加革命。文革後，曾任陝西省省長、省委書記等職。是中共十三屆和十四屆中央委員、

四存中學舊址

張勃興（後排中）和四存中學同學

張勃興（張璧的堂侄）

1 見張勃興《荏苒春秋》，陝西出版集團太白文藝出版社，二〇〇九年，第二五、二六頁。

全國政協第九屆委員會常委。

那時，「四存中學」學生畢業時，張璧都會在畢業典禮上給學生們做講演。四存學會崇尚顏李學說，而因顏元和李塨二人也喜歡武術，並常年堅持鍛煉，這使張璧在四存學會開設武術教學成為可能。而武術教學主要由河北省深縣的著名武術家王薌齋先生主持。詳細內容請見《張璧和大成拳的誕生》一章。

那麼，張璧為什麼要如此大力宣傳武術、軍事這兩方面的基礎訓練呢？讓我們看看當時的舊北平市的生存狀態。

一九三五年初，日寇野心膨脹，意圖實現華北地區脫離中央政府而獨立，實現分裂和瓜分中國的目的，重演分裂東三省的歷史。於是，華北地區局勢暫態間異常嚴峻起來。五月二十九日，當時的華北軍分會代理委員長何應欽與日方代表、華北駐屯軍參謀長酒井隆展開秘密談判。六月九日，華北駐屯軍司令官梅津美治郎向何應欽提出備忘錄，要求國民政府憲兵第三團、軍委會政訓處等撤出華北，取消河北省各地國民黨黨部，禁止一切國民黨活動；取消河北省所有反日組織及其活動。當天，何應欽致電蔣介石，認為「我方軍事經濟與外交一切均無準備，萬一戰事發動，頃刻之間即將平、津斷送，且將牽動京滬及長江一帶，國內立致崩潰」。[1]

六月十三日，何應欽回南京向蔣介石彙報並得到蔣的授意。七月六日，何應欽正式復函梅津美治郎說「敬啟者，六月九日酒井參謀長所提各事項均承諾之。並自主的期其遂行，特此通知。」由

1《中華民國重要史料初編．緒論(一)》，臺北中國國民黨黨史委員會，一九八一年，第六八一頁。

於他接受日方的全部要求。這就是所謂的「何梅協定」。該協議如下：

何應欽閣下：

一、中國方面對於日本軍曾經承認實行之事項如下：

（一）於學忠及張廷諤一派之罷免；

（二）蔣孝先、丁昌、曾擴情、何一飛之罷免；

（三）憲兵第三團之撤去；

（四）軍分會政治訓練處及北平軍事雜誌社之解散；

（五）日本方面所謂藍衣社、復興社等有害於中、日兩國國交之秘密機關之取締，並不容許其存在；

（六）河北省內一切黨部之撤退，勵志社北平支部之撤廢；

（七）第五一軍撤退河北省外；

（八）第二十五師撤退河北省外，第二十五師學生訓練班之解散；

（九）中國內一般排外排日之禁止。

二、關於以上諸項之實行，並承認下記附帶事項：

（一）與日本方面約定之事項，完全須在約定之期限內實行，更有使中、日關係不良之人員及機關，勿使重新進入。

（二）任命盛市等職員時，希望容納日本方面之希望選用，不使中、日關係或為不良之人物。

〔三〕關於約定事項之實施，日本方面採取監視及糾察之手段。

以上為備忘起見，特以筆記送達。

華北駐屯軍司令官梅津美治郎

昭和十年六月九日[1]

該協定使國民政府為了保全平、津地區而被迫放棄了在華北地區的一大部分權力，為七．七盧溝橋事變的爆發，埋下了隱患。

十月二十六日蔣介石下令撤銷北平軍分會。

十二月十八日，北平成立了以宋哲元為委員長的「冀察政務委員會」。本來，日本人是想讓齊燮元任委員長一職的，但當張璧得知國民政府有意讓宋哲元任此職位後，他立刻多方遊說國軍高層和駐紮北平、天津的日本政部多位要人。最終使北平政權沒有完全落到親日分子齊燮元的手中。這是張璧對民國政府的又一貢獻！在舊北平特別市公署警察局張璧檔案中也如實地記載了這一史實如下：

為宋哲元之存留問題，偕同鄭文軒奔走宋與日本軍部之間。

1 參見臺灣國史館檔案《河北事件》卷宗一、二、三。見檔案編號為020-010102-0214、020-010102-0215、020-010102-0216。

此事後經宋哲元和軍統北平站站長張世五分別向蔣介石和戴笠做了彙報。由此可以看出張璧當時和國軍高層及日本高層將領的來往和說服力。

該委員會直屬行政院，負責處理河北省、察哈爾省、北平市、天津市一切政務。

下設秘書、政務、財務三處和經濟、外交、建設、交通、法制五個委員會。

該委員會成員如下：程克、高凌霨、劉哲、李廷玉、冷家驥、賈德耀、胡毓坤、門致忠、宋哲元、石敬廷、秦德純、肖振瀛、萬富麟、王揖唐、王克敏、張自忠、周作民。

增補委員如下：曹汝霖、鄧哲熙、馮志安、戈定遠、劉汝明、李思浩、湯爾和、章士釗。

上述委員中，宋哲元、張自忠、馮志安等人都是張璧多年的老朋友。張璧此時也被宋哲元聘為冀察政務委員會顧問。

關於「冀察政務委員會」，實則是在蔣介石直接控制下的一個與日周旋而聽命於國民政府的機構。《宋哲元遺集》中就曾解釋說：

二九軍軍長宋哲元（中立者）在喜峰口抗日戰場與記者和將領們

一方面實質上聽從中央命令，在冀、察兩省盡力推行政務。前方表面上與日軍虛與委蛇，盡力避免衝突，以求拖延時間，加強戰備。[1]

因此之故，此時的宋哲元、張自忠和張璧等人的行為，皆不屬於漢奸行為。蔣介石本人就曾明確地說：「冀察一切內政外交、軍事財政，必須保持正常狀態，不得越出中央法令範圍之外」，並且，他重申「絕對避免自治名義獨立狀態」。[2]

一九三五年七月，蔣介石明確地對秦德純說：

中央已決定由宋明軒將軍承擔在北方的全部責任。希望務必忍辱負重、委曲求全。如果他在北方一日，就一定要堅持做到，以便中央迅速完成國防。唯一要注意的是只能在不妨礙國家主權領土完整的原則下，妥為應付，中央一定予以支持。[3]

在當時來講，由宋哲元到張自忠、由張自忠到張璧，他們無不如此。

國民黨的態度是如此，那麼共產黨的態度又如何？毛澤東在致宋哲元的信中說：

1 《宋故上將哲元將軍遺集》，傳記文學出版社，一九八五年，第一一五〇頁。
2 《先總統蔣公思想言論集》，臺北中國國民黨黨史委員會，一九八四年，第五五七頁。
3 《秦德純回憶錄》，傳記文學出版社，一九八一年，第一六五頁。

我們願意同山東的韓、綏遠的傅、山西的閻，三方面共同組織北方聯合戰線。必要的話，希望先生也有同樣的心情。[1]

一九三七年夏季開始，張璧在四存學會的真實身份是幹事、名譽董事長。但是，因為他在軍界、警界、政界和青幫界的特殊地位，使他成了四存學會的實際掌權人。而四存學會在張璧時代得到了空前的發展。當時四存學會所在地是東城區金魚胡同一號。

四存學會所在地東城區金魚胡同一號

對於顏、李學說，張璧曾經說過如下兩句話：「學問以行事為本，離事物便無學問。」又主張「學問須有益於人生，必實踐服務於社會方不負為人之意義。」如此強調知識和行為的統一、強調知識服務於社會，充分體現了他對顏、李學說的深刻領悟。綜觀他的一生，幾乎無不處處表現出這一特點和心得。

張璧雖然軍人出身，但對文化教育和學問品德卻極為重視。這或許是他那書香門第的家庭薰陶吧。從他的文字言談也可略知一二。

1 《毛澤東書信選集》，中央文獻出版社，一九八三年，第四一頁。

七·七盧溝橋事變以後的八月四日，冀察政務委員會代委員長張自忠，改組成立了冀察地方參議會，由齊燮元、李思浩、賈德耀、張允榮、張璧等人任常務委員。

一九三八年二月二十日，頒佈了《北平特別市公署第四〇號令》，該令如下：

委派張璧試署本市公用管理總局局長。此令。

一九三八年二月二十五日，張璧正式就任北平特別市公用管理總局局長、北京公交電車公司董事長、華北交通公司董事。這一消息刊登在二月二十六日、二十八日的《實報》上。

當時公用總局的管轄範圍只是電車、電燈、自來水等日常生活設施。

這是最值得深思的一個職務！

作為曾經的警察總監、陸軍中將，他如果真的想徹底投靠日偽，完全可以出任日偽政權統治下

公用管理總局成立後
昨任張璧為局長

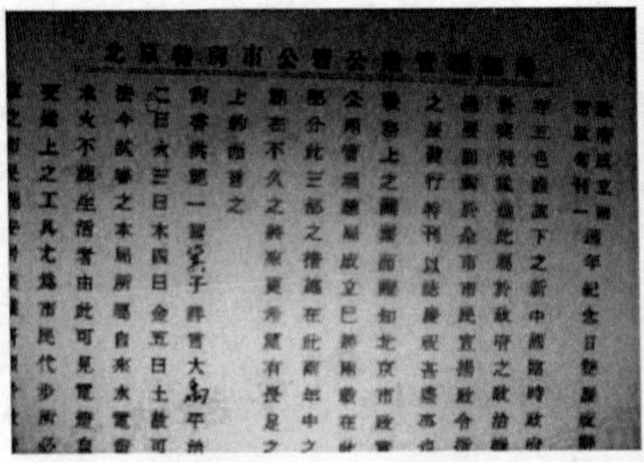

張璧任公用總局局長的發言稿和新聞報導[1]

1 參見北京市檔案館，檔案編號為J013-001-00993。

的「北平警察局局長」或者「華北政務委員會治安總署署長」、「華北綏靖軍總司令」等一連串的職務選擇。甚至他的老友石友三出任了「國民政府冀北保安司令」，而江湖上的李際春出任了「戰區雜軍編造委員長」之時，他依然故我，完全無視他們那傀儡職位的存在。張璧只是出任了舊北平市公用總局局長這一職務，這是值得分析的。或許經過多年的軍閥混戰和青幫生涯的張璧，眼下需要的是平安度過晚年，也或許是正等待出場的最佳時機？我們姑且觀之。

又，我的意拳啟蒙老師姜正坤幾十年前就曾告訴過我：

> 舊北平淪陷以後的張璧，有幾個經常性的行為習慣。第一是非常相信道教，每月至少初一和十五兩日，一定爭取去白雲觀上香。第二是喜歡抽大煙，幾乎每天煙不離手。第三是酷愛聽京劇。大概因為是將軍出身的緣故，他雖然和王薌齋關係非常密切，卻從不站樁。

其實，在舊北平時代，青幫份子一般多相信道教。而抽大煙卻是那個時代的常態。很不幸地是，張璧夫婦全染上了此嗜好。

關於抽大煙的問題，讓我們看一看舊北平時有多少這樣的煙民及煙館的真實存在：

一九四二年全市區經偽北平禁煙局許可營業之鴉片零售所

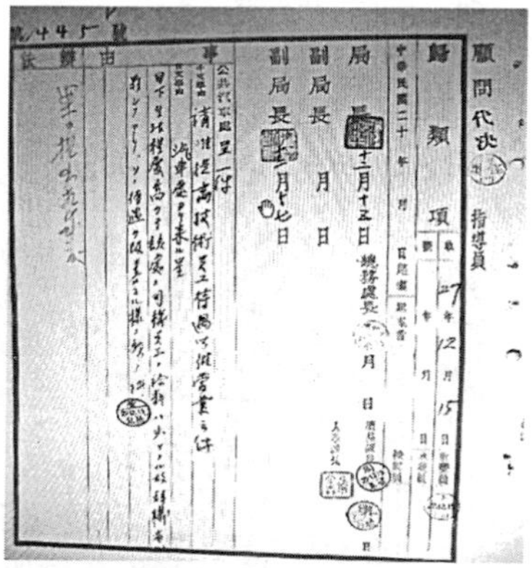
顧問
歸類
局長
副局長
副局長

張璧局長簽署的檔案

三百家，白麵、嗎啡房兩百家，加上私設者在三千家以上。煙民十五萬，白麵及嗎啡、海洛因吸者十萬，約占全市人口的七分之一。[1]

如此龐大數量的煙民和煙館，使抽大煙成為當時的一個時尚，許多達官貴人都染上這個嗜好。這也就難怪一個舊軍人和青幫老大的張璧喜歡上了抽大煙。

其實，在那個時代，男人抽大煙已經是社會常態了。從張學良到眾多軍政要員都曾迷離於此。而喜歡京劇則是老北京市民文化的一個體現。更何況他的夫人劉鴻英就是京劇科班出身。為此，他特別幫助了老鄉李桂春的兒子李少春，拜師京劇大師余叔岩，並收李少春為義子，從此他捧紅了一位著名的京劇表演藝術家。這實在也該是他對京劇藝術的貢獻。

不過，有兩件公開的活動仍可證明張璧在日偽統治下的明智和立場。

第一件是日本在北京舉行第二屆武道大會。《實報》一九四一年二月六日報導：「日本紀元節在北京舉行第二屆武道大會，地點：北京武道殿。比賽分三種：柔道、劍道、弓道。主辦方為華北交通公司。」而張璧時任北京公交電車公司董事長，是華北交通公司的股東之一。作為主辦者的股東之一的張璧，並沒有讓王薌齋領大成拳和四存學會體育班成員參加，也沒有把王薌齋作為武術教官推薦給日方，拉大成拳和王薌齋下水。詳細情況請見《張璧和大成拳的誕生》一章。

第二件則是張璧的三弟張旭昇為了生活所迫，攜家眷從農村老家來到北平找工作。但是，張璧

1 《中國人民抗日戰爭紀念館文叢》，一九九二年，第三輯，第一四八頁。

態度十分鮮明地告訴他：「這裡不是理想的生存之地」。當時，他隨便一個招呼，就可以在公用局、電車公司等部門找到份美差。但是，張璧寧可自己出錢資助他的生活，也不讓他在日本人手下工作。

一九四〇年十二月，中共中央書記處正式下達了《中央關於哥老會及青幫的工作指示》[1]，明確了團結、教育和爭取青幫人員走向抗日救國的總方針。正是在這一時期，共產黨曾派張璧的侄子和侄女在北平做爭取張璧等上層人物的工作。

一九四〇年二月二十八日，張璧以患病為理由，主動提出辭去北平特別市公用管理總局局長之職，在此職位僅僅做了兩年。之後，由當時的自來水公司局長潘承業繼任。

關於張璧為什麼主動辭職的問題，筆者分析原因有如下四點：

第一，舊北平市公用總局中日偽和漢奸勢力的入侵。

張璧是一九三八年二月二十九日正式上任的。他上任後就不得不聽從偽市長的號召，頒佈了必須聘用日本人和偽滿職員的指令。見《北京市公用總局為招聘日系職員與滿洲電業株式會社等單位來往日文電報》。

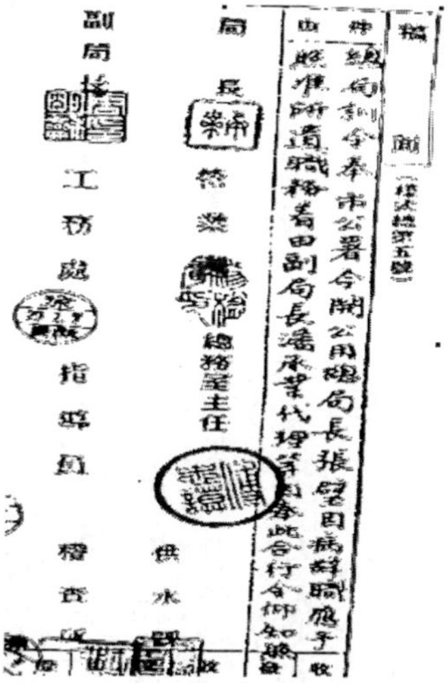
總局訓令奉市公署令開公用總局局長張璧因病辭職應予照准所遺職務著由副局長潘承業代理等因奉此合行令仰知照

局長 總務室主任 供水課

副局長 工務處 指導員 稽查

張璧辭去北平市公用總局局長的證明檔

1 見山東省檔案館一九六八年十一月手抄件，檔案編號為G010-01-2。

第二，偽北平市政府強行要求北平的公務員員工學習日語。

在一切以日本為核心的總原則下，當時公用總局又頒佈了《北京市公用總局關於派遣赴日視察團的呈文、視察團名單和視察報告書》和《北京市公用總局關於成立日語講習班、日語獎勵考試須知、日語津貼支給辦法及頒發合格證書等給自來水局的訓令》、《北平自來水管理局關於任用高考及格人員、招考技術人員及推薦員工參加新民學院學習和日語、華語獎勵考試等問題的呈以及市政府、公用總局的訓令（附考卷）》等行政規定，以及《北京市公用總局轉市公署關於汪兆銘就行國民政府主席的訓令及北京圖書館周作人兼該館館長的公函》等這樣的公文，張璧身為局長但並不喜歡執行這樣的行政公文和命令。

第三，他不願意配合當時的剿共滅黨政策。

當時在舊北平市的偽政府機構中必須執行的剿共政策，這使張璧不可能接受，因他的妹妹和侄子侄女們都是中共黨員，雖然他可能並不完全知曉他們的真實身份。而《北京市公用總局轉發市公署和新民會北京分會關於舉行「反共救國」大會「剿共滅黨」運動實施大綱、新民會成立大會和入會須知等的訓令》這樣的公文，出現在他自己的日常工作中叫他如何執行呢。

最後一點是最直接、最重要的，即張璧沒有回應日本政府的訪日約請。日方原本以為張璧本人會親自出馬、帶領大小機關首長在訪日時和日本簽署各種各樣的合作協定和條約。然而，張璧不但本人沒有去日本，而且只是指派了幾個從事汽車修理和管理工作的純技術人員四人到日本參觀。

見如下文：

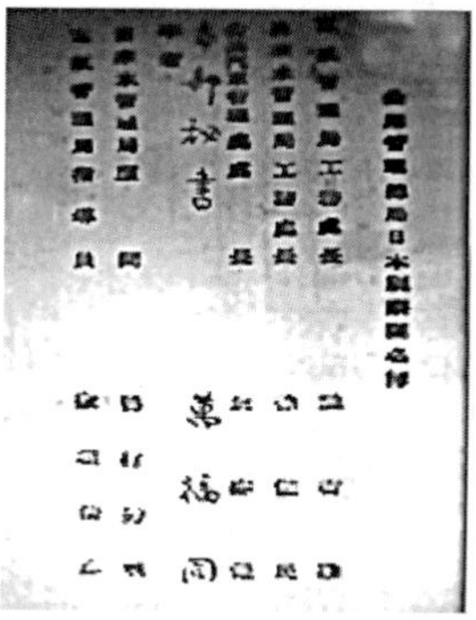
訪日名單

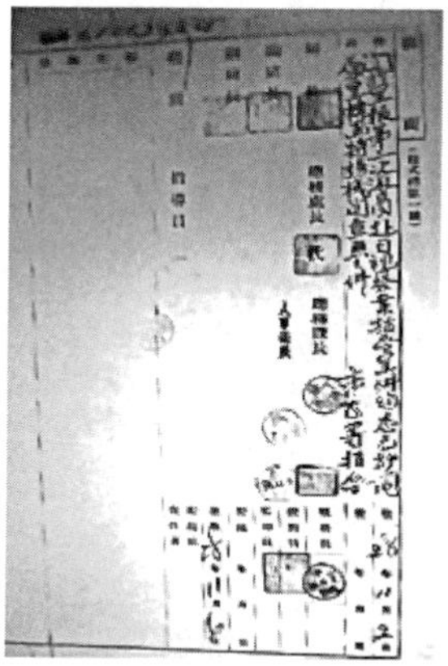
訪日公文

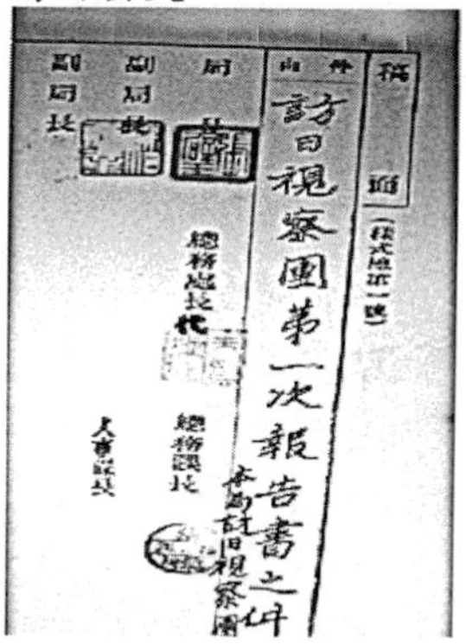
訪日視察團第一次報告書之件

訪日報告

這樣的訪日名單和結果自然不是日本軍方所希望的那樣。日軍高層對他的不滿可想而知。

基於以上四點分析，張璧辭職的原因則煥然冰釋。

張璧主動辭去偽政權的公用總局局長一職，對他本人而言其意義非常重大，即：標誌著他拒絕了日偽官方對他的繼續收買，也標誌著他過去一直幻想的憑藉日本勢力實現反蔣反張目的徹底破產和終結。

從一九四〇年三月一日開始，張璧開始了新的人生探索。他將自己的工作重點和人生希望全寄託在「四存學會」和「四存學校」的教育事業上，以及青幫組織上。

但是到了一九四五年，他卻因為長期運行四存學會和出任北平特別市公用管理總局局長、北京公交電車公司董事長等成就意外獲得了國民政府的授勳。一九四五年二月二十六日，國民政府給予張璧等九人授勳。該檔案題名《稽勛委員會常務委員周鍾嶽等函國民政府文官處為准函為奉交考試院呈據銓敍部核轉交通部請授張璧等九員勛章一案業經審核決定開列清單函復查照轉陳行知》，檔案編號為 001-035111-00035-026。全文和檔案原始照片如下：

事由：准函奉交考試院呈據銓敘部核轉交通部，請授張璧等九員勛章一案，業經審核，決定開列清單函復，查照轉陳行知以會總。三十四年二月二十四日。

案准

貴處三十三年十一月二十五日渝文密字第一七四號公函為奉主席渝交校閱於考試院呈據銓敘部核轉交通部，請授張璧等九員勛章一案，業經審核，本會第十次委員會議分別決議，授勳或不授勳。其應予授勳人員並已承，奉國民政府明令頒給各等勳章在案，相應開列清單函達。查照轉陳行知為荷。此致

國民政府文官處

附送清單一件。

常務委員周鍾嶽

常務委員晏子文

常務委員安業德

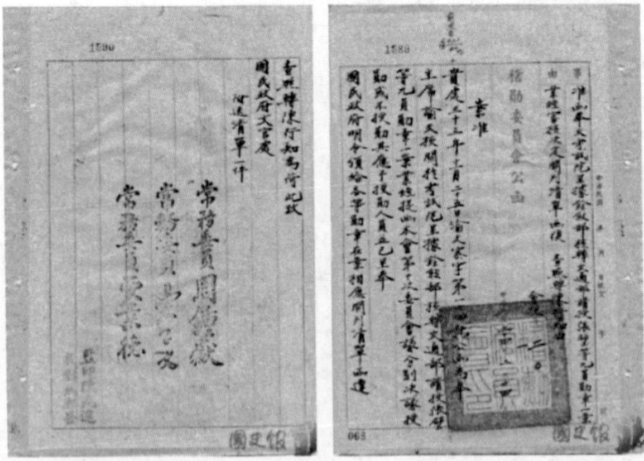

稽勛委員會公函

與此相配套的還有檔案題名《國民政府文官處函稽勛委員會及考試院為准稽勛委員會函為授予張璧等九員勛章一案經審核決定請轉陳行知等由除轉陳並函復外函達查照轉行》，檔案編號為001-035111-00035-027。內容大致與此相同。時間是一九四五年三月十日。

第十三章

張璧和他的父老鄉親

張占一在《張壁經歷概要》中述：「張壁在家庭生活中，孝敬父母，愛護兄妹，經濟上支持家庭。由於他未育有子女，對大哥的子女非常愛護，關心和資助他們的生活，卻從不苛求侄兒侄女，任由他們選擇自己的道路，對於他們提出來的一些要求盡力給予幫助。」[1]

張壁非常愛護家人。可以說張壁在他的大家庭中是經濟生活的頂樑柱。尤其在他大哥張律生身體欠佳生病後，其家中一切開銷幾乎都由張壁供給，這包括供給大哥的多位子女，即張壁的侄兒侄女們的學費及生活費用，但張壁卻從不干涉侄兒侄女們的活動，從不干涉侄兒侄女們選擇自己的道路。這足矣說明張壁的開明和民主。

如：七．七盧溝橋事變後，為了安全起見，張壁將在北平的親屬接到了他住的東堂子胡同二十五號宅院。四侄女張潔璇記得：那時，男孩子住在東廂房，女孩子們住在西廂房。張壁還叮囑不叫孩子們去前院玩兒，因為此時張自忠將軍就住在張壁這所宅院的前院。

又如：在上個世紀四十年代初，張壁的侄女張潔璇和張潔琳同

1 見張占一的《張壁經歷概要》，原「中亭河博客」，現該博客網址被遮罩，原因不明。

張壁的侄女張潔璇和張潔琳

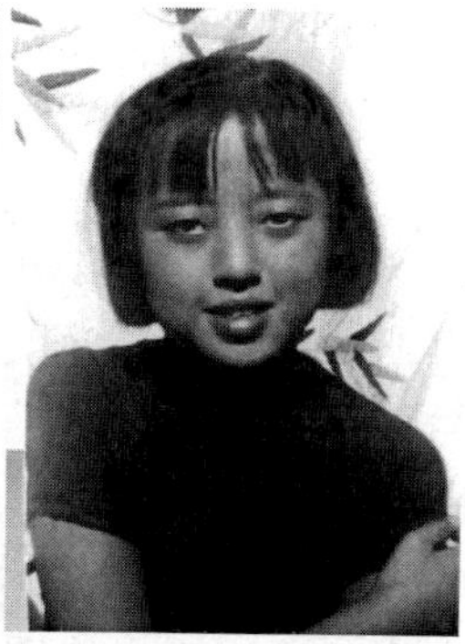

張潔珣

在北京師大女附中讀書期間，她們有時也會在二叔張璧的東堂子胡同二十五號宅院玩兒和住，因為當時過繼給張璧夫婦的女兒（劉鴻英弟弟的女兒）也在北京師大女附中讀書，與她們倆是同學。那時「張潔璇和張潔琳在學校經常參加抗日救國的革命文藝宣傳工作，參與創辦北平中學的「沙龍劇社」，參演了許多進步話劇：《北京人》、《沉淵》、《日出》、《雷雨》、《家》、《茶花女》等。還參與主編學校中的革命刊物《海燕》等。」[1]張璧應該知曉卻從未干涉過。

張潔璇，張璧的侄女。她畢業於北京師大第一附小和北京師大女附中。一九四五年在北大醫學院二年級時奔赴晉察冀邊區抗日根據地，先後在華北聯大政治班、晉察冀邊區工業專門學校學習。一九四八年參加晉察冀邊區中央局土改工作組。新中國成立後，她先後任重工部辦公廳和二機部辦公廳幹部、技術處工程師，北京化工局科研處處長。文革中受迫害被關機關牛棚，文革後於一九七八年任北京市化工研究院院長，一九八二年任北京粘接學會理事長。張潔琳是張璧的六侄女。畢業於北京師大第一附小。在北京師大女附中讀書時與四姐張潔璇同是「沙龍劇社」的主要成員，尤其她在《雷雨》中飾繁漪給同學們留下深刻印象。在一九四五年三月，演出《沉淵》時受寒住院，查出患肺結核於同年五月不幸去世，年僅十八歲。北平學生辦的《沙龍半月刊》特別印出紀念張潔琳的專刊。在紀念專刊上，有藍天野同學精心製作的木刻版畫的張潔琳遺像，有蘇民等同學深情哀悼的詩文。摘錄：

---

1 見張潛生的「沙龍劇社瑣記」。《笑憶青春》，中國戲劇出版社出版物，二〇〇七年，第九〇頁。

沒有一個人不喜歡你，沒有一個人不期待你，然而……

你有清潔的誕生，你又清潔地死去。值得驕傲呢！你不曾染上一點混世的污濁和塵垢。

……。[1]

另外，當一九四五年四侄女張潔璇帶領僅有十四歲的七妹張潔玲及大姐的兩個十三和十四歲的子女毅然奔赴晉察冀邊區抗日根據地時，她們的家人和二叔張璧也沒有加以阻攔。

張潔珣，張璧的侄女。[2] 一九三四年九月，張潔珣以北京師大附小第三名的成績，被保送上北京師大附中。一九三五年十二月，在中國共產黨北平臨時工作委員會領導下爆發了北平學生抗日救國示威遊行的「一二・九」運動。張潔珣當時還不到十四歲，她的哥哥們參加了一二・九、一二・一六兩次大遊行。一九三六年二月張潔珣加入中華民族解放先鋒隊、師大附中抗日救國聯合會。張潔珣幫助印刷、散發抗日傳單，到街頭教唱救亡歌曲並講演。一九三八年七月，經天津市委書記姚依林同志批准，十六歲的張潔珣成為中共黨員。

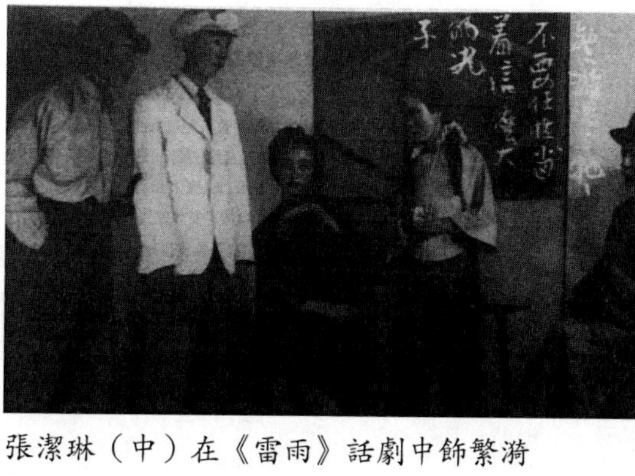

張潔琳（中）在《雷雨》話劇中飾繁漪

1 見張潛生的「沙龍劇社瑣記」。《笑憶青春》，中國戲劇出版社出版物，二〇〇七年，第九七頁。

2 參考郝平在《全國婦聯原書記處書記張潔珣》一文。見《霸州歷史文化之旅系列叢書・名人卷》，河北省霸州市政府內部出版物，二〇一三年，第一五一頁。

一九三九年二月張潔珣等一批幹部被黨組織派往太行山抗日根據地晉冀豫區黨委黨校學習。一九三九年八月，張潔珣回到冀南，在南宮縣婦女救國會二區分會工作。由於出色的完成任務，張潔珣很快就被調到縣委工作，先任縣婦委書記、縣委宣傳部長。時年十八歲。她領導區委對敵鬥爭，曾組織戚家莊支部的黨員、民兵，配合八路軍正規軍，偽裝修炮樓的工人，一舉消滅八個日本鬼子和一部分偽軍，摧毀了炮樓。南宮縣的抗日工作環境非常艱險，隨時可能遇到不幸，和張潔珣同時在縣委工作的組織部長，與敵人遭遇犧牲了；縣委敵工部長被捕了；縣政府公安局長、縣游擊大隊長也在與敵人戰鬥中被俘了。被捕、犧牲是家常便飯。

一九四二年九月，冀南區黨委宣傳部長賈庭修不幸被捕。冀南區黨委決定派張潔珣回北京，找她的二叔張璧，設法營救賈庭修。在張璧幫助下，當地黨組織設法營救，終於使賈庭修被取保釋放。當時張潔珣住在家裡，父親和二叔（張璧）及三叔明明知道她是代表共產黨回來的，但當她完成任務要回冀南抗日根據地時，他們從沒有阻攔，還給予經濟資助，充分表明了他們的政治態度。

一九四三年底，黨組織決定讓她和她的三哥、三嫂回北京做地下工作，為抗戰勝利到來做準備。張潔珣在地下做過上層統戰工作，也做過領導大、中學生黨支部的工作，曾任北京地下學委分區委員會委員。她做地下工作也經歷了很多艱險，但都被她巧妙勇敢地躲過了。

一九四九年，北平解放後，張潔珣被分配到北京市婦委，籌備成立北京市婦聯。曾任組織聯絡部副部長等職。一九六一年五月，她調到全國婦聯國際部任副部長，文化大革命時受迫害，被非法關押在機關牛棚達八年之久。文革後恢復工作，任全國婦聯書記處書記，中國聯合國協會理事等職。

是第二至第八屆全國婦女代表大會代表；第六、七、八屆全國政協委員。1

張潔珣在老年時，曾在她親筆書寫的文章中充分肯定了她二叔張璧在抗戰時期是幫助和保護共產黨人的。

見證明材料原件如下：

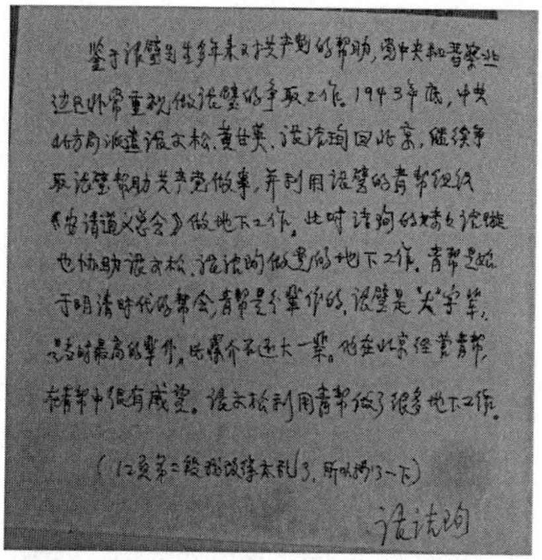
鉴于张璧先生多年来对共产党的帮助，党中央和晋察冀边区非常重视做张璧的争取工作。1943年底，中共北方局派遣张文松、黄甘英、张洁珣回北京，继续争取张璧帮助共产党做事，并利用张璧的青帮组织《安清道义总会》做地下工作。此时洁珣的妹妹张洁璇也协助张文松、张洁珣做党的地下工作。青帮起始于明清时代的帮会，青帮是分辈份的，张璧是"大"字辈，是当时最高的辈份，比蒋介石还大一辈。他在北京经营青帮，在青帮中很有威望。张文松利用青帮做了很多地下工作。

（12页第二段我改得太乱了，所以誊了一下）

张洁珣

張潔珣的親筆證詞

張潔珣和張潔璇於二〇一〇年合影

張璧的妹妹張秀岩、妹夫李鐵夫、以及張璧的侄子、侄女們等當時都在京、津地區從事中共黨的地下活動，也曾多次在北平家裡召開各種形式的秘密會議。這種種情況，張璧是否知曉已經無關緊要，但是他從未加以過干涉。正是由於張璧當時的名望和他與社會各界名流、政界及國軍將領、青幫組織、日政高層等多方面都有聯繫，才起到保護他的共產黨妹妹、侄子和侄女們等人長期在平、津地區從事黨的地下工作的作用，這是客觀存在的事實。

1 見《霸州歷史文化之旅系列叢書・名人卷》，河北省霸州市政府內部出版物，二〇一三年，第一五一頁。

張潔玲，張璧的侄女。畢業於北京師大第一附小。一九四五年，在北京師大女附中讀初一時，僅十四歲的她奔赴晉察冀邊區根據地參加革命。新中國成立後，她被派去蘇聯基輔工學院學習。後在清華大學從事教學、科研工作。先後編著《鐳射全息照相》、《光學精密測量》等教材，發表多篇科學論文。她的科研成果「雙波長全息術研究」和「陳列透鏡全息術」獲機械部科技進步三等獎、機械部教育司科技進步一等獎。[1]

七侄女張潔玲（中）和蘇聯基輔工學院的中國同學們

張璧對侄兒侄女們受教育是極為重視的，侄兒侄女們上學有經濟需求時，他都會給予資助和支援。

在張璧的多位侄子中，除前面章節提到過的張勃興是「四存中學」畢業的，還有張璧的四侄子張駼也是畢業於「四存中學」。在張駼和當時「四存中學」同學們畢業的證書上還蓋有時任「四存中學」董事長張璧的簽字印章。

案：張駼，張璧的侄子。他畢業於「四存中學」。十五歲就參加了中共北平城工部的革命工作。一九四五年赴晉察冀邊區華北聯大政治學院、晉察冀邊區工業專門學校學習，並在華北解放區兵工

1 見《紀念張秀岩李鐵夫同志》，非正式出版物，二〇〇八年，第二十頁。

局研究所工作。一九四九年任太原市軍管會接管員。新中國成立後，曾先後是哈爾濱工業大學學員、系黨總支副書記和軍工科研部負責人，國防科委第七研究院研究室副主任、北京第十五研究所情報室主任。文革中受迫害，之後調清華大學任機械系黨委常委，清華大學財務處處長等職。[1]

張璧對父老鄉親們也是十分保護，熱心給予幫助的。在《張玉衡先生治喪處》紀念冊中記載了張璧：

為人慷慨，尚俠義，喜交遊，周急濟貧，毫無吝嗇。

經常有一些生活無著落或是遇到困難的人來找張璧尋求幫助，他都盡力幫助解決，而且是管吃管住，尤其是霸州老家的那些鄉親們。當時在張璧那裡具體負責接待的就是白靜明。白氏常接待和安排這些人住在大義社（後來是金魚胡同一號），並去「翠花樓」張璧徒弟開的餐館吃飯。月底徒弟到張璧家結飯錢，總是要付一大筆帳。

白氏早在三十年代的大義社時期，就一直負責張璧的日常接待工作。在筆者採訪白靜明之子白

張璧的侄子張駼

1 見《紀念張秀岩李鐵夫同志》，非正式出版物，二〇〇八年，第十九頁。

洪瑛時，他說：「那時來找張璧幫忙的人很多，而且來吃閒飯的人就更多了。當時，張璧家裡生活並不很富裕，但他從不吝嗇給需要的人們幫助」。

例如：從霸州老家來的陳靜齋，多次來京全要找張璧負責吃喝和居住。張璧常把他安排住到金魚胡同一號的四存學會所在地，每次都給予了幫助。

還有，一九四三年霸州中亭河南有一地主惡霸為保護自已的地，在中亭河河灘南部築壩圈護自己的土地，這樣使中亭河行洪道變窄，一旦洪水來時，極可能會造成北岸決口而淹沒大量農田。這讓沿河村民極為擔心和憤慨。共產黨地下組織便派人到京找到張璧。張璧瞭解情況後即刻給霸縣縣長翟曜寫信說明歷史原由和事件的嚴重性，敦促縣長翟曜從速解決。致使縣長翟曜抓捕了惡霸，平毀了土堤。張璧助鄉民護河保田的美譽在家鄉流傳至今。此事在一九八九年出版的霸縣誌和二〇〇六年出版的霸州市志中均有記載。

其實，早在國民政府剛剛結束北伐之時，張璧就首先注意到了當時社會上百姓希望和平、企求生活安定的心態。他及時地向老同學、時任河北省政府主席的商震，寫了一封治理河流水患和解決房山森林兩大問題的建議函。如果不是此信被一直保存下來，除了他的軍事政績之外，我們根本無從談起張璧對百姓、對國家有什麼具體的經濟建議和關懷民生的功績和措施。

這封在歷史檔案館裡被冷遇了長達八十多年的珍貴信函，直到二〇一四年一月二十二日才意外地被筆者發掘出來，在此，我將重現寫信人當年的關注民生熱心公益的建議，他的愛國愛民心態，一覽無餘。

該信使用「中國飯店旅客用箋」，信封署名為時住中國飯店第四十二號。該信共四頁，內容如下：

起予主席老弟勳鑒：

近日有多事，難得弟一談，恐吾弟事忙，屢欲趨訪而未果。茲先函商最要者數項，或較匆匆把晤，轉可盡其所懷也。河北水利委員會把持於軍閥及南人手中者，十餘年。鉅款徒靡，水患屢興。今當革新伊始，水利為吾省千萬民命所關，徹底改造，萬難再緩。查其所以空耗鉅款之由，類以當事者多與河北省毫無關係之人，河務既乏常識，利害更不切膚，欲其熱心服務為省民興利除害，嗚呼可得？今當建設開創之時，軍閥名流之偶像，無復利用必要。且桑梓父老，千百萬生命安危，舉系於此，尤非其他空泛政務機關可比，及今不圖，將更無徹底革新之日。省民處此青白旗下，恐亦不容默爾以息，常此置切身利害問題於外人之手也。兄意此事既到無可因循延緩之時。吾弟宜毅然處置，就河北老同志中，物色與情素孚允洽人心之士，完全接收，將軍閥餘孽及名流外國人之虛風，一掃而空。然後水害可免，款不虛靡，省民生命得一保障處，均吾弟一念革新之所賜也。

外聞王樹丞兄有一意見書送呈省府，關於坨清高線路管理局及房山森林變價兩問題，亦系地方公益性質。吾弟可注意一閱。

此二事內容詳情，系家兄律生與王樹丞共同調查之所得，個中原委，頗清析也。兄意房山森林問題，頗可用之為民眾團體之經費。近日裁兵風浪已遍全國，河北省民宜當首先號召之沖，組織協會，結合各界，擴大宣傳，實行促進，均非有相當經濟確定基礎不為功。以房山森林供民眾裁兵運動之資，化無用為有用，吾弟當不河漢兄言也。有暇甚盼謀一懇晤，專此即頌勳祺。

兄張璧　謹啟

廿六日夜十二點

首先，我們可以看到張璧的書法十分秀麗美觀，具有扎實的楷書和行草書法功底（書信見下頁照片）。

根據此信內容談到「近日裁兵風浪已遍全國」，可知當寫於一九二九年一月北伐勝利後國民政府決定裁軍之時。因此可定此信作於一九二九年一月二十九日夜。張璧此信核心是治理河北海河水患和北京房山森林的利用，而這兩大問題是關係民生切身利益的大問題。

河北水利當然是指海河流域治理問題。張璧明確意識到改造河水氾濫的緊迫感：「水利為吾省千萬民命所關，徹底改造，萬難再緩」。他針對當時出現的「空耗鉅款之由，類以當事者多與河北省毫無關係之人，河務既乏常識，利害更不切膚，難其熱心服務為省民興利除害」等陋習，進行了尖銳的批判。國家的軍事相爭才剛結束，他就敏銳地注意到了關係民生疾苦的治理水患問題。民國政府成立初期，曾經在河南、河北、山東三省分別設立了各自獨立管轄本省河水問題的河務局，既缺乏相互之間的協調，又疏於兩省交界地帶河道的治理。而堤防又是最為治理的薄弱環節。張璧提出的根治陳規陋習和貪污腐化的方案是：「就河北老同志中，物色輿情素孚允洽人心之士，完全接收，將軍閥餘孽及名流外國人之虛風，一掃而空。然後水害可免，款不虛靡」。

其實，根據《霸縣新志．張毓珊傳》中的記載，張璧的二爺張毓珊就十分重視治理河水問題：

張毓珊，字樾樵。清增生。世居霸縣東高各莊村。性寬和。治家勤儉，事親以孝聞。好讀書。早歲入庠。丙辰歲試，補增廣生。因家事繁瑣，遂不習舉子業。專心理家政。暇則為諸子任講經史。……光緒二十年，境內大水，糾合鄰村修堤堵口。嘗撥夫數千，不分晝夜，親自督催。竟得秋有收穫。……光緒二十九年，在村南中亭河堤修築永豐閘，環村開溝，旱則引水灌田，潦則泄水注海。

可見，對河水氾濫的治理是張家歷代的一個願望。

該信的全部張璧手跡照片依次如下：

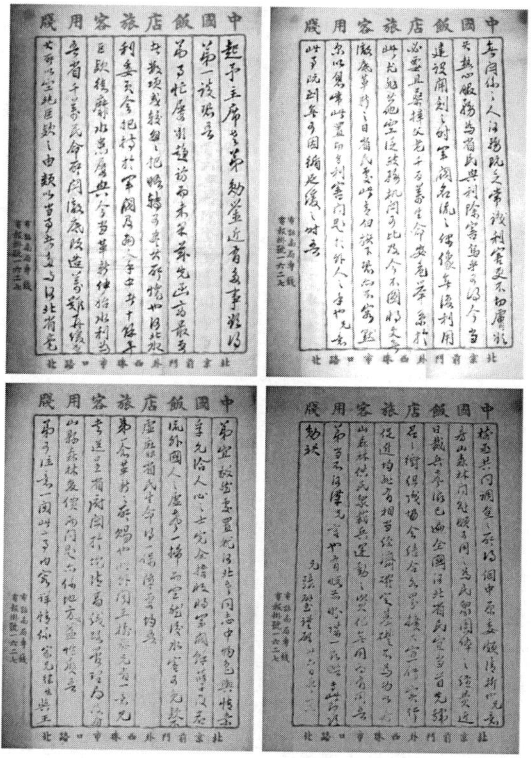
中國飯店旅客用箋
北京前門外西珠市口路北

張璧親筆致時任河北省政府主席商震的信

房山森林則是指房山縣內岳各莊鎮境內的上方山森林，是華北地區保存完好唯一的一片原始次生林。早在東魏孝靜帝天平二年（五三五）就有僧人在此開山建寺撫育森林，其中香椿、黃精、拐棗被稱為「上方山三寶」，載譽北方，聞名久遠。這裡的森林景觀峰奇山秀，古樹參天，春季山花爛漫，夏季清爽宜人，秋季滿山紅葉，冬季白雪綠柏，被歷代遊人稱讚為「南有蘇杭，北有上方」之美稱。其地距京城六十五公里，上方山有九洞十二峰七十二茅庵等景觀。張璧建議將此林場，作為「頗可用之為民眾團體之經費。……以房山森林供民眾裁兵運動之資，化無用為有用」。

應該說以上兩點建議十分到位，由此可見張璧的施政能力和眼光。而這些方案又是他大哥「律生與王樹丞共同調查之所得」，可見當時張家兄弟二人皆憂國憂民、無私忘我之士。張律生對農業和水利的關注，是他以後成為民國時代農業部北平農事試驗場場長的一個有利背景。

北伐成功，革命勝利，深夜十二點了，張璧卻依然想到的是關心民生疾苦！他特別注意到了當時治理河患的人，是一些不懂水利、只知貪財、與河北水患沒有任何直接利害關係的外省人士，民國政府的多年鉅資投入幾乎全被侵佔和浪費，沒有產生實際效果。另一方面，北京房山的森林，成了一些軍閥和權貴們的意圖侵佔的目標。張璧的建議是勸說商震做利國利民的好事，因為他首先注意到裁軍風浪當時雖然已遍全國，但是要想實現真正的裁軍就必須「有相當經濟確定基礎不為功」。

張璧首先發現了裁軍和社會經濟基礎之間的對應關係，這一見解又是超前時代的。此見解幾乎可以成為二十一世紀裁軍行動的一個重要的理論出發點和參照系。

第十四章

張璧和他的義子

張璧和劉鴻英婚後無子，劉曾將自己弟弟的女兒過繼為女兒，起名張靜琇（原名劉靜琇）。而著名京劇大師李少春是張璧的義子，這是很多人都知道的一個歷史事實。實際上，根據我們掌握的史料，張璧的義子不只是李少春一人，至少還有三個人：一個是張學清，另一個是張文清，還有劉紹臣。張文清就是出現在萬安公墓張璧碑文中的「孝男張文清」，位於「孝女張靜琇」之上。當然，勿庸諱言，萬安公墓張璧碑文在文革時代被打斷為數節，就是出自這一對兒「孝男」和「孝女」之手。

在鄒啟鈞撰寫的《神州奇人：武生泰斗李少春》一文中，如此介紹了李少春拜師余叔岩是得到了李的義父張璧的幫助這一歷史事實。

李少春從小聰穎過人，對戲尤感興趣，悟性高，領會深，深得其父鍾愛，以為跨灶之子，唱戲之佳材，於是，全身心地培養他。舊社會藝人苦，李桂春既愛戲園子又怕戲園子，他最後一次演出，劇碼為《打金磚》。演出時，忽地摔在臺上，竟摔成輕微腦震盪。從此，忍痛告別舞臺，息影家園。李少春盡獲家傳。《打金磚》唱摔更比其父精彩，每場必滿。他曾對人說：「我不怕《安天會》，也不怕《戰太平》，唯獨就怕這《打金磚》，摔完了唱，唱完了摔，您可知道那滋味有多難受啦！我就怕像我們老爺子一樣，在這齣戲上歸了位。」他話語真誠，道出了心聲。不過，話雖如此，每赴外埠演出，前臺老闆要求打炮戲必是《打金磚》，搞得他唱與不唱都為難，也算是盛名所累吧！李桂春早年意欲引子拜在楊、余門下，可惜楊小樓仙逝，只好拜余叔岩了。為拜余叔岩，李桂春動用朋友關係，約請竇公穎、桂月汀、張璧等人出面。張璧為李少春義父，又是當時北平市公安局局長。民國二十七年十月十九日，農曆戊寅八月十六，在泰豐酒樓大擺宴席，李少春磕頭拜師。梨園界無數知名人士，紛紛到場，表示祝賀，一時傳為美談。1

李少春的檔案，完整保存在北京市檔案館內，卷宗編號是101-001-01299。但是，這個檔案卷宗不對外。今天，我們在河北省霸州市的官方網站上，可以查到對李少春的完整介紹：

著名京劇藝術大師李少春（一九一九—一九七五），河北霸州人，出身梨園世家，工武生、老生、文武老生，京劇李派藝術的創始人。誕辰：一九一九年十一月四日，農曆己未年九月十二日；逝世：一九七五年九月二十一日，農曆乙卯年八月十六日。父李桂春（藝名小達子），多才多藝，善於創新，是著名的南派演員。幼年在「永勝和」梆子班坐科，二十三歲起改學京劇。曾在天津挑班演出。擅老生及武生戲、武生戲宗李吉瑞。妻子侯玉蘭為著名程派弟子。

李少春自幼在家中受到藝術薰陶與嚴格的庭訓，逐漸養成良好的藝術氣質。七歲從師沈延臣練功，十一歲又請名師丁永利、陳秀華到家中指導正式練戲。少春十分刻苦，無論寒暑，每天學、練十三四個小時，他雖然不曾進過科班，但由於家中督責嚴苛，倍長辛苦，終於練出深厚功底，練就一身功夫。一九三一年，他從上海赴天津，一九三二年正式登臺演出，後返回上海。一九三四年僅十五歲，在上海與梅蘭芳同台合演《四郎探母》，得到梅的稱許和觀眾歡迎。一九三七年李少春在天津演出，聲譽大起，一躍成為頭牌演員。他並不自滿，一九三八年拜余叔岩為師，成為余叔岩的

1 參見《中華傳奇》二〇〇六年第五期。

入室弟子，因而使自己的表演藝術得到了飛躍發展。此時，楊小樓已經去世，余叔岩也已不再登臺，李少春馳騁於北京、天津、上海的舞臺上，宛如一顆新生的明星。他確實是一位文武全才，不可多得的京劇表演藝術家。

表演風格

他把楊派和余派的真髓掌握得深入、透徹、嫻熟、傳神。在此基礎上，他又創作演出了新劇目《文天祥》，唱、念、做、打更是得心應手，舞臺形象激昂慷慨，氣勢奪人。李少春的扮相清秀，嗓音寬厚，唱腔清純，身段優美。他的表演感情飽滿，武功出眾，擁有大批的追隨者愛好者。

京劇《野豬林》是他在繼承了楊小樓的劇本基礎上，自己創新編排的一齣新戲，成為他的傳世之作。從立意、框架、場景設置、情節的貫穿，人物的刻劃，角色的唱、做、念都是李少春親自構思、設計，費盡了心血，可以說這是他全身心投入的一部經典劇作。但是，他尊重傳統，尊重老師，注意聽取別人的意見和建議（劇本最後請翁偶虹填寫和潤色）。在編演過程中，他還得到袁世海很好的合作，而且畢恭畢敬地徵求了郝壽臣先生的指點，得到了贊同和支持。正是李少春的虛心、熱情、寬容和誠懇，眾星捧月，使這個新劇目在劇壇上大放異彩。[1]

而李少春的父親李桂春，也是京劇演員，並且和張璧是老鄉。他生於一八八五年，卒於一九六二年。他的藝名「小達子」。河北霸縣辛章村人。河北梆子、京劇演員。幼年在「永勝和」

1 參見http://mren.bytravel.cn/history/2/lishaochun.html

梆子班坐科，二十三歲起改學京劇。一九二〇年以后，他長期在上海演出，而後在上海走紅。代表劇目有：《鳳凰山》、《風波亭》、《請宋靈》、《刺巴杰》等。兒子李少春、三子李幼春，幼子李新春皆著名京劇表演藝術家。女兒李寶榮為余派女老生。孫李浩天、李寶春也都是著名京劇演員。

在本章，我們將搞清楚幾個問題：一、李少春何時成了張璧的義子。二、李少春何時師從余叔岩。三，張璧的其他義子。

首先，李少春何時成了張璧的義子。

我們知道張璧的夫人是京劇演員出身，因為欣賞京劇演出是他的重要的業餘愛好。因為他也認識了當時很多著名的京劇表演藝術大師。

根據李少春拜師余叔岩的準確日期是一九三八年十月十九日，則李少春成為張璧的義子一種可能是在十月十九日之前，而他離開上海則是一九三八年二月初，他在河北老家和天津停留了幾個月時間，為進京演出和拜師做準備。而他實際到達北京日期是一九三八年九月二十六日。

當時北平市的《實報》報導了李少春成為張璧義子之事。報紙截圖如下：

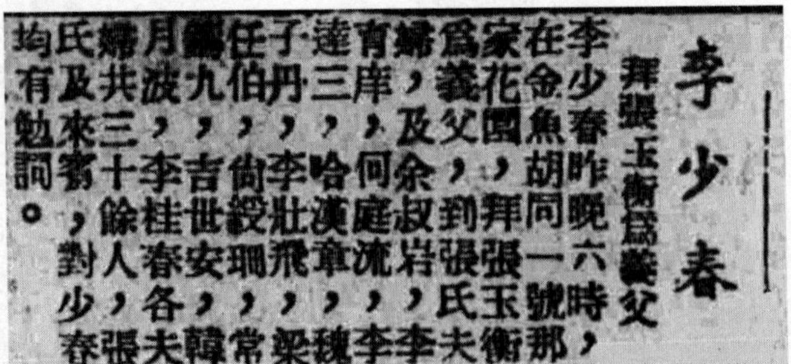
李少春
拜張玉衡爲義父

李少春昨晚六時，在金魚胡同一號鄭家花園，拜張玉衡爲義父，到張氏夫婦，及余叔岩，李育庠，何庭流，李達三，哈漢章，魏子丹，李壯飛，梁任伯，尙毅珊，常鶴九，吉世安，韓月波，李桂春各夫婦共三十餘人，張氏及來賓，對少春均有勉詞。

全文如下：

《李少春拜張玉衡為義父》

李少春，昨晚六時，在金魚胡同一號那家花園，拜張玉衡為義父，到張氏夫婦，及余叔岩，李育庠，何庭流，李達三，哈漢章，魏子丹，李壯飛，梁任伯，尚綬珊，常鑄久，吉世安，韓月波，李桂春各夫婦共三十餘人，張氏及來賓，對少春均有勉詞。[1]

來賓名單中的魏子丹是張璧的至交好友。這裏的「金魚胡同一號」就是四存學會的會址所在地。而其附近的「那家花園」，是清末大學士那桐的府第，俗稱那家花園。正式名稱為「怡園」。該花園全境圖如右。

花園東側的大院里有一座三卷五間的大廳，名為「樂真堂」，堂中設有室內戲臺，專門用來舉辦堂會演唱。見次頁照片。

一九一二年，北京政界曾三次在這裏宴請過孫中山，而且孫中山也曾三次登上戲臺發表演講。

李少春成為張璧的義子另一種可能是在一九三八年十月十九日以後。

1 引用參見https://zhuanlan.zhihu.com/p/99208839

根據《尋找李少春之逼走李萬春》一文的敘述：

> 孟小冬拜師後的主要時間就是學戲和演戲，她以學戲的時間為多，李少春的主要精力雖然也是學戲演戲，但學戲的時間明顯沒有孟小冬多，因為他還沒有在北京站穩腳跟，不僅要排戲，還要與李萬春較量，同時有許多的社會活動，這不，您看，李少春拜師之後不久，又拜了張玉衡為義父。[1]

則李少春拜張璧為義父又是在拜師余叔岩之後，即一九三八年十月十九日以後。

無論是哪一個時間段，李少春成為張璧的義子這個事實是客觀存在的。而當時張璧並不是什麼「北平市警察局長」、「公安局長」，更不是什麼「大漢奸」！他準確的職務是北平市公用總局局長，社會職務四存學會名譽理事長。

其次，李少春何時師從余叔岩。

余叔岩在民國時代的京劇史上是空前絕後的藝術大師，作為晚清京劇大師譚鑫培的得意弟子，

1 引用參見https://zhuanlan.zhihu.com/p/99208839

他創始的余派，和梅蘭芳、楊小樓並稱為京劇藝術的三大賢之一、四大須生之首！譚門三大賢弟子合影如下：

在《鮮為人知的李少春身世》一文中，如此闡述了張璧在這裏的作用：

> 李桂春的朋友很多，社會關係很好，而且也善於利用，就請竇公穎、桂月汀、張璧這些人出頭，向余叔岩關說，收少春為徒。這幾位都是叔岩好友，何況張璧是少春義父，又是當時北平市的公安局長，余也不好不買賬。就在民國二十七年十月十九日，也就是戊寅年八月二十六，余在泰豐樓收李少春為徒，梨園界名人紛紛到場致賀，大擺筵席，頗極一時之盛。[1]

首先，該文作者根本不知道張璧是何時出任的「北平市的公安局長」，因此這裏所謂的「又是當時北平市的公安局長」之說顯然是錯誤的。實際上，根據當時上海的報紙的介紹，李少春拜師余叔岩也存在上海黑幫老大張嘯林的個人介紹。見次頁報紙

梅蘭芳、楊小樓、余叔岩三人

1 參見https://kknews.cc/news/zaeglj3.html

圖。

該文內容如下：

《李少春拜余叔岩》

紅葉

海上聞人張嘯林與北方名人李育庠介紹

本刊專訊：李少春來京後，演唱為一問題，而此來重要大事，則為拜師問題，李離滬北上時，滬上聞人張嘯林，深恐余叔岩拒而不納，於是親函介紹，並輓與余交遊多年，北方名人李育庠氏正式向余磋商，聞余以情面難卻，業已首肯，拜師行禮地點，擬在西來順，因李氏篤奉天方教之故也。[1]

李少春拜余

紅葉

海上聞人張嘯林與北方名人李育庠介紹

本刊專訊：李少春來京後，演唱爲一問題，而此來重要大事，則爲拜師問題，李離滬北上時，滬上聞人張嘯林，深恐余叔岩拒而不納，於是親函介紹，並挽與余交遊多年，北方名人李育庠氏正式向余磋商，聞余以情面難却，業已首肯，拜師行禮地點，擬在西來順，因李氏篤奉天方教之故也。

張嘯林當時在上海灘老三而霸氣自以為老大的江湖地位是盡人皆知的。當然，張嘯林也是出名的京劇迷！上海灘上的京劇表演藝術大師沒有誰敢得罪他。因此，他出面介紹剛剛紅透上海的李少春拜師余叔岩，這個面子的確很大！

1 這篇文章發表日期和報紙名稱不詳。引用參見https://zhuanlan.zhihu.com/p/99208839

以下照片為李少春拜師後的師徒合影：

在《尋找李少春之逼走李萬春》一文中也再次肯定張璧的作用：

不過，李少春的拜師更多的是張璧與李育庠的功勞。張璧是李少春的義父、天津最有勢力的大漢奸。賓公穎本來只捧孟小冬，有了張璧的託付才促成了李少春的拜師。[1]

當然，我還需要再次指出該文對張璧的定性明顯是誤解和誤導讀者，雖然在如何評價張璧的歷史問題上他已經開始猶豫不決了。畢竟他不是專業的歷史學家，他無法解釋和徹底瞭解張璧一生的大節和立場，只看到了作為青幫老大的張璧在京津兩地的巨大影響和地位。尤其是李少春進京後逼

1 參見https://zhuanlan.zhihu.com/p/99208839

走了親姐夫李萬春的現實，李少春背後的勢力實在不是李萬春所能比的。

最後，張璧的其他義子。

李少春之外張璧的義子，根據筆者所知：至少有張學清和張文清、劉紹臣三人。張學清是青幫弟子，長期照顧張璧的生活，又是清華池的修腳師傅。類似於張璧的生活保健秘書之類的人。他成為張璧的義子，沒有舉行過儀式，但是雙方相互認可，而且感情很深——某種意義上是青幫師徒之間、浴池修腳工和老客戶之間的那種親密關係。他一直活到了上個世紀九十年代初。曾經在報刊雜誌上公開接受記者的採訪，介紹了民國時代的清華池和他與張璧的父子關係。那時他已經八十多歲了。推算下來，在上個世紀三、四十年代，他也就是二、三十歲的年紀。他在清華池工作了一輩子，因為他的底層社會地位和為人老實，不多說是非，使他平安地躲過了歷次政治運動。

張文清是萬安公墓張璧墓碑上的「孝男」。他應該在張靜琇之後走進張家。現今所有張璧的檔案文獻中根本查無此人存在的記錄。我們高度懷疑他是張璧某位兄弟、堂兄弟的兒子，出於傳統習慣上的葬禮和墓碑碑文的需要，臨時被張家家族長輩指定的作為張璧這一支的長子身份而出現的。

而劉紹臣則是張璧夫婦二人所收，具體情況尚不十分清楚。因為也姓劉，我懷疑是張璧夫人那一邊的侄子。

第十五章

張璧和大成拳的誕生

張璧在四存學會的身份是幹事、名譽董事長，但實際上他是四存學會的大總管。他開設體育班時沒有找其他的武林高手，而是直接邀請他的直隸老鄉、深縣的著名武術家王薌齋先生。這一理由他在《大成拳的命名》一文中說得明明白白的，即：

我自十七歲走入社會，……到處注意拳術武工超絕的人物。辛亥以後，從沒離開過政治革命工作，也是無時無地不留心武工人才。雖曾見過不少的派別專家，終覺到非廬山真面，始終也沒遇見一種合於人生、適合現代的拳術。[1]

不過，正如他所言：

及與王薌齋相識，感到他的拳術，意味深長，平易近人，習練稍久，就感覺身體的體認與其他的武功迥然不同，並且是具體功夫，非枝節片面的工力，正合乎我生平心理所想的條件。[2]

可見張璧對拳術的甄別還是大有本領的。

那麼，王薌齋究竟具有怎麼樣的功夫讓張璧對他如此折服呢？

---

1 張璧《大成拳的命名》，參見《實報》，一九四〇年四月二日。

2 張璧《大成拳的命名》，參見《實報》，一九四〇年四月二日。

首先，讓我介紹一下王薌齋的生平。

意拳創始人王薌齋，生於一八八五年十一月二十四日，卒於一九六三年七月十三日。河北深縣魏家林村人。名政和，字宇僧，別字尼寶，號薌齋，晚年自號「矛盾老人」。

王薌齋的曾祖父是清政府養濟院醫部太醫，擅長「宮廷指科導引術」。王薌齋的祖父王名題也是晚清名醫。王薌齋的父親王本章，自幼學醫。生有二子一女，長子早夭，次子即是王薌齋。王薌齋自八歲開始到家住在臨近馬莊的姐夫李豹家裡，向隱居在自己徒弟家裡的郭雲深學形意拳。[1] 一起學拳的還有郭雲深晚年養子郭園。

魏家林村和馬莊相距不足三華里，即一千多米而已，可說是兩村之間是相互遙望而可見的。而具體的練拳地點就在魏家林村和馬莊中間的一片小樹林裡。到這片小樹林裡具體指導郭雲深和郭園等人練拳的肯定是李豹了。

意拳祖師王薌齋先生和筆者的意拳老師李見宇先生合影

對於王薌齋，郭雲深更是細心教授。他經常讓王薌齋在家裡練拳，而練習的主要是站樁。有一次，在小樹林中練習時，幾個半大小子一起試著想撞倒王薌齋，誰知卻反被王薌齋把他們幾個撞飛出去。這下子他們才知道原來王薌齋學了郭雲深的真傳功法。這應該就是後來意拳中的技擊樁法。

1 以上敘述參見劉正《意拳正軌》，山西科技出版社，二〇〇八年，第二二五—二二九頁。

那個時候，王薌齋還留著小辮子，站樁時時間長了容易低頭。這時候郭雲深就立刻抬手拉住他的腦後小辮，給他找準頭的位置。這一印象十分深刻，王薌齋就經常給李見宇（筆者是他的直系正宗入室內弟子）正功架時，用手抓他頭髮或拍打他後腦勺。每當此時王薌齋總要對李見宇說「當年郭老先生給我正樁架子時就這麼拉著我的小辮子」。[1]

一九〇三年開始，王薌齋離開家鄉，到當時北京等地出遊。在此期間，他先後結識了八卦掌名家劉鳳春、太極拳名家楊少侯、楊澄甫、六合門名家佟忠義，以及同門師兄李存義、張占魁等人，在這一時期他見識到了很多家鄉中所沒有的拳術，從一個更廣泛的拳學視野和種類來學習和研究內外家拳術。

到了一九一五年，舊北京的陸軍部部長段祺瑞大力開展在軍隊中普及傳統武術和摔跤、拳擊等技能教育。當時把傳統武術引入軍事教育正成為一種潮流。王薌齋有幸成為陸軍部下屬的武術教官。摔跤名家馬丘清等人也在此執教。王薌齋早期的學生諸子炎（過去一直被誤傳成周子炎）和齊執度二人也是在此時從他學形意拳的。[2]在此期間，他經常和馬丘清等人在一起切磋技術。其中，馬丘清曾經摔死過蒙古族的摔跤高手，但是他和王薌齋比時，剛抓住薌齋手腕就立刻被其彈出，多次較技而輸。於是，馬丘清私下裡開始向薌齋學習他的形意拳法。從本年開始連續三年，他每年和諸子炎比武一次，連勝三次。後來，諸正式拜在王薌齋門下。幾年後，隨著舊北京政治和軍事形勢的複

1　以上敘述參見劉正《意拳正軌》，山西科技出版社，二〇〇八年，第十二—二三頁。

2　諸子炎的名字也出現在《張玉衡先生治喪處》全體委員中，足證其不姓「周」。

雜，王薌齋不想捲入越來越深的北方軍隊內部各派系之間的矛盾鬥爭，南方各省的革命活動和政治空氣吸引了他。從一九一八年開始，他又開始了南下河南、湖北、湖南、安徽、福建等省的巡遊武學活動。

一九一八年的深秋，王薌齋到達了著名的嵩山少林寺。接待他的是當時的監院（副住持）恒林和尚。一開始，恒林和尚見王薌齋身材瘦小，並不以為意。誰知才一接觸，就立刻被王薌齋瞬間所爆發出的驚人的力量所震驚了，二位高人當下都有相見恨晚之感。恒林和尚輓留王薌齋在寺中將近一個月左右的時間，兩個人相互交流著形意拳和心意拳的心法和武學理論。恒林和尚是王薌齋南下所遇見的第一個真正的武林高手。一九二三年，王薌齋到達福建少林寺，遇見了福建縱鶴拳大師方恰莊和方紹峰二人。方恰莊，原名方永蒼。福建福清人，著名縱鶴拳家方世培之侄。而方紹峰亦為方恰莊之師侄和族侄。[1]王薌齋先與方紹峰比武而大勝，方紹峰遂引見其師叔方恰莊。二人比武十場，而王薌齋勝四場而輸六場。（方紹峰常被誤傳為金紹峰。）雙方是英雄愛英雄，正趕上福州周蔭人部軍隊中需要武術教官。於是，王薌齋借此機會留在福建，一邊教武術，一邊向方恰莊學習縱鶴拳法。在王薌齋的弟子中，只有李見宇精通縱鶴拳法。一九二六年新春過後，王薌齋又回到北京，開始正式宣導他所創始的意拳。[2]同年夏，天津太古公司和青年會經張占魁的推薦，來京邀請王薌齋前去傳授意拳。在天津期間，著名的弟子有所謂「津門十一傑」之稱，即：卜恩富、馬其昌、苗

1 以上敘述參見劉正《意拳正軌》，山西科技出版社，二〇〇八年，第二一八—二一九頁。
2 以上敘述參見劉正《意拳正軌》，山西科技出版社，二〇〇八年，第十二—二三頁。

春雨、趙恩慶（道新）、鄭志松、張宗慧、張恩桐、趙作堯、趙逢堯、裘稚和、顧小癡。其他弟子如章殿卿也是這時開始學拳的。本年秋，王薌齋應邀去上海短期教拳，這次他攜帶夫人和女兒王玉貞同行。[1]

一九二八年，王薌齋應李景林、張之江二先生邀請，帶義子趙道新赴杭州參加第一屆全國國術大會。國術大會會後應錢硯堂之邀，再次赴上海教拳。以後，在錢的熱情幫助下，王薌齋在到達上海的第二年（一九二九年），就在上海牛莊路成立了「意拳社」，其主要成員有：卜恩富、寧大椿、王叔和、尤彭熙、馬建超、高振東、朱國祿、朱國禎、張長義、張長信、韓星樵、韓星垣、趙道新等人。在上海教學期間，他開始寫作《意拳正軌》一書。一九二九年，《意拳正軌》一書正式出版。很快，王薌齋的名聲就傳遍了整個上海，也驚動了一位當時正來華訪問的匈牙利籍世界輕量級（五十九KG級）拳擊冠軍英格。一九三一年的夏天，他在翻譯的帶領下直接來到牛莊路「意拳社」，點名道姓地說：「找王薌齋先生，想見識中國武術的威力」。於是，王薌齋把他引到院內，請他先動手，並說「可以使出全力打我身上任何地方」。英格看著眼前這個小個子中國人，不忍心出黑手。就很一般地使了一記左鉤拳打過來。王薌齋先生不慌不忙地用右手臂軟軟地接住後，瞬間發力，右臂如電擊般的發出一股強大的力量。英格知道不好之時，身子就已經橫著向左飛了出去。他站起來，自我笑笑看著眼前這個小個子中國人，仿佛是說「剛才我沒注意、沒真想打你」。於是，王薌齋看著他也笑了笑，伸手示意他再來。這下子英格如同被激怒的獅子，突然跳著步子，使著組合拳猛撲

1 以上敘述參見劉正《意拳正軌》，山西科技出版社，二〇〇八年，第十二—二三頁。

了過來。王薌齋先生略一低頭，一記漂亮的神龜出水把英格向右後方打翻出去，英格倒地後又滾了幾下才停住。這下他暈了，半天才站起來。他很誠懇地請求薌齋先生給他講講中國拳術的特點。王薌齋向他正式介紹了他首創的意拳。並再次給他說手和聽勁。英格在翻譯介紹下，邊聽邊學，似懂非懂。但是他已經對意拳和王薌齋產生了濃厚地興趣。最後，他居然提出：請薌齋先生到歐洲各國去教拳和比拳。英格的建議啟發了王薌齋的思路。對！我要組建一支到世界各國去比武的意拳隊伍。

一年後的一九三二年夏，王薌齋親自攜帶卜恩富、張恩桐、韓星樵及張長信等弟子返河北深縣，開始了為出國比武而展開的集中訓練。當年的十月，他帶領著幾位弟子為郭雲深掃墓立碑。幾年的集中訓練，王薌齋也系統地完善了新的拳理和獨特的訓練方法。[1]

一九三七年，王薌齋的老朋友張璧來信，約請他們師徒到北京來教拳和發展。於是，春節過後，王薌齋全家人一道來到了北京定居，臨時住在西單辟才胡同東邊路北的涵靜園。接待他的自然是老朋友張璧。王薌齋在北京打天下，顯然是離不開張璧的支持。這一點是毋須諱言的。[2]

從一九三八年正月開始，張璧習慣於每月去白雲觀上香兩次，和負責接待的道士姜正坤成了好友。後來，在張璧的安排下，王薌齋也在陪同張璧進香後，在白雲觀休息之時，指導薑正坤等幾位道士練意拳。

在北京開始教拳活動的第一站是在東城區金魚胡同一號、當時四存學會所在地教學養生。從一

1 以上敘述參見劉正《意拳正軌》，山西科技出版社，二〇〇八年，第十二—二三頁。

2 以上敘述參見劉正《意拳正軌》，山西科技出版社，二〇〇八年，第十二—二三頁。

開始，王薌齋就闡明了養生為主而技擊為輔的拳學宗旨。最早的一批學生是一直參加四存學會講座活動的會員。張璧提議在四存學會下設專業的體育班。因為有了民國名流張璧的支持，王薌齋和意拳的名字開始成為北京武林中的熱門話題。[1]

一九四〇年四月二日，張璧在四存學會開會時，提議把意拳更名為大成拳，並在《實報》上發表了《大成拳的命名》一文。王薌齋為此多次謝辭，他深深顧慮此名似有傲世之嫌，可能會在武林界產生不必要的誤會。正如王薌齋所說的那樣：「以『大成』二字名吾拳，欲卻之而無從也，隨聽之而已。」於是，很快，張璧又刊發了《大成拳的解說》一文，部分否定了他前此的觀點，總算為王薌齋減輕了一些顧慮。由上可證，王薌齋的本意是以「意拳」作為拳名的，而「大成拳」只是隨俗和推名之舉。這就是「意拳」又名「大成拳」的歷史來由。

中華民國二十九年四月二日（星期二）夏曆庚辰年二月二十五日

大成拳的命名

四存學會講話

張璧

滅共思想戰講

明日在

新民會

熱愛武術的張璧一生中先後兩次給大成拳命名！而目前大成拳（意拳）界同仁只知道張璧的對

1 以上敘述參見劉正《意拳正軌》，山西科技出版社，二〇〇八年，第十二—二三頁。

大成拳的第一次命名解說。這篇出自張璧第二次命名文章是新發現的大成拳史重要的文獻，對於搞清大成拳與意拳的拳名之爭有極其重大的意義和價值。

我們試分別說明如下。

張璧對大成拳命名的第一次解說：

一九四〇年四月二日星期二。農曆二月二十五日，《實報》發表了張璧的題為《大成拳的命名：四存學會演述》一文，刊在第四版上，文首還有他的照片一張。

原文主張：

及與王薌齋相識，感到他的拳術，意味深長，平易近人，習練稍久，就感覺身體的體認與其他的武功迥然不同，並且是具體功夫，非枝節片面的工力，正合乎我生平心理所想的條件。王薌齋先生的拳術武工，師法形意專家郭雲深，郭雲深的工力技擊，在清季末葉，算是黃河流域的第一流人物，這是多數拳術家所稱道的。王君從師雖幼，因質才兼優，故能得到真傳，壯年又奔走四方，更虛心於良師益友，兼旁采董海川門下武工真髓，及河南「心意把」、「六合步」的工夫，由經驗及悟會，溶於一爐，更以形意之「意」而引伸之為「神經訓練」，合乎衛生條件，合乎技擊原理，四存學會體育班，曾由醫學家何紹文先生發表專論，留意體育消息的，想都已看過了。我就我的體認及何君的證明，王薌齋的拳術武工可謂得武工的精神，合於衛生，合於技擊，更合於科學及現代，以精神統一，訓練神經系統，使身體各部官能作平衡的發展，神經健全，各器官的官能增加，不但可使身體健康，人格亦可隨之而完善，作事能力，亦必增強，西諺有云：「有健全的身體方有健全的事業」，故吾不揣冒昧，以「大成拳」三字名之。[1]

但是，張璧對大成拳命名的第二次命名解說卻和第一次產生了一些差異：

一九四〇年十一月二十一日星期四和二十二日星期五，《實報》分上下兩次在第四版上連載了張璧的《大成拳的解說》一文。這是第二次張璧的《大成拳的解說》一文，現將他的第二次命名中的主要觀點說明如下：

這次他主張：

> 大成拳之名為余所首創，前在四存學會講述，各報多有發表，對於大成拳之解釋，社會上有所誤會，故為解說如次：大成拳的解釋就是，「合乎運動」，不妨害人體生理，合乎衛生條件者均可列入大成拳。王薌齋先生的拳術，余曾命名稱為大成，非以其拳術即大成拳，乃其拳術合乎大成拳之條件，可列入大成拳之內也，大成拳之意義甚廣，包括東方體育固有精神，比如儒家之道，並非一經一傳，而一經一傳均不離乎其道，大成拳之包容尚廣，王薌齋先生拳術，不過大成拳之一經，亦可達於大成拳境地也。[2]

---

1 張璧《大成拳的命名》，參見《實報》，一九四〇年四月二日。

2 張璧《大成拳的解說》，參見《實報》，一九四〇年十一月二十一日

在文章最後，張璧再次重申：

大成拳之名乃顧名思義之作，使習此者一舉一動，即能引起尊孔重儒之心理並能激發其東方文化固有精神。[1]

可以發現，張璧以「泛大成拳化」的解說來為王薌齋和他自己的「顧名思義之作」開脫。也為他自己的那篇《大成拳的命名》一文作開脫。換句話說，張璧已經退回了以「意拳」來稱呼「大成拳」的位置上去了。他基本上已經否定了把王薌齋拳術命名為大成拳的前此主張。

那麼，當時張璧對在京日本人武術活動的態度是怎樣的呢？

日本人一向自認為是世界上唯一具有武士道精神的民族。在它的每一個佔領區，都毫不列外地要舉行所謂的比武大會。其中，日本軍隊中的武術高手在和緬甸與泰國拳師的血腥比武中多次失敗，催使日本軍界高層開始在各佔領區插手當地武術界，培養為其所用的武林高手。這大概是某些不懷好意的人把大成拳稱為漢奸拳的起因吧。然而，在整個日偽佔據北京的三、四十年代，日本特務機關並沒有任何人把持著或滲透到大成拳的教學和比武活動中。甚至當時聰明過人的王薌齋居然沒有在張璧有能力的關照下成立意拳研究會。

我僅舉出幾個有力的證據就可以證明王薌齋和張璧並非是什麼漢奸。

1 張璧《大成拳的解說》，參見《實報》，一九四〇年十一月二十二日

第一個證據，日本特務機關在北京最先插手的拳種是通背拳，而不是大成拳。見《實報》一九三八年二月二十八日的報導：

本市拳術名家郝振芳、許禹生、白樂民等為提倡通背拳法，鍛煉體格起見，特發起組織中國通背拳術專門研究社，並聘日本通背拳名家武田熙顧問，指導一切。[1]

這個武田熙並非僅僅只是個一般名義上的顧問，居然是個可以「指導一切」的顧問！他在北京的真正身份是日本興亞院華北地區文化調查官、北平地方維持會第五組（文化組）日本顧問，曾因盜運大尊「河南洛陽龍門石窟佛像」和修改當時北京中小學教材而臭名昭著。在他成為中國通背拳術的全國總教頭之後，當時和他來往最多的是著名太極拳家吳圖南先生。並且，吳圖南還親自為武田熙出版的《通背拳術》一書作序。[2]這個時候，無論是王薌齋還是張璧，都沒有利用機會成立什麼意拳研究會，相反成立的卻是「中國通背拳術專門研究社」。那時剛剛當上舊北平公用總局局長的張璧，並沒有迎合其武田熙的旨意，拉大成拳和王薌齋下水。

第二個證據，日本在京舉行的武術競賽，見《實報》一九四一年二月六日報導：

1 參見《實報》，一九三八年二月二十八日。
2 參見武田熙《通背拳術》，中國書店，一九三六年。

日本紀元節在北京舉行第二屆武道大會，地點：北京武道殿。比賽分三種：柔道、劍道、弓道。主辦方為華北交通公司。[1]

而作為主辦方股東之一的張璧並沒有讓王薌齋領大成拳和四存學會體育班成員參加。也沒有把王薌齋作為武術教官推薦給日方。

不要說是張璧和王薌齋，即或是當時的齊燮元，也並非是日本人的忠實奴才。如，日本軍方要人來北京接見齊燮元時，齊燮元居然在衣服上掛著有滿清五色旗標誌的徽章，他想恢復大清朝的夢想引起了日方極大地不滿，很快，齊燮元就被偽政府撤銷了軍權。儘管在戰後漢奸大審判中他被蔣介石直接定為漢奸，並被判處死刑。但齊燮元成為漢奸，和他本人早期與蔣介石爭權活動中結下宿怨也有很大的關係。早在一九二五年，在蔣介石鼓動和策劃下，就查抄了他的全部家產，見《內務部關於前江蘇督軍齊燮元褫奪官緝拿訊辦其所有私產概行設作賑撫經費請綏飭辦理的函》。[2]只是，蔣介石的宿敵們有的投身了革命，有的則走向了滅亡；有的因為與蔣介石私交甚深而得以逃脫死罪，如周佛海和靳雲鵬等。

真正由日偽把持的「中國通背拳術專門研究社」及其所屬武術沒有被罵為漢奸拳；反而沒有任何日偽背景的、還沒有成立什麼研究會、只是隸屬於四存學會之下的體育班正練習的一種新興拳法，

1 參見《實報》，一九三八年二月六日。
2 見北京市檔案館，檔案編號為J181-018-18339。

卻被人罵為漢奸拳。

「漢奸」一般是「賣國賊」同義語。一個武林中人，只要他沒有充當日偽打手和幫兇，哪怕他教了幾個日本兵的弟子，和漢奸賣國賊行為也是不搭界的。因為他所能出賣的只是一身武藝而已。教拳只是他在當時的一種謀生手段。

李康在《真正大成拳》一書中曾主張：

一九四九年，日本東京舉辦東亞武術競賽大會，邀中國參加，並通過偽新民學會顧問邀王薌齋出席。偽政權組織了以馬良為首的代表團參加。王薌齋說：「這是兒皇帝的代表團。」以病為由堅辭。[1]

石師薌在《名揚中外的意拳宗師王薌齋》一文中說：

一九四〇年，日本在東京舉行大東亞武術競賽大會，請先生出席，他以腿疾，行走不便而婉辭。不久，復有日人指使張某贈銀萬元以遂先生遠征世界之志，實則陰謀收買，先生亦拒不接納。[2]

1 參見李康《真正大成拳》，北京體育大學出版社，二〇〇五年。
2 參見石師薌《名揚中外的意拳宗師王薌齋》，《武林》總一〇二期。

此二人之說皆無中生有，純屬添亂。

首先，李康的書中明確寫著是「一九四九年」，筆者可以原諒他這一過錯，可能是排版致誤的原因把「一九四〇年」排成「一九四九年」吧？然後，我們再來分析李和石二人所主張此說的真假。

首先，所謂「大東亞武術競賽大會」，其實它的準確名稱是：「東亞武道大會」。舉辦時間為一九四〇年五月十八日至二十日三天。汪偽政權組織的中國代表團全體成員如下：

團長：馬良。

副團長：宮元利直。

總務：米倉俊太郎。

事物：治部貞雄。

選手監督：郭建章。

助理：馬璞。

隨從：法純、靳源。

武術選手十八名：唐鳳亭、唐鳳台、關雲培、吳斌樓、方枝林、郭憲亞、張思贊、勵勤、馬祖仁、任希昉、李廣遠、龔永福、王保英、王榮標、王俠英、王俠林、竇善林、陳德祿。

全部名單經日本興亞院華北地區文化調查官武田熙的審查和圈定。他自身是通背拳社的大總管，這次一下子就派出三名還是父女關係的通背選手，可以理解。另外十五名選手中，在一九四〇年的中國武術界的知名度都遠在王薌齋之上，更不用說當時第二代所有弟子們了。換句話說，王薌齋那時才剛剛在北京站穩腳跟。看看當時《新民報》上對王榮標的介紹就足以說明問題了：

王榮標亦為此行選手之一，現年六十五歲。原籍安次縣，早年以保鏢為業，為冀、魯、晉、陝、豫、甘一帶有名之鏢師，不獨武功精奧，且於各門各派之工夫學說熟知博記，為現在武術界碩果獨存之飽學人物，現在國內知名之武士多出於王氏門下。1

遍查當時所有資料，根本沒有類似於「通過偽新民學會顧問邀王薌齋出席」或「複有日人指使張某贈銀萬元以遂先生遠征世界之志」之類的相關記載——而且，所謂的「張某」是誰？假如是張璧為何不敢明說？當時的「銀萬元」是個什麼概念大概石師薌還很模糊吧？他大概根本不知道張璧當時全部家當也沒有達到「銀萬元」這樣一個數目！所謂的「復有日人指使張某」的日本人是誰？還是不敢明說。

以下是筆者清明節去萬安公墓祭祀祖師王薌齋先生時留影，以及筆者在臺灣和大陸同時出版的研究王薌齋拳法及其歷史的著作《意拳正軌》。

1 以上敘述參見劉正《意拳正軌》，山西科技出版社，二〇〇八年，第一九八頁。

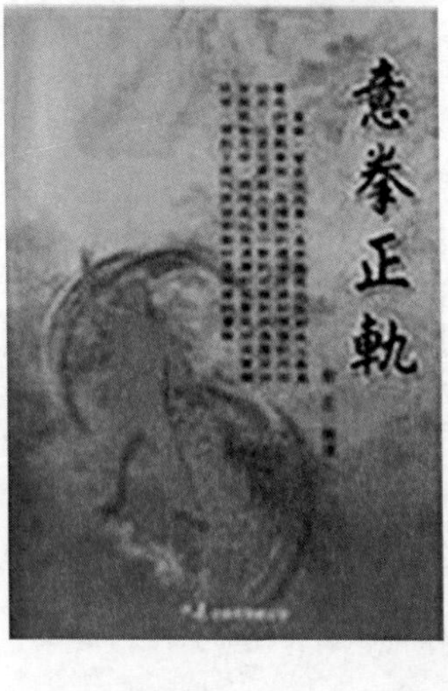

另外，在網路上發表文章得意洋洋地主張「況且像王薌齋這樣的普通百姓解放後政治運動不斷，人人都要三番五次地填表，寫材料，過政審關。王薌齋也不例外，不然他的工作也不會發生多次變動。不知在他的個人檔案裡是否有組織上所作的調查和結論。如果有，那應該是最準確的答案」的人，[1]究竟是一種什麼樣的變態心理在作怪呢?!既然不知道「他的個人檔案裡是否有組織上所作的調查和結論」，又何必出來幸災樂禍地發言聊以自慰?!法醫學告訴我們，屍體可以說話，對屍體的解剖可以還原被害者死亡的原因和大致過程。而歷史學告訴我們，文字可以說話，對檔案文獻和史料的利用和解讀可以還原真實的歷史事件。在學術研究和歷史研究上，我們是相信真實的史料還是相信某些地區所謂的「略知一點歷史的老人們」的坊間閒言碎語?

上個世紀四十年代初期，王薌齋在舊北平的經濟生活有些拮据。於是，張璧介紹他去青島經營

1 見http://www.xiexingcun.com/Wenshizazhi/wszz2008/wszz20080524.html

礦產。張璧熱情地把他自己在青島的關係介紹給王薌齋，給王在青島的生活和經營提供了極大地便利。當時，青島的商會看在張璧的面子上，還增補王薌齋為商會副會長。[1]

而王薌齋也積極地為張璧的堂弟張炳雯之女、一直陪伴在劉氏身邊的張婉儒牽線搭橋，將自己北大工科學院畢業的乾兒子王炳南介紹給張婉儒，終於促成了一樁美滿婚姻。一九四五年，在張婉儒出嫁時，張璧夫婦以自己女兒出嫁的名義發帖，為其舉辦了隆重的婚禮。這樁美滿婚姻，讓張璧和王薌齋的深厚友誼延續到下一代。

1 杜欣在網路上主張青島商會副會長王薌齋是青島人王德合。顯然他並不知道王薌齋和青島的關係。該人發言見http://www.95lm.com/bbs/read.php?tid=42606

第十六章

張璧幫助過的革命者

根據網路上的文章：一九一九年至一九二〇年之間，張璧開始接觸新思想，與李大釗相識並曾多次與李大釗有過會晤。民主人士李公朴先生在晉察冀邊區的一次談話裡提到：「在李大釗被張作霖逮捕期間，各方實施營救中，張璧曾奔走出力。」得知李大釗被張作霖殺害後，張璧與其全軍將士一起為李大釗帶孝。

此事為筆者首次所聞，可惜至今尚缺乏相關史料證據加以考證和支持。但是，我們從張璧的妹妹張秀岩曾經從師李大釗，和張璧亦反對張作霖對北平的控制一事來推斷，出現此事或許也在情理之中。

張潔珣在《中央人民政府檢查委員張秀岩》一文中還記載了：

> 在王明左傾錯誤路線統治我黨時期，白區中共黨的工作也深受其害。她（張秀岩）儘管身處逆境，還盡一切努力，利用張璧和其他一些上層關係營救在錯誤路線影響下被捕入獄的同志們，幫助已經被敵人注意的同志轉移到安全地區。[1]

根據這段記載，從另一角度也說明了張璧的妹妹張秀岩在營救

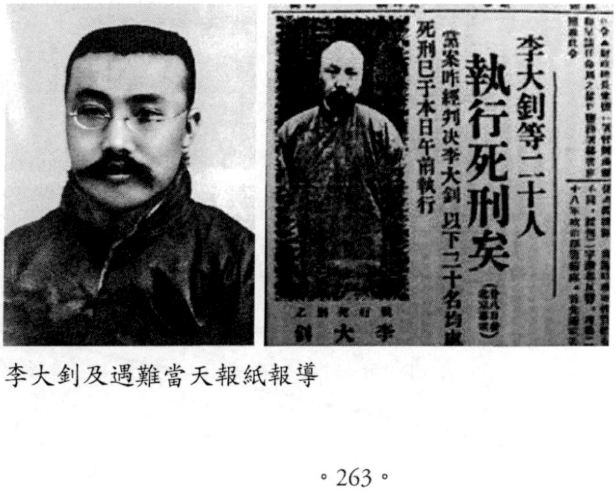

李大釗及遇難當天報紙報導

1 見《霸州歷史文化之旅系列叢書·名人卷》，河北省霸州市政府內部出版物，二〇一三年，第一〇六頁。

被捕的共產黨人時，張璧給予過幫助。

上述記載是對張璧早期保護共產黨人的歷史經歷的簡要說明。

接下來，筆者將講述張璧在抗戰時期是如何保護革命黨人的。

在《霸州歷史文化之旅系列叢書・名人卷・民國名人張璧》一文中的記載：

一九三七年六月，張璧的妹妹，中共天津市委婦女部長張秀岩接到延安密電，她的丈夫李鐵夫（中共天津市委書記）在赴延安參加白區工作會議後在延安病重，讓其速去延安。張秀岩心急如焚，立即找到二哥張璧說要去西北，需要路費。張璧知道小妹要去延安，就說可派人送你到西安，然後你再想辦法。隨後即派張秀岩的表哥劉夢久陪同他到達西安，見到林伯渠同志，劉夢久才回北京。[1]

李大釗和張秀岩等部分北京女子高等師範師生的合影

1 見《霸州歷史文化之旅系列叢書・名人卷》，河北省霸州市政府內部出版物，二〇一三年，第二四六頁。

另一營救革命黨人的記載是：一九四二年九月，時任中共冀南區冀縣縣委書記的賈庭修到下面的鄉村開展工作，途徑馮村時被捕，她被關押在冀縣看守所。賈庭修堅持說自己只是小學教員，並沒有暴露黨員的身份。

在《霸州歷史文化之旅系列叢書·名人卷·民國名人張璧》一文中述：

冀南區黨委即指派當時在冀南南宮縣任宣傳部長的張潔珣和張潔珣的三嫂及共產黨幹部江景玉三人，去北京找張潔珣二叔張璧幫助救人。張璧知道自己的侄女、侄媳婦都是共產黨員，要救的人肯定也是共產黨要人，還是給羈押賈庭修的縣長寫了信，說賈庭修是自己好友的女兒，沒有問題，請予釋放，並應諾重謝云云。這個縣的縣長是張璧的故交，賣給張璧一個人情，把賈庭修取保釋放了。[1]

案：賈庭修，別名杜光。生於一九一二年一月十二日，山東青州人。一九二五年，她考入濟南第一中學。一九二九年，她考入北京大學工學院紡織系學習。一九三三年，她大學畢業後去太原西北毛織廠工作。一九三七年，她經彭真和李雪峰介紹，加入中國共產黨。一九三八年，她調入冀南。當年六月接任冀縣縣委書記，成為中共冀縣縣委第一位女書記，也是冀南區第一位女縣委書記。七月，她和冀南區黨委書記李菁玉在南宮結婚。一九四五年十一月十六日，賈庭修因心臟病不幸在河

---

1 見《霸州歷史文化之旅系列叢書·名人卷》，河北省霸州市政府內部出版物，二〇一三年，第二三六頁。

南濮陽逝世。

《霸州歷史文化之旅系列叢書·名人卷·民國名人張璧》一文提供了真實的史實，可惜文中並沒能提供張璧寫信營救的時間和具體的縣名。

張璧具體寫信營救的時間應為一九四二年十二月中旬，而這個縣就是賈庭修工作的冀縣。一九四二年十二月中，張璧給自己的老朋友、當時任偽蘇北綏靖公署主任的孫良誠寫信，要求保釋賈庭修。鑒於張璧與孫良誠都曾是馮玉祥部下私交甚好，孫良誠在接到張璧的信後，立刻通電冀縣看守所放人。於是，賈庭修得以保釋出獄。

按照當時日偽政府的規定：簽發出獄許可證必須由省、市級別的機關首腦親自簽署才可以，而非縣級機關首腦。比如，一九三六年九月，宋哲元就親自簽發了釋放共產黨人安子文、楊獻珍、劉瀾濤等人的出獄許可證。因此，營救賈庭修必須要由時任偽蘇北綏靖公署主任的孫良誠親自簽發。當時孫良誠的副官張維璽也是張璧在軍中的故交。

案：孫良誠，張璧在軍中的老友。生於一八九三年，字良臣，天津靜海人。一九一二年，加入馮玉祥的軍隊。一九二一年，他成為第十一師二十一旅四十一團團長。一九二六年春，任國民軍第一軍二師師長。一九二七年六月，任國民革命軍第二集團軍第一方面軍總指揮兼第三軍軍長。一九二八年五月，任山東省政府主席。一九三〇年，參加反蔣的中原大戰後被解除職務和軍籍。他和張璧都是馮玉祥軍中參加反蔣而被整肅的軍人，相同的遭遇使他們二人保持著友誼。

又見《霸州歷史文化之旅系列叢書·名人卷·民國名人張璧》一文中的記載：

鑒於張璧的表現，晉察冀抗日根據地曾邀請其參加參政會議。張璧派自己的秘書、大侄女婿梁以俅參加了會議。[1]

案：梁以俅，生於一九〇六年，卒於二〇〇〇年。廣東南海縣人。畢業於國立北平藝術專科學校。中共地下黨員。早年與魯迅有過書信往來，是著名畫家，民國時期曾出版《梁以俅畫集》。一九三二年，他發起創建了「北平左翼美術家聯盟」。解放前曾任北平市立女一中校長。

一九四三年一月初，梁以俅等人曾在保定地下黨交通站的秘密安排下，突破封鎖線，來到晉察冀抗日邊區，梁以俅代表張璧參加了一月十五日中共在河北省阜平縣溫塘村召開的晉察冀邊區首屆參議會。

張璧家族中有許多革命者，張璧幾乎都曾給予過他們資助和幫助。

在這裡主要介紹一下張璧的妹妹，早期中共黨員張秀岩，她生於一八九五年，原名張崢漪。一九一九年初，張璧將其接到北京並考入了北京國立女子高等師範（即後來的女子師範大學）。

1 見《霸州歷史文化之旅系列叢書·名人卷》，河北省霸州市政府內部出版物，二〇一三年，第二三七頁。

晉察冀邊區參議會新選出的行政領導人集體合影

張秀岩在《我的回憶》中曾說：「毛澤東在七大期間曾對我說：『你改造了一個家庭。』這是我引以為很大的光榮。」

在此，參考張潔珣在《中央人民政府檢查委員張秀岩》一文，[1]加以縮寫如下：

一九一九年初，她考入了北京國立女子高等師範學校。在校就讀期間，她積極參與了「五四」運動，並擔任了京、津兩地學生聯合會的聯絡員。在和北洋軍閥反動軍警的衝突中，許多學生被捕了，張秀岩日夜奔走在京津之間，奮不顧身的參加營救被捕學生的鬥爭。一九二二年，她畢業後來到廈門女子師範學校當教師。一九二五年，她任香山慈幼院教師。一九二六年，她加入了中國共產黨。並得到了李大釗熱情接待和談話。他對張秀岩說：「我早就聽郭隆真同志談到你的情況，你的為人和獻身革命的精神我們是瞭解的，黨組織對你經過較長時間的考察後，現在決定吸收你入黨。郭隆真同志介紹你入黨，我很高興，在女高師我的學生中加入共產黨的你還是第一個，希望你入黨後成為一個堅強的革命者，為共產主義事業奮鬥終生。黨組織決定你擔任香山慈幼院黨支部書記。」

在白色恐怖的日子裡，張秀岩在慈幼院的男女師範中都發展了許多黨、團員，建起了黨、團支部，在教育陣地上播下了又一批革命火種。張秀岩非常善於利用合法身份作掩護，她雖然秘密進行革命活動，但表面卻像個守規矩的大家閨秀，獲得學校創辦人熊希齡的好感。在一次警方搜捕之前，張秀岩從熊希齡那裡得到了消息，趕快通知黨團員轉移和銷毀了檔，讓所有不安全的同志都躲到香山的密林深處。結果，軍警什麼也沒有查出來。

1 見《霸州歷史文化之旅系列叢書．名人卷》，河北省霸州市政府內部出版物，二〇一三年，第一〇一頁。

九・一八事變以後，張秀岩擔起中國左翼作家聯盟北平分盟的黨團書記。後來北平的左翼文化運動進一步發展，北平「左聯」、「社聯」、「劇聯」、「語聯」、「教聯」、「樂聯」、「美聯」等團體相繼成立。一九三二年五月召開北平各左翼文化團體代表大會，成立了「北平文化總聯盟」。張秀岩擔任了該組織負責人。她為了擴大革命力量，開展左翼文藝、出版、繪畫、戲劇等革命活動，組織了青年讀書會，團結喜好文學和美術的青年作家和藝術家，出版了一個進步文學刊物《地球》。在她的支持和影響下，辦起了「星雲堂」進步書店，傳播革命進步書籍。

這個時期，她不但教育社會上的青年，還教育自己的家屬，她經常抽空給侄兒侄女們講革命道理。最早追隨張秀岩參加革命工作的是張璧的侄女，從一九三〇年起她就參加了黨領導下的「左翼作家聯盟」、「新興劇社」、「師大生活社」等團體，從事抗日救亡的革命活動，演出進步話劇，組織讀書會等。在張秀岩的引導下，侄子和侄女們經常一起夜裡出去散發和寄送宣傳抗日救國的傳單、宣傳品，貼標語或寫標語，還經常幫助姑母張秀岩用米湯抄寫秘密檔。當時只有十歲左右的張潔珣，也曾跟著哥哥姐姐們出去散發傳單，他們寫標語時，張潔珣給他們在胡同口放哨。當姑母在白色恐怖下同地下黨的同志們接頭聯繫時，帶著張潔珣作掩護，有時到別人家裡去，有時到某某會館、公園或圖書館裡，帶著小孩就不容易引起敵人注意。張秀岩的大嫂也時常幫助照顧來到家裡的同志，並且為秘密接頭的同志們看風放哨。在大搜捕的日子裡，他們大家一起悄悄的在夜裡挖開後院的土地，幫助張秀岩埋藏文件和革命書刊。

一九三四年，張秀岩被組織上調到天津工作，擔任天津左翼文化總同盟的黨團書記。同年，她和李鐵夫結婚。

案：李鐵夫原名韓偉健，又名金元鎬，是朝鮮共產黨創始人之一，朝鮮共產黨中央委員，國際共產主義戰士。在朝鮮抗日流亡來到中國參加革命後，於一九二八年加入中國共產黨。曾任中共河北省委宣傳部長和中共天津市委書記，是中共早期白區領導人之一。一九三七年赴延安開會時不幸染上傷寒去世。

一九三六年春，劉少奇到天津任中共中央駐北方局代表，糾正了王明左傾錯誤路線，任命張秀岩為天津市委委員兼婦女運動工作部部長。一九三七年底，中共派張秀岩到西安，任陝西省委常委兼婦女部長、婦女工作委員會書記。在陝西，張秀岩根據自己多年的地下工作經驗，成立了陝西省婦女慰勞會，利用該會組織了姊妹團、慰問團、宣傳隊、救護隊、夜校、婦女識字班，創辦了刊物《西安婦女》。還在西安等地開展募捐支持抗日前線，還舉辦了三期訓練班，培養了一批婦女幹部，派往陝西各地開展抗日救亡工作。一九三九年，她去延安向中共中央婦女工作委員會彙報工作時，被留在中央組織部工作。一九四六年，周恩來回到延安，組建了中央城市工作部並親自兼任部長，張秀岩被任命為第四室主任，主管平、津、保各城市的工作。

北平解放前夕，張秀岩兼任中央派駐晉察冀城工部的代表，她與城工部部長劉仁並肩作戰，不辭辛苦的指導平、津等大城市地下黨的工作，為解放平津做出了具大貢獻。

一九四八年末，黨中央任命她為中共北平市委常委兼婦女工作委員會書記。她出席了中國全國第一次婦女代表大會。一九四九年九月，她作為全國婦聯的代表出席了第一屆中國人民政治協商會議。十月一日登上天安門參加了開國大典。新中國成立後，張秀岩擔任政務院監察委員會委員、監察部部長助理、全國婦聯常委、黨組成員，是中共七大代表，第一、二屆人大代表，第四屆全國政協常委。

「文革」浩劫初期，張秀岩被非法抓捕，投入了秦城監獄。一九六八年十二月二十五日被迫害含冤慘死在獄中。一九七九年十一月二十五日，中共為張秀岩召開了平反昭雪的追悼會，對她光榮和革命的一生給予了高度的評價和肯定！

在張秀岩的影響下，張璧大哥張律生的十幾位子女都走上了革命道路，即張璧的紅色侄子、侄女們。

張秀岩追悼會上，姚依林副總理致追悼詞（前排左），（右起）宋任窮、彭真、鄧穎超、康克清、薄一波等領導

第十七章

查無實證的漢奸嫌疑

最早的《懲治漢奸條例》出現在一九三七年八月二十三日。而後又在一九三八年八月二十五日公佈了第一次修正案，增加了沒收財產的規定。因此，懲治漢奸一直以軍事間諜類的漢奸為主。

一九四五年九月日本投降後，國民黨軍統特務頭子戴笠來到北京，成立了「北平肅奸委員會」，開始督查舊北平懲治漢奸工作的進展。十月十一日，按照國民政府懲治漢奸條例的要求，戴笠親自主持將偽政權的首要分子和軍事間諜一百餘名，當作大漢奸全部逮捕。

這當中，並沒有張璧。

十一月二十三日，國民政府又公佈了《處理漢奸案件條例》，共十一款。此次懲治漢奸的範圍從軍事間諜擴大化到在偽政權工作的公務員和機關首長。一時間，抓漢奸運動的擴大化的浪潮遍佈了全國。只要是曾經在日偽政權下工作過的人，不論是出於謀生還是被迫，或者主動效忠於日偽，性質不問，一律定為漢奸。

十二月三日，何應欽親來到北京後，監督執行《處理漢奸案件條例》的執行問題。這時候，原屬於張學良部下的于某，因為在上個世紀二十年代、三十年代在天津就已經和張璧發生多次矛盾，相互結怨很深。於是，他越級向剛到北京國民政府的何應欽直接舉報了張璧，舉報信中說：張璧是偽北平公用總局的局長，屬於新發佈的《處理漢奸案件條例》範圍內任職偽機關首腦一款，應該立即抓捕。於是，何應欽親自批准了這一舉報。

十二月五日，張璧被捕。

因此，當時公佈的漢奸名單中就出現了「張璧」的名字和他早就辭職不幹的「偽公用局長」一職。見如下：

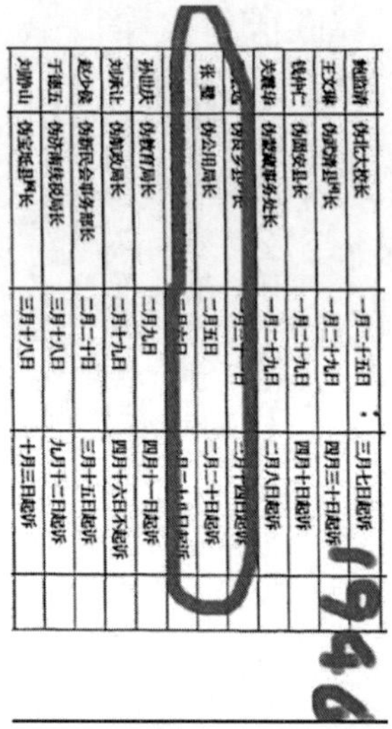

[illegible]	伪北大校长	一月二十五日	三月七日起诉	
王文[illegible]	[illegible]	一月二十九日	四月三十日起诉	
钱[illegible]	伪固安县长	一月二十九日	四月十日起诉	
关[illegible]	伪[illegible]务处长	一月二十九日	二月八日起诉	
[illegible]	[illegible]	一月三十一日	三月十四日起诉	
张璧	伪公用局长	二月五日	二月二十日起诉	
[illegible]	[illegible]	[illegible]	[illegible]	
孙[illegible]	伪教育局长	二月九日	四月十一日起诉	
刘[illegible]	伪[illegible]局长	二月十九日	四月十六日不起诉	
赵[illegible]	伪新民会[illegible]部长	二月二十日	三月十五日起诉	
于[illegible]	伪[illegible]局长	三月十八日	九月十二日起诉	
刘静山	伪宝坻县长	三月十八日	十月三日起诉	

1946

我們無意於指責當時實際出現的大量的夾雜個人恩怨和糾紛的那些「漢奸舉報」。因為，借機誣告陷害例子非常多，不但舊北平市內，甚至連宋哲元的老家也出現了，見如下：

有一次肖司令的除奸組決定除掉一個被人誣告為漢奸的樂陵縣知名人士。春元瞭解這個人，他在暗中多次幫助抗日愛國力量，……過去曾因商業利益問題，得罪過人，肖司令向春元通報這一決定，春元十分著急，火速派遣高慶海親見肖司令，報告真實情況，肖司令果斷的派人追回已經出發的執行隊伍。[1]

張璧也是如此，他被仇家舉報了。當天，和他一同被捕的還有在日偽政府內任現職的公務員七十餘人。張璧是唯一一位不任現職、早已主動辭職的前偽機關首長。

1 見《抗日名將宋哲元家族史料研究》，一九九二年，第四八〇頁，國內印刷本，印刷批准號：津東圖字（92）第00074號。

從該漢奸名單中我們得知：河北高等法院檢察一九四六年二月五日受理張璧案件，二月二十日起訴。該卷宗保存在河北省檔案館，卷宗編號是634-72-128。[1]

為此，我們需要先詳細地介紹一下當時的漢奸審判問題的由來。

國民政府的《懲治漢奸條例》修正案直到一九四六年三月十三日才正式發佈施行。該修正案的條例是對一九三八、一九四五兩年條例的補充和修正。該條例規定了本法適用範圍如下：

1、通謀敵國，而有本法所列行為之一者，判死刑或無期徒刑；

2、曾在偽組織機關團體服務，為有利於敵偽或不利於本國或人民之行為於一定年限內，不得為公職候選人或任用為公務員，處一年以上七年以下有期徒刑；

3、明知為漢奸而藏匿不報或包庇縱容者，處一年以上七年以下有期徒刑；

4、犯前條之罪者沒收其全部財產，但應酌留家屬必需之生活費；

5、查封動產，但應酌留家屬必需之生活費；

6、查封動產，得委託該管地方行政機關執行之；

7、明知為漢奸將受沒收或查封之財產而隱匿、收買、寄藏或冒名頂替者，處五年以下有期徒刑、拘役、或併科罰金。

1 我曾委託河北師範大學的張大軍、謝寧師生查找這一原始起訴書和審判書。但是，他們卻沒有發現任何相關審判證據。如此重大事件，為何沒有起訴書和判決書保存？我感到不放心，不得不親自奔赴位於石家莊市的河北省檔案館。結果也是根本就沒有起訴書和判決書，只有上面那張抓捕的漢奸名單。我又親自去位於南京的中國第二歷史檔案館查找，也是無果而歸。

請注意這裡的第二款：

> 曾在偽組織機關團體服務，為有利於敵偽或不利於本國或人民之行為於一定年限內，不得為公職候選人或任用為公務員，處一年以上七年以下有期徒刑。

張璧雖然在一九四六年二月五日被河北省高等法院受理、二月二十日被起訴。但是，再無下文。為什麼要在如此違反當時國民政府政策法規的情況下拘押張璧呢？

按照一九四六年三月十三日的《懲治漢奸條例》修正案，張璧曾經任職過二年的「北平市公用總局局長」一職，頂多屬於「曾在偽組織機關團體服務」，但是他不但沒有「為有利於敵偽或不利於本國或人民之行為於一定年限內」，相反卻幹了很多保護抗日的國軍將領和共產黨人的歷史事實，哪怕再不為國民政府所考慮，頂多是「一定年限內，不得為公職候選人或任用為公務員，處一年以上七年以下有期徒刑」而已。關鍵是這一條並不是何應欽所希望出現的結果。

何應欽抓張璧的目的是要一箭雙鵰：這第一鵰就是張秀岩所分析的那樣，可能是因參加「北京軍調部」的共產黨代表中有其侄子，而引起了國民黨當局的憤恨。因此，抓了張璧最好再治其重罪，就可以實現打擊參加「北京軍調部」的共產黨代表的效果。第二鵰就是終於替蔣介石又除掉了一個曾經的反蔣勢力積極份子，達到教訓馮玉祥所屬各部的目的。

拘捕了張璧後卻找不到他的漢奸罪行，這就是為什麼河北省高等法院接到何應欽抓捕張璧的指令後一直無法定罪和判決的原因。

關於國民黨抓捕軍調會代表及其家屬的問題，還可以參見下面這篇文章的證據：

戴笠即緊急指示，一九四六年元旦北平軍調處執行部要成立，要在該部未成立前秘密逮捕一批中共人員及革命人士，同時特別指示逮捕後送入監獄時，一律稱為「重要漢奸」，以掩人耳目。[1]

國民黨當局為了製造轟動效果，一九四六年七月二日，何應欽特地指令將張璧和當時著名的漢奸金璧輝同時由北京移動到保定的河北第一監獄等待審判，製造了一個將兩「璧」一起同車押送到保定的客觀效果。意圖達到以漢奸金璧輝的罪行來糾纏張璧的新聞效果。新聞效果雖然達到了，但是卻無法按照給漢奸金璧輝定罪的模式和證據來給張璧定罪。因為張璧除了任職過兩年又主動辭職的舊北平市公用管理總局局長之外，並無《懲治漢奸條例》修正案的「通謀敵國，而有本法所列行為之一者，判死刑或無期徒刑」之罪。

就連解放後被人反覆提起的「天津事件」，也沒有再被當時的法官或者新聞記者們提起。這難道是國民政府和新聞界當時就已經知道了張璧和「天津事件」無關？

一九四七年一月一日，決定張璧的新罪名才正式出現：見舊北平特別市公署警察局《第05466號密令》[2]原始檔案，該檔案照片如下：

1 《北京黨史研究》，一九九五年第三期，第二十八頁。

2 參見北京市檔案館，檔案編號為J183-002-39181。

該密令全文如下：

北平市警察局密令

行治字第〇五四六六號

中華民國三十六年三月七日

案准第十一戰區長官司令部政治部三十六年二月二十七日化社字第八一九三號公函以據報：安清道義總會自會長張璧因漢奸嫌疑被捕後，該會已由騾馬市大街遷移東城某胡同內秘密活動。

囑查辦見覆等由，准此查。此案前奉市政府三十四年十二月三日府秘二字第六十五號密令，經於是年十二月八日以行治字第一〇九〇號密令通飭取締查禁在案。茲准前由。除分令外合行令仰遵照前令各令，嚴密查辦其報為要。此令。

局長　湯永咸

這次的罪名仍是「張璧因漢奸嫌疑被捕」，但是，此公函不再提「偽公用總局局長」之職位了，改為「安清道義總會北京分會會長張璧」，這次的罪名看來似乎是無法逃脫的了。

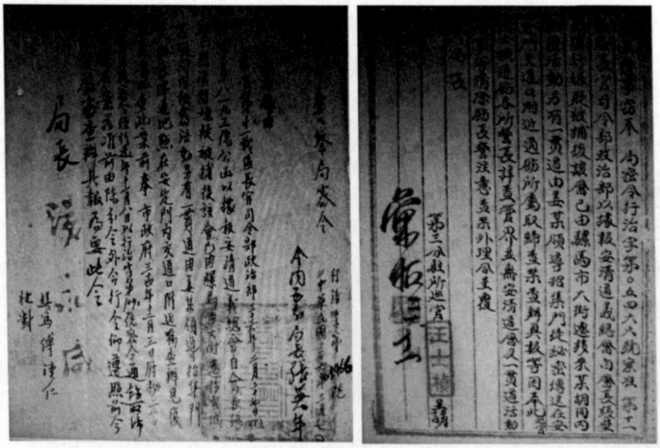

可是，一九四三年十一月九日，國民政府軍委會電令張璧為華北軍事特派員。兩天後，即同年

十一月十一日，冀察戰區總司令蔣鼎文又下達「字第六四四四號令」，委任張璧為平漢路北段軍事特派員。這是在特殊的情況下，張璧獲得的兩個國民政府委任的秘密職務，他的一切工作將以策反日偽漢奸、支援國民政府和中國軍隊為核心。為此，一九四四年一月一日，年已六十歲的張璧決定接手「華北安清道義總會北京分會」的管理權，實現策反的抗日工作。於是，由於他的輩分和名望被推舉為「華北安清道義總會北京分會會長」。此事請見《反蔣失敗後的青幫老大》中張璧向國民政府書寫的程文。

讓我們看看另一位真正任過「華北安青道義會」總會長的魏大可，他於一九三八任此職後，成為「青幫」在華北的領袖，收日本軍官十四人為徒，收日特務機關要員首野為義子。一九四一年，他為日軍籌辦「華北鐵路保衛部」，被委任為總辦（部長）。而這樣一個人並沒有被國民黨認定為漢奸。抗日戰爭勝利後，他去上海與黃金榮、杜月笙、馬漢三等籌建了「新中國社會事業建設協會」，任會長，國民黨要員戴笠還招待了他。一九四九年全國解放後，他因為辱罵領袖罪（而非漢奸罪），被河北人民法院判刑五年，一九五六年上半年保釋出獄，於一九五九年春天病故。

既然如此，以張璧參與籌建了「華北安清道義總會北京分會」、出任該分會會長的理由來批捕，顯然是無法對其定罪的。而且，國民政府軍委會電令張璧

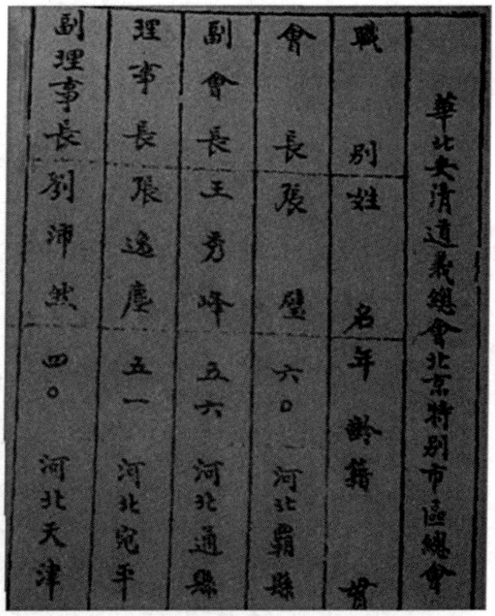

華北安清道義總會北京特別市區總會

職別	姓名	年齡	籍貫
會長	張璧	六0	河北霸縣
副會長	王秀峰	五六	河北通縣
理事長	張遜塵	五一	河北宛平
副理事長	劉沛然	四0	河北天津

華北安清道義總會北京分會登記冊

為華北軍事特派員、冀察戰區總司令蔣鼎文下達「字第六四四四號令」，委任張璧為平漢路北段軍事特派員的事實，證明了所謂的「安清道義總會北京分會會長張璧因漢奸嫌疑被捕」的宣傳效果和法律結果之間的完全不一致。

因此，「安清道義總會北京分會會長張璧因漢奸嫌疑被捕」之說，僅僅是「嫌疑」而已，卻無法完成審判和定罪的法律程序，因為國民政府無法否認和解釋委任張璧為軍事特派員、進行策反日偽工作的事實，上述事實反而證明了國民黨過河拆橋的行為。如果不是張璧接受了國民政府給他的這兩個秘密委任，以他在青幫的資歷、資格、知名度和能力，晚年的張璧又為何要出任一個「北京分會」的會長這麼個「小頭頭」來自辱?!

換句話說，罩在張璧頭上的「漢奸嫌疑」至死亦查無實證！

第十八章

悲壯而盛大的治喪活動

一九四八年二月二十九日，陰曆正月二十日，傍晚時分，張璧猝死在舊北平的第一監獄。張秀岩在《我的回憶》中也說：「由於在民族災難中，中國社會各階級關係的錯綜複雜，後來我們曾在黨的指示下，幾次做張璧的工作並且得到他的掩護。抗戰勝利後他死在蔣介石的監獄中。」由此可見，猝死在監獄是定說。

當張璧的遺體從監獄送出，在陰曆正月二十二日，張璧的親屬、各界朋友及北京社會名流兩千多人前去弔唁。[1]當時，還是十九歲的學生白洪瑛代父親白靜明去送輓聯。[2]他在「我的記憶」中寫到：

「張璧逝世後，在宣武門外下斜街的一寺廟弔喪。辦事時，廟內人很多，院內都滿了。輓聯很多，也都掛滿了。特別是李宗仁送的橫幅掛在中間最顯眼的位置。當時天氣很冷。我是代表我父親白靜明去送輓聯，我那時正在北京四中讀高中……」

白洪瑛學生時的相片和證詞，見下：

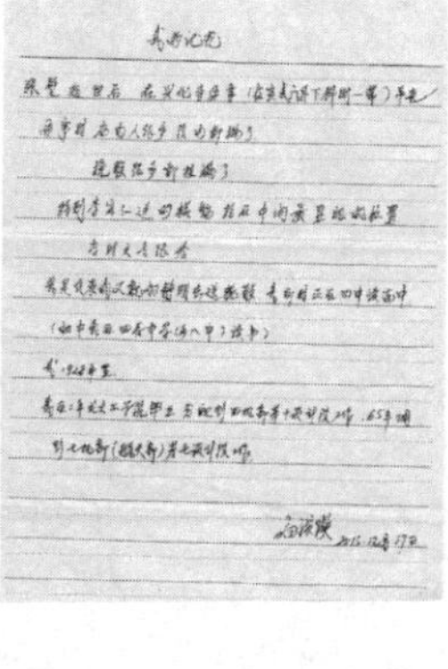
我的记忆
挽联很多都挂满了
特别是李宗仁送的横幅挂在中间最显眼的位置
白洪瑛

1 陰曆一月二十二日，弔唁張璧去世的消息傳出，這或許就是後來網路說張璧死於一月二十二日的誤傳原因。

2 白洪瑛，曾就讀於四存中學和四中高中，畢業於北大工學院。後在七機部某設計院從事研究工作。

當我採訪白洪瑛老人時，他說：「當時李宗仁親自書寫了四個字的輓聯，由於年代久遠，至今已經忘記了這四個字的具體內容。但對李宗仁送輓聯的事情記憶深刻，因那時李宗仁在國民黨政府中名聲很大。」

我沒有找到檔案相關的記載，但至少，我們可以作為一個證據在此提出來。也請親身出席了那次弔唁的人，一起回憶和復原歷史的真實。

弔唁連續了三天。然後，張璧的靈柩厝放在寺廟中（當時講究這種做法），直至五月份出殯下葬。

檔案記載了在五月二十三日舉行了送葬儀式和追悼會，並專門設立了治喪處，由時任四存學會理事、四存中學校長張蔭梧任主任主持。且發佈公告如下：

> 茲訂於五月二十三日下午新三時，假北平宣外老牆根廣惠寺舉行追悼會，敬希惠臨，如賜唁，請逕交宣外騾馬市大街一三七號治喪處可也。[1]

當時特別印製了一個專門紀念冊《張玉衡先生治喪處》，內容收錄了治喪處公告、治喪處成員名單、悼詞等。由於該紀念冊沒有當天追悼活動的任何報導，由此證明了這一紀念冊發行在前、而追悼會舉行在後這一事實。

1 參見北京市檔案館，檔案編號為J003-001-00263。

該治喪處至少曾舉辦過一次全體成員參加的會議，並且專門發了會議通知如下：

敬啟者

茲定於五月十六日（即星期日）程表下午三時在騾馬市大街一三七號開全體籌備委員會議，並由主席團代表張蔭梧先生共商喪務事宜。務祈準時出席，以便討論一切重要事項。再關於發帖事，作請將臺端之至友以及同道之通訊地點，就便擬單交來，以資照發。此次會議關係重要至希撥見與會為盼。

此致

先生

張玉衡先生治喪處五月

該治喪處全體委員共一二〇人，全部名單見如下原始檔案照片：

《張玉衡先生治喪處》全體委員[1]

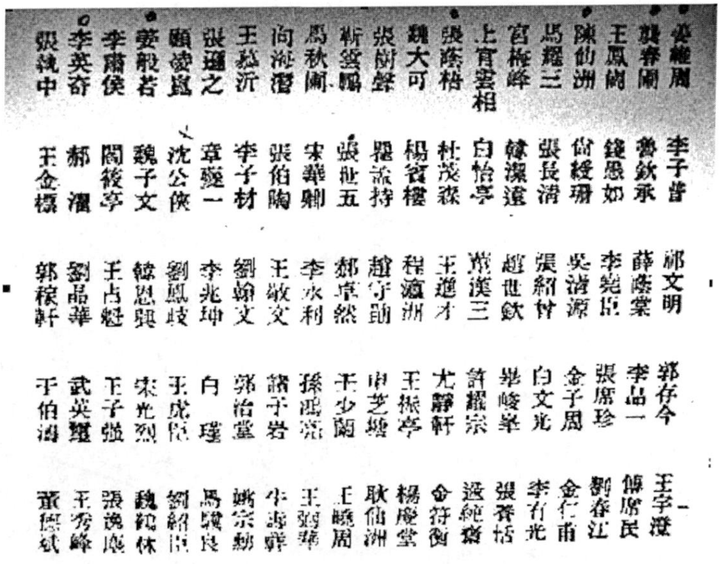

姜維周 龔春圃 王鳳崗 陳伯洲 馬耀三 宮梅峰 上官雲相 張蔭梧 魏大可 張樹聲 靳雲鵬 馬秋圃 向瀛潛 王懿沂 張璽之 顧燮夏 婁般若 李肅侯 李英奇 張執中

李子峕 魯欽承 錢愚如 倪綬珊 張長清 韓濮達 白怡亭 杜茂森 楊資樓 瞿流持 張壯五 宋華卿 張伯陶 李子材 章遜一 沈公俠 魏子文 閻筱亭 郝 濯 王金標

祁文明 薛篤棠 李堯臣 吳清源 張紹付 趙世欽 蕭漢三 王進才 程瀛洲 趙守勛 郝卓然 李水利 王敬文 劉翰文 李兆坤 劉鳳岐 韓恩興 王占魁 劉晶華 郭稼軒

郭存今 李品一 張席珍 金子周 白文光 吳峻峯 許耀宗 尤靜軒 王振亭 申芝塘 王少蘭 孫遐宗 諸子岩 郭治堂 白 瑾 王成信 宋光烈 王子強 武英耀 于伯海

王字澄 傅席民 劉春江 金仁甫 李有光 張養恬 遜純齋 俞符衡 楊慶堂 耿仙洲 王曉周 王劍華 牛壽群 姚宗勳 馬駿良 劉紹臣 魏鶴林 張逸廬 王秀峰 董世斌

1 參見北京市檔案館，檔案編號為J003-001-00263。

仔細分析這些人員構成和他們各自的背景，可以加深我們對張璧的瞭解。上述一二〇人，大致由以下幾類人員構成：

第一類是張璧在軍中和警署的老友。如靳雲鵬、張席珍、宮梅峰、上官雲相、張蔭梧、董漢三、王虎臣、程瀛洲、宋光烈、沈公俠。其中，王虎臣和張璧同為馮玉祥的部下。張席珍則是張璧在陸軍學堂時代洋文班的同學，曾獲陸軍中將軍銜。宮梅峰曾是張宗昌的部下，任六十四師師長。上官雲相是國民黨陸軍二級上將。張蔭梧曾在二、三十年代任北平市長，曾提出所謂的曲線救國論。後來出任四存學會理事、四存中學校長。

第二類是張璧在青幫和洪幫的老友。如魏大可、宋華卿、魏子文、王慕沂、向海潛、章夔一。其中，魏大可和他同為青幫「大」字輩弟子。宋華卿早在一九三三年就曾被舊北平市警察局通緝。辛亥革命的元老和抗日英雄的向海潛，當時為洪幫的大佬。章夔一則是舊北平市洪幫的大佬。龔春圃也是洪幫大佬，曾任陸軍少將。

第三類是張璧在武術界的老友。如李堯臣、姚宗勳、諸子炎、馬驥良。其中，李堯臣當時是舊北平武術界最高泰斗，他曾經當過慈禧太后的保鏢。而姚、諸、馬三人皆王薌齋的弟子，當時王薌齋正在青島趕不回來，特地指派自己的三名弟子到場。「諸子炎」的名字，一直被武術界錯傳成「周子炎」。

第四類是張璧的親屬。如侄女婿梁以俅、義子劉紹臣等人。紀念冊中誤將「梁以俅」的名字印成「梁以侃」。

第五類是張璧在北平、天津的好友和文化界人士。如王宇澄、郭存今、尚綬珊、韓潔遠、金符衡、趙守勳、申芝堂、李英奇、閻筱亭。其中，王宇澄就是當時著名的《實報》記者、報導多次大成拳時使用過的筆名「羨魚」。韓潔遠為京城名票、單弦大師。趙守勳、申芝堂為當時京城名醫。李英奇也是陸軍中將和新疆警察廳廳長。閻筱亭則是當時平、津著名的建築師。

第六類是張璧的一些熟人。如王鳳崗、馬耀三、耿仙洲、楊賓樓。其中王鳳崗是河北省新城縣人，當地的土豪，參加過八路軍，然後投日，一九四八年又任傅作義部第二清剿區司令。馬耀三曾當過新城縣長和北平國民黨市黨部宣傳部長。楊賓樓是張蔭梧手下幹將，曾組織過「華北民眾自救會」。耿仙洲是當時著名的抗日將領呂正操部隊中的遊擊戰術的專家。

第七類是張璧在國民黨軍統人員中的特殊熟人。如陳仙洲、張世五。其中，陳仙洲曾是當時國民黨軍統局天津站站長，而張世五則是當時國民黨軍統局北平站站長。他們二人和張璧交往的密切，顯然是張璧曾經幫助他們開展過獲取日偽情報等工作。

其實，張璧在當時，還經常和國民黨高級將領保持密切來往。又據國民黨軍統中將文強《文強口述歷史》一書的陳述：

我未見孫殿英之前，戴笠就向我說起過孫殿英。戴笠在執行蔣介石「搞垮馮玉祥的抗日同盟軍」的密令時，同劉健群一道去天津租界與孫殿英見面，發現孫殿英所關心的事，不是抗日不抗日，而是找靠山。回到北平後，戴笠撇開劉健群，另作去天津見孫的準備。戴笠說：他找張學良將軍寫了一封親筆介紹信，又找到孫殿英的好朋友，北方著名的政客張璧（張玉衡）和洪幫頭子張樹聲，陪同他一起到天津。戴笠在英租界利順德飯店住下，擺出很大的派頭，請孫殿英在飯店見面。孫殿英知道戴笠是蔣介石身邊的親信，一見面倒頭便拜，連連說：「上次相見，有眼不識泰山，實在罪過，我們同在江湖上闖蕩，只要蔣委員長用得著我，我願一輩子做馬前卒，要我割下頭來，保證不割下耳朵，今日難得見面，送兩顆紅寶石作紀念吧，這是乾隆皇帝御用的朝珠。」戴笠當時收下，回南京後交給了蔣介石。1

文強稱張璧為「北方著名的政客」，已經顯示出國民黨上層人員對張璧的真實態度和看法。

由上述文中也可以發現，張璧和孫殿英、戴笠二人的交往，以及當時張璧的社會地位和影響力。國民政府多名在職軍政高官，以及軍統局京、津兩大工作站站長陳仙洲和張世五的同時出席張璧的治喪處委員，既是肯定了張璧當時協助軍統從事策反和從事抗日工作及就任軍事特派員這一歷史經歷的真實存在，也是對「漢奸嫌疑」的否定！

治喪處的會議通知中的「討論一切重要事項」，應該是討論追悼會悼詞和碑文二者。因為當時的習慣，社會名人基本上全安葬在萬安公墓。

張璧的墓地保存在北京萬安公墓「火區癸組」，這一位置今天距離他的好友王薌齋（一九六三年故）的墓地萬安公墓「水區稱組」，不過百米遠而已。張璧的墓室保存完整，但是墓碑被砸斷成兩段，現在僅存上半段，並且被橫著放置。

1 文強《文強口述歷史》，中國社會科學出版社，二〇〇三年。

殘景如此，長歌當哭！寫到這裡，筆者禁不住地當場寫下了這首五段的抒情短詩，《訪張璧墓地有感》：

靜靜地
你躺在那裡
默默無聞地
一直是那麼的
不聲
不響

你帶走了昨日的輝煌
任世人對著你的墳墓
痛貶
罵娘

今天我來了
帶著史海的滄桑
拂走罩在你頭上的

塵土和寒霜
復原歷史上你那真實的功過是非模樣

靜靜地
你躺在那裡
那殘缺的墓碑仿佛正述說著
你曾遭受的冰冷和淒涼
是真實的歷史
怎會懼怕
正午的陽光

原諒我驚擾了你那
已經沉睡了六十六年的
夢鄉

根據筆者二〇一四年一月十八日一整天的實地考察和推算，張璧墓地尺寸資料如下：

根據陽面「顯妣劉氏夫人孝女」一行從碑文上部到「女」字的總長度為六十四釐米來推算，則該碑文總長度應該為九十二－一百釐米之間。再根據碑文面寬度為四十六釐米，則按照刻碑習慣，則該碑文長度當為九十二釐米。即，長度和寬度是二比一的碑銘標準比例。估算該碑共十二行，每行三十九字。則全部碑銘文字當在四百字左右。第七行開頭字為「亥」，而後言其「無疾而逝」，則「亥」字前顯然當系張璧死亡日期的陰曆，故可補寫為「民國戊子正月乙」，並加前後方括弧以表示根據內容補加。

關於他的卒年，目前有三說並存：網路上多有人主張死於一九四六年一月二十二日。而在大成拳界，一直還流傳著一九四九年一月他在國民黨監獄中因聞聽蔣介石敗北而大笑引起心肌梗塞猝死的傳聞。如，楊鴻晨在《並非裝聾作啞——再次〈問疑大成拳〉之試答》一文中曾主張：「張璧早年追隨孫中山參加辛亥革命，一九四九年一月因大笑引起心梗猝死於北平（現健在的浙江杭州竇以鸞為證）。」[1]案：根據《玉衡張璧先生之墓》碑文記載，他卒於「民國戊子二月廿九日」，這個時間是陽曆，即一九四八年二月二十九日，陰曆為一月二十日。

——生於晚清而死於民國的人，經常在墓碑上以陰曆記載出生而以陽曆記載死亡日期的雙重曆法並存的現象。

該碑總體尺寸是：

額高十二釐米，天頭高四十六釐米，碑銘高九十二釐米，基座高分上下兩層，底層高三十釐米，上層高十六釐米。則該墓碑總高度為一九六釐米。地上墓蓋總長度二一六釐米，寬度九十釐米。邊

---

1 楊鴻塵文章首先在網路上發表，至今不詳發表於何刊。

池寬度一一八釐米，長度二四五釐米。

這裡出現的孝男、孝女的名字已經殘缺了。其「孝女」，根據該墓地的檔案文獻，立墓人為「張靜琇」。這裡的張靜琇應該就是劉鴻英弟弟的女兒劉靜琇，過繼給張璧夫婦，改名張靜琇。而這裡的「孝男」，由於碑文下面已經殘缺，《張氏家譜》中並無任何記載，該譜一九三〇—四八年之間並未修訂，因此它不可能準確反映實際情況。根據萬安公墓的保存規定，任何墓碑一旦批准樹立，該公墓管理處的文獻檔案室將保存全部碑文內容和該墓地所有權歸屬人。我們希望有朝一日，可以得到萬安公墓檔案室的支援，恢復張璧墓碑全部內容。

張璧墓碑陽面銘文為：

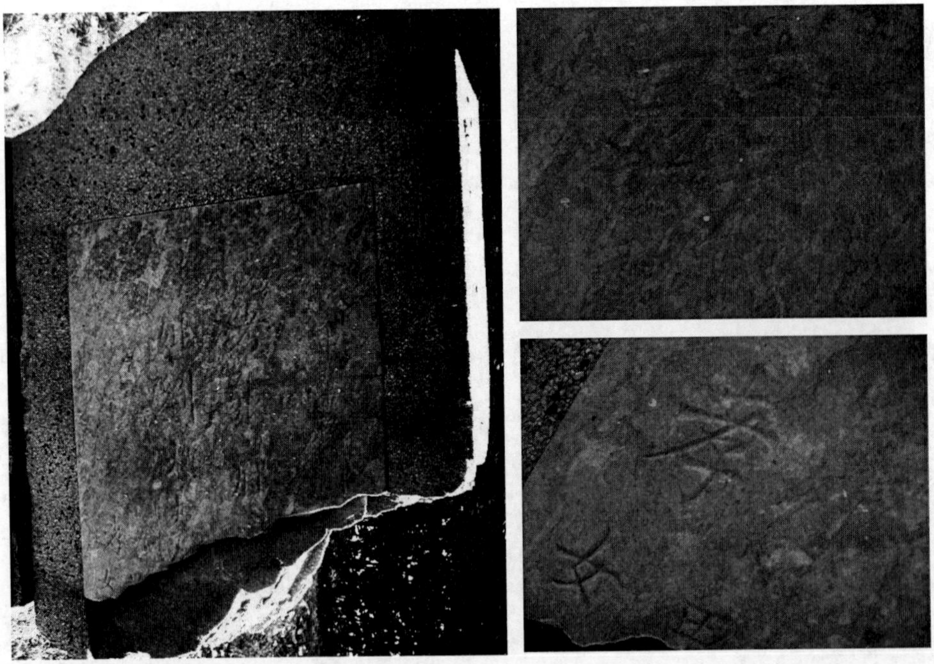

墓碑陽面上「顯」和「孝男女」文字

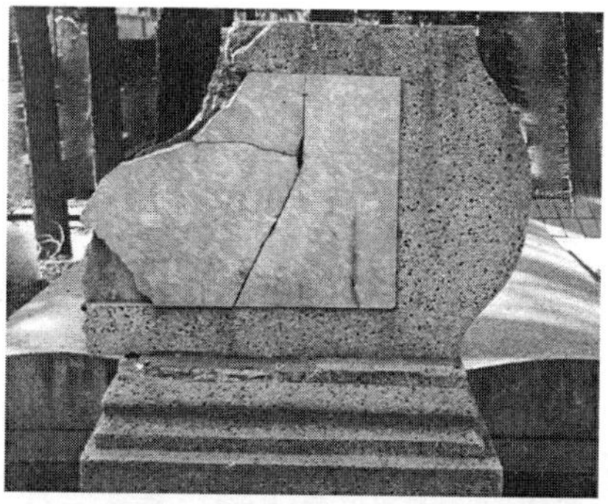

中華民國〔卅七年□月□日立〕
考張府〔君璧〕
顯
〔之墓〕
妣劉氏夫人
男〔張xx〕
孝
女〔張靜琇〕

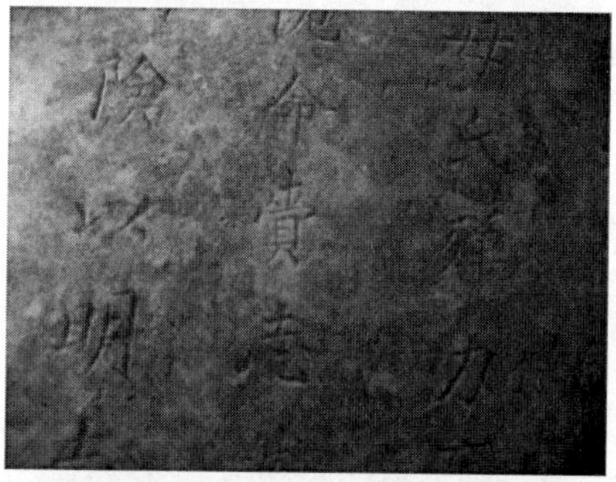
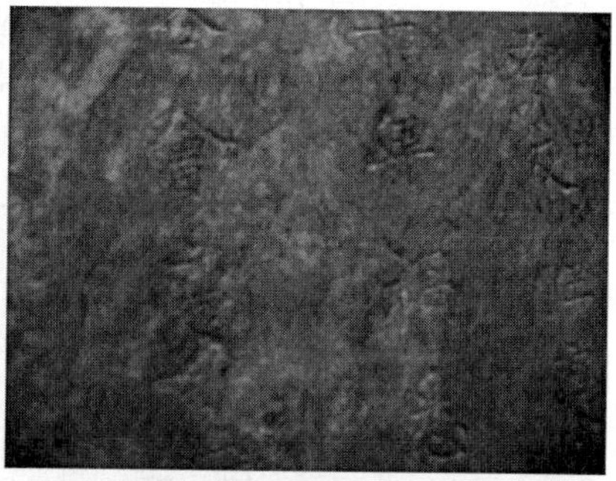
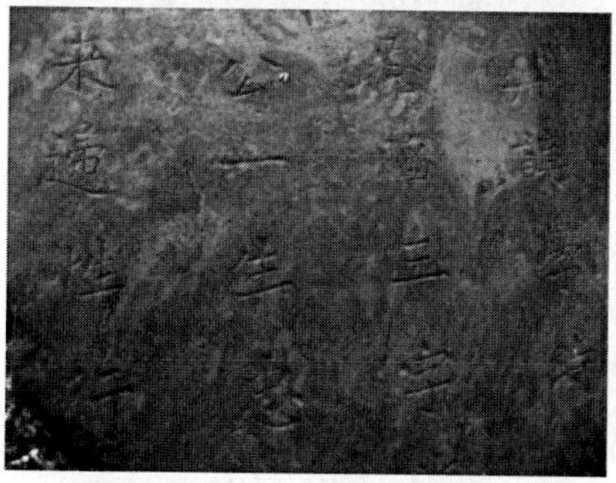
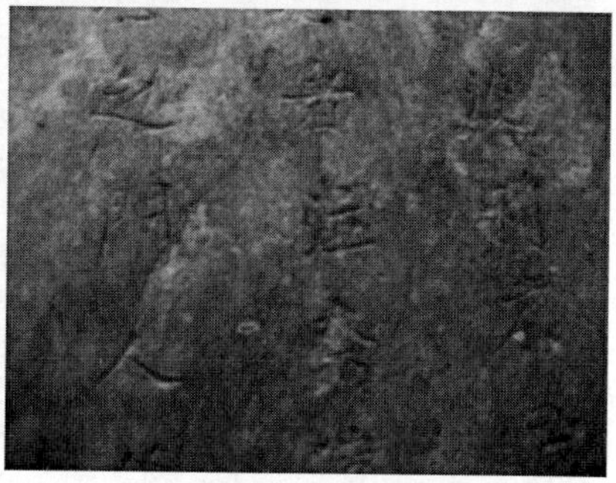
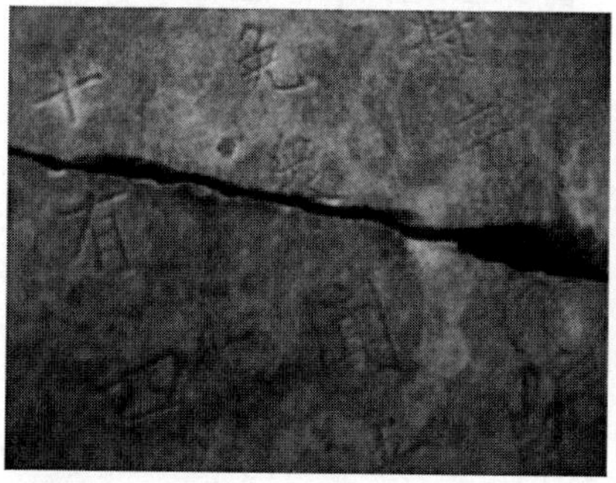
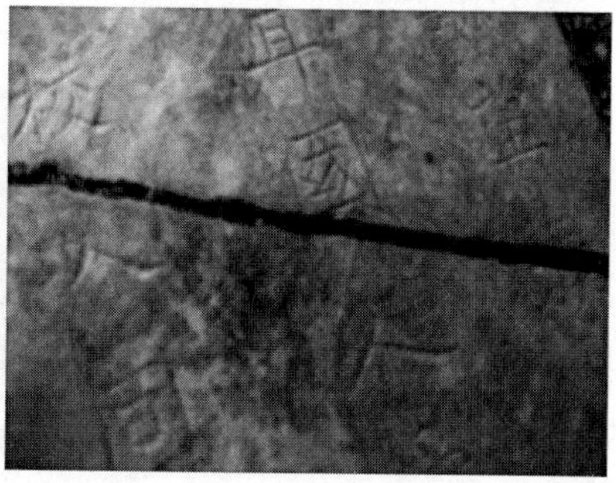

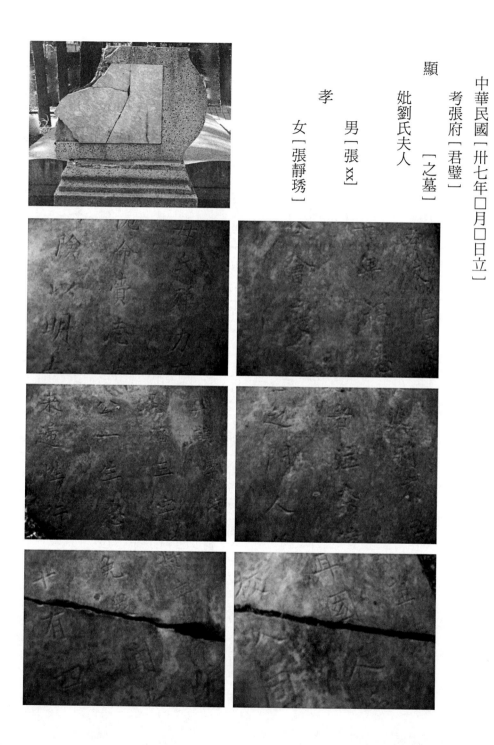

陰面銘文為：

先公諱壁，字玉衡。姓張氏，霸縣望族也。篤孝友，性豪俠□□□□□□□□□□□□□□王道，只天地父母，至誠無私耳。國人受數千年禍，悉家天□，□□□□□□□□□□□□□，思籍軍民，以除禍。本乃肄軍校，入同盟，結各會豪傑，為用自□。□□□□□□□□□□□以討袁、逐奉、傾安福、拆軍閥。咸謂贊之。乘其□和□民矣。志必除□□□□□□□□□□，定南都北上，以導諸將，卒以底定。惟淡利，不居功。釋國講學，時以悲□□□□□□□□□作，被敵悇毒，挺承以免。眾聞者以敬，感者泣□達天，□忌陷三字淹雨□□。「民國戊子正月乙」亥，無疾而逝卒，年六十有四。遠近悲之，門人等以 公一生忠於「民國」，□□□□□□□潛 公自謂「而立前無室家」，念 自母氏劉太夫人來歸，性行□□，□□□□□□□，□弛南北，有險艱所以助志者，卅年如一日。公生□□□□□□□□□□□□□□□母氏殫力襄事，無發憾。以先公塋阻兵，權安□□□□□□□□□□□□□，雖阨命賚志，然不朽矣。至官階事績，有□□□□□□□□□□□。

洂碣陰以明志。

最後，我們將《張玉衡先生治喪處》紀念冊中發佈的原始悼詞，全文公佈如下，作為本章的終結：

霸縣張先生，諱璧，字玉衡。為人慷慨，尚俠義，喜交遊，周急濟貧，毫無吝嗇。嘗有友人病卒，無以為殮，先生獨力承任一切棺葬費用，不募他人分文。又為友人排解紛事，委屈陳說，淚隨聲下，雙方感動，意見冰釋。生平類此事蹟，不勝枚舉。居，恒座上客常滿，解衣推食，歡如骨肉。蓋皆慕先生之道義。向樂與接近者也。

先生最服膺顏、李實踐之學，以為「學問以行事為本，離事物便無學問」。又以為「學問須有意於人生，必實踐服務社會，方不負為人之意義」。故時常督勵同人等，以全力用於民眾。現在同人正努力於此，必期有所成就，以紀念先生。且以表現吾人之初志。

今茲日月猶新，雲霄遽邈，同人等欲行無路、欲照無燈，不惟生死私交之痛。為此整集朋儕，堅定意志，一面繼續完成先生生前未竟之業。俾無遺憾之。留一面更徵求同人所記憶先生生前之一事一言，看作專刊之集，聊述梗概敬祈。

鑒察嗣後，源源歸納，使先生之人格，千古不磨；先生之志，願克嘗全量同人等，實與有榮焉。[1]

1 參見北京市檔案館，檔案編號為J003-001-00263。

第十九章

張璧研究啟示錄

二〇一四新年前後，當我和學術界朋友們一起聚會、辭舊迎新之時，朋友們關切地詢問我「眼下正在寫什麼大著？」我說：「正夜以繼日地研究和撰寫《民國名人張璧評傳》」。他們聽完後吃驚地說我「一定是瘋了」。在他們的印象中和知識結構中：「張璧就是個漢奸，除此之外，對他一無所知，也不想知道更多」。我聽完他們的答覆後一笑而已，不再做任何解釋。因為打破固有的成見糾正錯誤的觀點，需要的不是再三再四的解釋和說明，而是基於扎實可靠的史料考證和準確無誤的檔案解讀，然後提出不為利益大小和輿論褒貶所左右的新說。

作為歷史學家，本來我的研究領域一直局限在以西周青銅器銘文為中心的商周史研究這一範圍內。在這個領域我可以自豪地告訴大家，我已經出版了三十幾部學術專著、發表了一六〇多篇學術研究論文。

商周史研究之外，就是眾所周知的我的海外漢學史研究。我也曾出版了四部漢學史研究著作，那只是我多年留學海外的一個附屬產品而已。雖然略得同道贊許，但我並不認為我已經是漢學史家了。而且，最近以來一直忙於修訂多卷本《漢學通史》的定稿，以此作為我的「海外漢學史研究票友生涯」的終結。說實話，最初我真的沒有計劃撰寫此書。

並非我不喜歡民國史的研究。

至少目前為止，我已經出版了《閒話陳寅恪》和《陳寅恪史事索隱》、《陳寅恪書信四二二通編年考》、《陳寅恪別傳》四部還算滿意的民國學術史和人物傳記的研究著作，但我以為我的「民國史研究的票友生涯」該到此為止了。一次意外的朋友聚會上，我認識了張璧的一位後人。於是，我們就張璧和大成拳的關係，展開了認真的談話。這次意外的聚會激發起了我撰寫張璧研究傳記的強烈想法。

我因為不足月出生，所以從少年時代患軟骨病、發高燒（抽瘋）和長期腹瀉，致使體弱多病的我三歲以前因為隨時處於死亡的邊緣，連個照片也沒有。小學體育課幾乎是免修的。從上小學四年級開始，我拜訪多位名師，學習意拳（又名「大成拳」）和陳氏太極拳。每天鍛煉，堅持不懈。長期的鍛煉，使我體質得到了徹底的改善。從高中畢業後的一九八一年至今，三十多年來，我沒有生過病、住過院。連感冒發燒也很少出現。意拳和陳氏太極拳的練習，培養了我堅韌的意志和強壯的體魄。

而意拳正是在張璧的發掘和支持下成長壯大起來的！我在《武魂》上的九篇連載論文《意拳史上若干重大疑難史事考》論文中，就已經明確地闡述了張璧對意拳的巨大貢獻。張璧後人曾通讀了我發表在《武魂》上的長篇連載論文《意拳史上若干重大疑難史事考》。那裡面對張璧和意拳（又名「大成拳」）關係的研究，以及張璧在日偽政權下的政治表現的客觀申述和研究，以事實為依據，打破了國內學術界的一些定論。我實在沒有想到我的那組系列考證論文居然會引起張璧後人的如此關注。於是，我覺得由我來撰寫國內外第一部研究張璧的個人傳記，責無旁貸。這便是此書出現的緣由。

但是，張璧的資料實在太少又太難找了，君不見著名的多卷本《民國人物傳》一書，該叢書中收錄了上千名民國名人的傳記，比張璧地位、影響、貢獻等等差很多的人全已經被寫入了該系列叢書中。但是張璧傳記卻無人承擔。因為長期以來，學術界只知道他兩點，即趕溥儀出宮和天津事件而已。其他幾乎一概不知。我在撰寫本書過程中，甚至覺得現代人的他，保存下來的資料居然比幾千年前的商周天子和大臣們的史料還要少！我不得不翻遍各種民國史料、檔案和電報，沙裡尋金、海裡撈針般的苦苦求索。

史料既然如此之少，國內學術界對於張璧的認識出現重大誤解也就在所難免了。讓我們以百度為例，加以分析說明：

我在百度上搜索「張璧」，得到的結果是：

張璧這廝文武雙全，早年就讀保定士官學校，蔣百里的弟子。後來張璧追隨孫中山，參加了辛亥革命及其後的討袁護國戰爭，官拜「北方招討使」。招討使這個官銜，始設於唐，是一級軍事主官。宋將嶽飛曾就任過河南招討使。現在看來，招討使相當於「先遣軍司令」一職。由此可見，此張璧先生，早年在同盟會就不是一具小人物。基督將軍馮玉祥入京後，張璧曾任北京警察總監，曾協同馮部鹿鍾麟將軍驅逐溥儀出宮。當漢奸的歷史也早，早在一九三一年，他就在天津為日本人效力，是天津勢力最大的漢奸。光復以後，張璧的日子就不好過了，死在國民黨政府的大牢中。

在百度上搜索「天津事件」，得到的結果是：

天津事變，「九一八」事變後日本侵略軍在天津製造的一連串挑釁事件。一九三一年十一月八日，駐天津日軍襲擊市公安局、市政府及省政府，策動漢奸李際春、張璧組織遊民千余人發動武裝暴亂。天津市當局宣佈戒嚴，拘捕六十一人。九日，駐天津日本領事藉口一名日軍排長被中國士兵打死，下令日軍在閘口炮擊市區。同日張學良通電南京向蔣中正報告日軍策劃天津暴亂的經過。二十六日，日軍又一次襲擊省，市政府電話局等單位，提出中國軍隊撤出天津，絕對取締抗日活動等無理要求。此一連串事件總稱為「天津事變」。

再看看一些描寫張璧在天津活動的網路文章：

一九三二年八月十七日，南京國民政府明令將於學忠（一八九〇～一九六四）所任的平津衛戍司令職務與王樹常所任的河北省政府主席職務對調。在這個明令發表之前，天津地方的局勢十分緊張。日本侵略者利用漢奸張璧、郝朋糾集地痞流氓四百余人，組織起便衣隊。這夥民族敗類借日租界為掩護，每天竄到街面上鳴槍恐嚇、騷擾百姓。當時王樹常為避免與日軍引起衝突，不敢使用正式軍隊彈壓；而當地警察和保安隊力量微薄，不足以對抗這幫漢奸，更不能進入日本租界捕人，只能採取戒嚴的辦法，消極防禦。這又使得當地百姓謀生維艱，小商、小販及三輪車夫行動受阻，嚴重影響生計。天津地方人士因此對王樹常頗多指責。王樹常對日外交軟硬難施，應付困難，也很想卸職離去。於學忠上任後，馬上撤銷戒嚴令，准許市民自由行動，並將東北軍一一三師李振唐所部唐晉堯、周福成兩團，改穿保安隊服裝調進天津市內，加強警戒。他斷定：日軍兵力有限，並不敢與中方正面衝突；他們唆使搗亂的漢奸便衣隊也不過是一群烏合之眾。中方只要下定決心，就可以把這夥社會渣滓徹底消滅。果然，日本人欺軟怕硬。他們指使的漢奸便衣隊探知中方的決心後，即銷聲匿跡。[1]

歷史事實真的如此嗎？我決定直接查找中日文原始檔案文獻，以驗證真偽。

壓在張璧頭上的致命指控是兩條：

第一條指控他是「天津事件」的主犯。

第二條是指控他「漢奸嫌疑」被抓。

兩大罪狀都直接指向了張璧和日本之間的關係。於是，我決定選擇張璧和「天津事件」之間的關係作為我研究的突破點。

憑藉著我十幾年在日留學所積累下來的學術素養和人脈關係，我拿到「天津事件」發生前後日本駐天津總領事館桑島致日本外務省的全部電報往來原文這些珍貴的屬於當時最高絕密級別的原始檔案資料，從普通電報和最高規格的加密三級電報，多達到五百多封！接下來，在我每天十幾個小時研讀這些日文機密電報資料時，雖然經常是累得我眼花繚亂、腰酸背疼幾乎要嘔吐了，但是「天津事件」的真相卻逐漸在我腦海裡成型了。我相信中、日、台三地的民國史學者們，沒有人曾經這樣下過如此大的原始資料審讀和考證功夫，為了一個張璧和「天津事件」！於是，就出現了本書的《張璧和天津事件關係考》這一章。

最核心的證據是：

1 參見http://www.xiexingcun.com/Wenshizazhi/wszz2008/wszz20080524.html

河北省政府主席王樹常、天津特別市市長張學銘二人聯名給國民政府的密電，就基本上是定論了，如下：

查事變發生以前，即迭據密報，失意軍人李際春等人受日人指使，招集便衣隊千餘名，在日租界蓬萊街太平裡六號設立機關，以李為總指揮，擬於八、九兩日在津密謀暴動，等情。經即與駐津日領交涉，要求將張壁引渡，以遏亂源，業經日領許可。乃我方特務會同日警前往拘捕時，該犯業已事先逃避。[1]

這一點極其重要！即：

「天津事件」真正發生前，張壁得知他策劃的「天津起義」已被洩露，張學良下令警察前來日租界抓捕他，他在得到消息後已於事發前就離開了天津。

尤其讓我們再看看日本駐天津領事館桑島總領事發給日本外務省的那封絕密檔「第五五三號密電」的內容：

1 見《日本帝國主義侵華檔案資料選編》，中華書局，二〇二〇年，第四七九頁。

而モ張壁カ學銘ニ買收サルタル旨牒報アリシヲ以テ、七日序ヲ以テ、軍側ニ對シ、萬一斯ル計畫ニ關係アラハ速ニ緣ヲ切ルコト、得策ナルヲ述ヘタルニ拘ラス、軍ハ全然之ヲ否定シタルカ、內實ハ當時既ニ八日夜十時ヲ期シ、暴動實行ニ決定シ居リ拔キ差シナラサル、破目ニアリタルモノノ如ク、一方公安局ハ、張一派モ內通アリシヲ以テ、八日警戒ヲ嚴ニシタルト、保安隊カ預期ノ通呼應セサシトニテ、李ノ集メタル便衣隊ノ活動ニ拘ラス、暴動ハ完全ニ失敗ニ歸セリ。

這段日文的中文譯文為：

因為持有張壁已經被張學銘收買的密報，七日開始，對於日本天津駐屯軍一方來說，萬一發現他們和這一計畫有關的話，就需要迅速地切斷與此相關的一切聯繫。正如這一計畫實現後所陳述的那樣，軍方斷然否認與此相關。實際情況是當時八日夜十時為准，土肥原決定實施暴動。另一方面，張學銘一方由於在保安隊中有了內線，因此，八日全天天津使館區警察的警戒狀態是非常嚴格的。他們和保安隊預定的防禦計畫相互呼應，限制了李際春召集的便衣隊員們的暴動活動，致使這次暴動計畫完全地歸於失敗了。

這封絕密的電報透露出這樣最有價值的情報，即：張壁在事件發生前已私下裡和張學銘取得聯繫，將土肥原賢二可能要發動的「天津事件」這一消息，偷偷地密報給了張學銘。這才是八日白天天津警察局保持警戒狀態的直接原因。因此，目前為止有關「天津事件」的各類著作和論文中所謂的張璧在現場指揮和帶領兩千多名便衣隊發動暴動之說，在鐵的證據面前已經失去了事實和證據支撐。因此，所謂張璧親自參與了這一事件的觀點，完全系主觀的猜測。

寫完這一章，我感到輕鬆了很多，我可以負責地說：張璧和一九三一年十一月八日晚上十點半以後實際發生的「天津事件」是無關的，因為從十一月八日到二十八日的全部「天津事件」發生期間，張璧不在現場。真正的「天津事件」主犯和指揮者是土肥原賢二和李際春。而張璧當時所策劃的卻是將張學良驅趕出天津的「天津起義」。

區分出「天津起義」和「天津事件」的本質不同，是本書作者在書中的諸多獨家首倡的學術觀點之一。

我再看看那篇描寫張璧在天津活動的文章，連基本史實全不對：成立便衣隊是由土肥原賢二和李際春臨時出資招集而來，成立不到七天就爆發了「天津事件」，二十八日以後便衣隊或被抓或被殺，事變結束後，便衣隊在天津被徹底取締。何談「日本侵略者利用漢奸張璧、郝朋糾集地痞流氓四百餘人，組織起便衣隊。這夥民族敗類借日租界為掩護，每天竄到街面上鳴槍恐嚇、騷擾百姓」？又何談「果然，日本人欺軟怕硬。他們指使的漢奸便衣隊探知中方的決心後，即銷聲匿跡」？歷史名人回憶過去歷史經歷的文章，由於記憶的誤差和衰老，可以允許出現一些時間上和細節上的差錯，但是必須嚴謹而且需要大致符合史實，絕對不可以戲說，更不可以附帶個人恩怨的胡說。

而一九三一年以前出現在天津的兩次便衣隊騷亂，更與張璧無任何關係。不能因為他被國民政府定為「漢奸嫌疑」，就把一切都推到他的身上。

從上述的兩封中、日密電中，均已證明張璧未曾實際參加十一月八日晚爆發的「天津事件」，所以應該說張璧並不是「天津事件」的當事人。

接下來，我開始查找國民政府的漢奸審判檔案。從北京檔案館到天津檔案館、再到河北省檔案館、中國第二歷史檔案館。很遺憾的是，這些查找活動基本上是徒勞的。因為根本就沒有找到審判張璧的民國政府高等法院判決書。不過保存在舊北平特別市公署警察局檔案中對此留下了「定罪未決」這一真實的記載。

根據我對張璧生平經歷的研究，我未發現他有過賣身投靠日偽當漢奸的行為。這也就是為什麼國民政府在長達兩年多的時間仍然無法給他判刑定罪的原因吧。

一九四八年張璧猝死在國民黨獄中。對他的死其實也是一個未解之迷。

準確地瞭解了「天津事件」和「漢奸嫌疑」的兩大罪狀的由來，我的張璧研究才真正開始。

首先我要感謝張璧研究的先驅者《霸州歷史文化之旅系列叢書．名人卷》一書，給我的研究提供了很大的便利和參考價值。雖然經過我的研究和史料考證，我得出了有些與該書的觀點不同的結論。而且，我現在很自信地說；對於資料的佔有和對於張璧史實的瞭解上，我已經遠遠地走在了該書的前面。但是，我必須承認：在本書撰寫和出版之前，《霸州歷史文化之旅系列叢書．名人卷》一書是關於瞭解張璧及其家族歷史的最好的紀實文學作品。

在整個研究過程中，張璧最打動我的是他在以下兩次重大活動中的精彩發言和一次危機關頭的挺身而出行為：

第一次是驅逐溥儀出宮。

溥儀在《我的前半生》一書中如下陳述：

車到北府門口，我下車的時候，鹿鍾麟走了過來，這時我才和他見了面。鹿和我握了手，問我：

「溥儀先生，你今後是還打算做皇帝，還是要當個平民？」

「我願意從今天起就當個平民。」

「好！」

鹿鍾麟笑了，說：「那麼我就保護你。」

又說：

「現在既是中華民國，同時又有個皇帝稱號是不合理的，今後應該以公民的身分好好為國效力。」

張璧還說：「既是個公民，就有了選舉權和被選舉權，將來也可能被選做大總統呢！」

而本書作者覺得特別值得肯定的是：

「既是個公民，就有了選舉權和被選舉權，將來也可能被選做大總統呢！」張璧的這句話十分到位！這是他長期投身革命的結果。在剛剛打倒了封建王朝的最後一個皇帝之時，張璧居然最先意識到革命成功後，作為普通公民的末代皇帝也具有競選總統的資格！他的公民意識如此超前！

第二次是當馮玉祥困於和段祺瑞的內鬥而無法自拔時。

十二月十四日下午二點多，重新回到西北軍司令部的張璧來見馮玉祥。馮玉祥就目前的局勢問題，請張璧談談看法。張璧卻對馮玉祥說：「若論私，不應請檢閱使下野。若論公，非檢閱使下野不能平和大局。」這是張璧出面勸說馮玉祥主動下野，功成身退，不然則天下繼續大亂。可見：張璧對辛亥革命的認識是超前的，也是書生氣的。他完全沒有意識到消滅了晚清王朝以後，出現的卻是一個軍閥混戰的局面，而非他理想中的符合孫中山建國理念的三民主義政府。他將首都政變後的馮玉祥看成了一個有著民主理念和國家利益理念的軍事領導人，面對軍閥混亂的局面，建議他的老上司革命已經成功，應該交出北京政權。張璧再次表現出了他的超前意識。

從他第一個明確表示給末代皇帝溥儀以競選總統的權力，到現在勸說正在權力風頭浪尖上得意的馮玉祥主動下野，我真的想知道——究竟是什麼原因鑄造了他的這一如此超前的國民意識和平等人格思想？這是本書作者努力研究並希望能夠給予回答的。

誰能告訴我：軍閥混亂和派系傾軋，毀掉了多少個像張璧一樣擁有辛亥革命理想和軍事功績的職業軍人和高級將領?!

特別是在一九三七年七月二十六日，那次危機關頭挺身而出的他，冒著生命危險，成功地說服了日軍和二九軍同時後撤，保護了古都北平免遭炮火和飛機炸彈的摧毀。他的這一勇敢的中國人的行為，怎麼稱讚也不過份吧。

我相信任何一個只要不是因為民國時代父輩的恩怨和派系的傾軋而對張璧持有偏見，當他知道了真實的張璧之後，一定會擊節歎賞張璧的國民意識和超前思想的！這就是真實的張璧！他的國民意識和超前思想並非對他的那些革命子侄們沒有產生過任何影響。無論是共產黨人的張秀岩、以及共產黨人的張潔珣和她的兄弟姐妹們，還是民國名人、陸軍中將、警察總監的張璧，張家人骨子裡都具有這一國民意識和超前思想，並且為了實現這一理想而奮鬥了一生。

在學術研究面前，人人平等。張璧不是完人，他是個有血有肉、有錯誤也有貢獻、有功也有過的民國名人。

筆者誠懇地勸說某些影視界和文學界的作家們，以及個別從事歷史研究的學者們，請尊重歷史事實，停止不負責的歪曲事實、戲說張璧的現象。文學家戲說的漫無邊際還情有可原，而歷史學家的如此戲說就實在說不過去了。畢竟歷史拒絕戲說。讓我們在嚴謹的學術探討中，努力還原張璧真實的歷史本來面目，認識他的「功」，也不否定他的「過」。但決不是戲說和歪曲。要知道，歷史學是科學，歷史學家最基本的素養就是秉筆直書、拒絕戲說。

實際上，本書作者也像張璧一樣，飽受過一些網路上的人身攻擊和莫須有的非議。從二〇〇二年開始至今十幾年間，新語絲上發表了對筆者進行人身攻擊和造謠誹謗的帖子，將近百篇。我若真有假、有學術不端，以新語絲的影響力和號召力，一篇足可以致我於死地，何勞百篇而我至今依然不倒？感謝黨和政府、我所在的各級領導部門和學術委員會（從武漢大學到中國人民大學，再到華東師範大學）對我的履歷和學術論著進行的嚴格的學術上、政治上和品行上的審查和結論。這就是無權無勢、長於草根、乞食多門的一名普通學者至今依然不倒的根本原因。

此事最後由法院判決而解決，見 https://www.douban.com/group/topic/38026063/

因為學術打假不是打擊報復，更不是網路黑社會整肅異己。因此，當我看到現當代的報刊和網路上充斥著對張璧的人身辱罵、非議和誤解等「標題黨」的文章時，掌握了張璧大量生平史實和原始檔案資料的我，立刻對飽受他人攻擊、謾罵和誤解的張璧產生了同情。功不掩過，過也不應蔽功。我是幸運的，黨和政府及時地審查了我、保護了我，法院也對造謠者作出了法律的正義判決。但是對於張璧的功和過，在將近七十年的歷史發展過程中，誰又真正地關心過他的真實的一生？誰又真正的理解過他的行為並讀懂過他的思想？

無庸諱言，張璧最後猝死在了國民黨監獄中。

筆者認為：他的悲劇人生說明了軍閥混戰和派系傾軋，制約並摧殘了一個有著民國意識和超前思想的軍事天才的正常發展。最初，他寄希望聯合日本的勢力達到反蔣反張而緊緊追隨馮玉祥的心願。當日寇強權壓境時，他無法挺身而出地選擇投身抗日的前線，且屈居於京、津兩地的青幫團體的地位和保護之下，暗中卻資助支持他的子侄輩們走向抗日的紅色革命；同時又和國軍高級將領及軍統上層人士保持著密切地私下交往。他以自己在青幫的威望，周旋於各種政治勢力之間，在那複雜的時代是一位極其複雜的人物。張璧從一個辛亥革命的積極進步的青年陸軍中將，最後背負著「失意軍人」和「漢奸嫌疑」的名聲離開了世界。雖然嫌疑絕對不等於定罪，但也足以說明這真的是那個時代發生的一場無可避免的人生悲劇！

二〇一四年清明時節，張璧的侄女張潔璇和侄子張騄等人，攜其親屬在霸州大高客莊張家祖墳所在地為他們的先叔張璧先生立了一塊新碑，並由張潔璇的小女兒重重撰寫了新碑文。該碑文言簡意賅的敘述了張璧的生平。

碑文全文如下：

先公名璧字玉衡，霸州張氏望族之後。尚俠義，篤孝友，為人慷慨，周急濟貧。早年從學北洋陸軍將弁學堂，為同盟會早期會員，追隨孫中山參加辛亥革命，二次革命和蔡鍔護國軍，功卓授封北方招討使。後協馮玉祥發動首都革命，任首都警察總監，逐廢帝，護故宮文物。先公崇尚李耳之學，晚年主持四存學會及四存學校，創辦武術班，並助鄉民護河保田。

銘曰：

昆山之玉，霸水之靈。
文通三才，武建殊功。
推學問致知四存，倡武術健體大成。
璧懷歷史千秋事，衡量世態百年情。
璇之女　重重　敬撰

與此同時，在筆者撰寫的《民國名人張璧評傳》[1]一書二〇一四年底出版後，保定陸軍軍官學校博物館也在館內建立了張璧將軍半身銅像。

1 參見《民國名人張璧評傳》，中央編譯出版社，二〇一四年。

在此還需說明：筆者治史多年，感覺最難處理的就是口述歷史和家族傳承歷史的真偽性問題。作為京都考證學派出身的本書作者，遵照學術慣例，首先對口述歷史和家族傳承歷史進行檔案史學和文獻史學的驗證，然後才可以放心使用這些內容。一旦無法驗證或者驗證有異，則筆者一貫的態度是「寧可漏用三千，決不錯用一個」。因此，治近現代史，辨析口述歷史和家族傳承歷史的真偽，是從事近現代人物傳記研究的先決條件。本書在撰寫過程中，的確接觸和採訪過張璧的親屬和友人。但是，本書中使用的卻只是為數不多的幾條這樣的資料，全是經過檔案史學和文獻史學的驗證無誤的準確資料。

另外，我還想說幾句在撰寫本書、查找檔案文獻時發生的一件真實的經歷：為了查找起訴張璧的原始檔案，我親自曾前往位於石家莊市的河北省檔案館。我乘飛機趕到了那裡，才知道因為受館舍太小的限制，所有民國時代的高等法院檔案一直臨時保存在遠離石家莊市兩百多公里的一個小山村中的庫房裡。天哪！在沒有公車和火車可以直達的情況下，我面臨著將不得不打車兩百多公里，前往那個小山村去查看原始檔案的結局。熱心的河北省檔案館領導考慮到我的實際困難，當即決定打電話責成在那個小山村看守庫房的工作人員，立刻代為查檔，如果發現起訴書和判決書，立刻傳真到石家莊市來。一時間，我真的非常感激河北省檔案館領導們的大力支持和他們如此敬業的職業道德。

張璧將軍半身銅像

最後，感謝已故日本學者田中正美教授、現今友人鈴木敦教授在查找日本外交文獻和原始檔案等資料上給予我提供的極大地便利和無私地支援！

特別感謝以下圖書館：中國人民大學圖書館、上海市圖書館、華東師範大學圖書館、日本京都大學圖書館、日本茨城大學圖書館、日本大阪市圖書館。

特別感謝以下檔案館：中國第二歷史檔案館、日本外務省外交公文史料館、北京市公安局檔案館、北京市檔案館、河北省檔案館、天津市檔案館、湖北省檔案館、遼寧省檔案館、山東省檔案館、河南省檔案館等地。尤其要感謝在檔案館工作的老同學和朋友，以及檔案館利用處的幾位年輕工作人員的大力支持和幫助。

特別感謝韓復榘將軍之長孫韓宗喆先生、中央編譯出版社教授董巍先生給予的幫助和支持！當然還要特別感謝本書中涉及的張家後人們，感謝他們不干涉我進行獨立研究的寫作準則，尊重以原始檔案和文獻為本的客觀態度！尤其感謝在使用照片的授權和書稿的出版上，他們給予了我真誠援助和支持！

讓我再說一句：謝謝你們！

《民國名人張壁評傳》[1]一書二〇一四年底出版後，立刻引起了國內外學術界的高度重視。至今，在美國著名的哈佛大學和洛杉磯加州大學和日本、澳大利亞、英國、法國等世界著名大學圖書館都收藏了此書。在中國，從北京大學、中國社會科學院到復旦大學等幾十所著名大學，還有河南省檔案館、河北省檔案館、北京市檔案館、南京市檔案館、中國第二歷史檔案館等眾多檔案館全部

1 參見《民國名人張壁評傳》，中央編譯出版社，二〇一四年。

收藏了此書。甚至在研究晚清武術史的日本學者，也注意到了此書，他在《中國武術雜記帳》一文中給予了如下肯定：

《中國武術雜記帳》：

なお、『帮会秘事』の張樹声についての記述を注意深く読むと、日本でもよく知られているある事件が青幇の陰謀であったことを示唆しているところがある。劉正『民国名人　張壁評伝』にも、同じ趣旨の記述がある（張壁も、同じく青幇の大字輩。武術史との關係では、王薌齋の武術を大成拳と呼んだことで知られる）。劉正の本は、本文とあとがきで、同一の一次史料について、異なった解釈をしているところがあったり、著者自身の感情が出すぎていて、やや歴史的事實の解釈をゆがめていると感じられる箇所もあるものの、當該事件については、青幇が深く關与していたと考えてよいのだろう。本ブログの趣旨にはあわないので、深くは立ち入らないが、個人的備忘録としてそのことだけ記しておく。[1]

他認為我在著述此書時「表露出了對張壁的深厚感情」（著者自身の感情が出すぎていて、やや歴史的事實の解釈をゆがめていると感じられる箇所もあるものの），這讓我倍感汗顏！

而後的幾年來，筆者一直持續不斷地繼續搜集、徵集、整理有關張壁各類檔案記載和傳說、歷

1 參見https://kknews.cc/history/oy3x6rp.html

史事實；開始了增補、修訂《民國名人張璧評傳》一書工作。至於今日，終於完稿。我現在可以說：我可以和《民國名人張璧評傳》一書的說再見了，今後代表我對張璧研究的學術精品著作是出現在大家面前的這部《民國名人張璧將軍別傳》，我希望我今後可以繼續研究和撰寫我的「別傳系列民國人物傳記」，下一部《韓復榘別傳》已經定稿，接下來《張靈甫別傳》、《傅斯年別傳》也開始進入考慮範圍……

刘正

二〇一四年春初稿

二〇一五年元月修稿於上海

二〇二〇年七、八月增補於美國

國家圖書館出版品預行編目(CIP) 資料

民國名人張壁將軍別傳/劉正著. -- 初版. -- 臺北市：元華文創股份有限公司, 2020.12
面； 公分

ISBN 978-957-711-194-4 (平裝)

1.張壁 2.傳記

782.882 109017790

民國名人張壁將軍別傳

劉 正 著

發 行 人：賴洋助
出 版 者：元華文創股份有限公司
聯絡地址：100 臺北市中正區重慶南路二段 51 號 5 樓
公司地址：新竹縣竹北市台元一街 8 號 5 樓之 7
電　話：(02) 2351-1607　　傳　真：(02) 2351-1549
網　址：www.eculture.com.tw
E-mail：service@eculture.com.tw
出版年月：2020 年 12 月 初版
定　價：新臺幣 450 元

ISBN：978-957-711-194-4 (平裝)

總經銷：聯合發行股份有限公司
地 址：231 新北市新店區寶橋路 235 巷 6 弄 6 號 4F
電 話：(02)2917-8022　　傳 真：(02)2915-6275